i
imaginist

想象另一种可能

理
想
国
imaginist

夹缝生存

不堪重负的中产家庭

Alissa Quart

Squeezed:
Why Our Families
Can't Afford America

[美]阿莉莎·夸特 著   黄孟邻 译

海南出版社
·海口·

Squeezed: Why Our Families Can't Afford America
by Alissa Quart
Copyright ©2018 by Alissa Quart
Published by arrangement with Jill Grinberg Literary Management, LLC,
through The Grayhawk Agency Ltd.
All rights reserved

图字：30-2021-040号

图书在版编目（CIP）数据

夹缝生存：不堪重负的中产家庭 /（美）阿莉莎·夸特（Alissa Quart）著；黄孟邻译. -- 海口：海南出版社，2021.9

书名原文：Squeezed：Why Our Families Can't Afford America

ISBN 978-7-5730-0096-5

Ⅰ.①夹… Ⅱ.①阿… ②黄… Ⅲ.①中等资产阶级—研究—美国 Ⅳ.① D771.261

中国版本图书馆 CIP 数据核字 (2021) 第 139236 号

夹缝生存：不堪重负的中产家庭

作　　者	［美］阿莉莎·夸特
译　　者	黄孟邻
责任编辑	陈泽恩
特约编辑	许护仙　余传炫
装帧设计	陆智昌
内文制作	李丹华

海南出版社 出版发行

地　　址	海口市金盘开发区建设三横路2号
邮　　编	570216
电　　话	0898-66822134
印　　刷	山东韵杰文化科技有限公司
版　　次	2021年9月第1版
印　　次	2021年9月第1次印刷
开　　本	880mm×1230mm　1/32
印　　张	10.125
字　　数	210千字
书　　号	ISBN 978-7-5730-0096-5
定　　价	58.00元

如发现印装质量问题，影响阅读，请与发行部门联系：010-64284815。

致我的女儿克莉奥（Cleo）

目 录

引　言　　　　　　　　　　　　　　　　　　　　001

第1章　难以置信：怀孕与职场压迫　　　　　　　013
第2章　高学历的穷人　　　　　　　　　　　　　037
第3章　极限日托：工作的代价　　　　　　　　　071
第4章　阶级下跌：身处顶层的底层人　　　　　　099
第5章　保姆的挣扎　　　　　　　　　　　　　　123
第6章　开优步的爸爸：零工经济中的劳动者　　　161
第7章　第二人生产业与从头再来的中年迷思　　　179
第8章　拥挤的房屋　　　　　　　　　　　　　　205
第9章　"1%社会顶层"节目的崛起　　　　　　　225
第10章　机器人的威胁　　　　　　　　　　　　　245
结　论　不平等的秘密生活　　　　　　　　　　　271

致　谢　　　　　　　　　　　　　　　　　　　　289
注　释　　　　　　　　　　　　　　　　　　　　295
参考书目　　　　　　　　　　　　　　　　　　　313

引 言

米歇尔·贝尔蒙特（Michelle Belmont）已经债务缠身，这一切说出来简直令人难堪。但当有人问起的时候，她还是会产生一种强烈的轻松感——她希望别人知道她的生活是什么样的：她的债务就像童年的怪兽一样如影随形，无论是在超市，还是在儿子的日托中心，又或者是在她那一居室的家中，它都穷追不舍。

跟很多人一样，欠债是从学生贷款开始的。一开始是为了去上父母为她选中的本科学校：父母住在佐治亚州，认为上了那所学校就会有一个光明的未来；然后是为了攻读她的图书馆学硕士学位；不久之后，儿子埃蒙（Eamon）降生，她和丈夫又欠了医院超过 2 万美元。即使是生产和住院这样平常的事，医疗服务的价格也令人咋舌。她需要在医院多住几天，因为埃蒙出生的时候足足有 10 磅 13 盎司*重,她用了 5 个小时才把这个小胖子生下来。

"我以为保险会解决这些费用,"米歇尔告诉我,"但是我丈夫买的是很便宜的保险,一分钱一分货。"

债务的阴影还在扩大。埃蒙高烧 39 度,不得不回到医院。随之而来的是长达两年的手术治疗。账单在厨房餐桌上堆积如山。因为害怕医院拒绝后续治疗,米歇尔曾尝试把它们都付清,但后来她就不再打开那些信封了。它们颜色各异,上面用大写字母着重强调着:**如果不立即付款,我方将采取法律行动**。她仿佛看见自己正站在法庭上接受审判,解释自己的账户为何空空如也。她的债务已经达到六位数了,并且还在不断增长。

米歇尔说,夫妇俩在生孩子之前就已经很拮据了,但是"埃蒙出生之后,完全就像疯了一样。以前我们好歹有钱吃饭,但现在就是:'我们怎么吃饭呢?'我用一张信用卡去还另一张信用卡。我们的工资都不错,但还是交不起房租"。

米歇尔·贝尔蒙特正努力保住中产阶级的身份。她希望通过培训提升自己,成为一名高科技图书馆员,以获得稳定的事业和可期的未来。但是培训的花费超出了她的想象,她的经济状况更加不堪一击了。与此同时,压力接踵而至。贝尔蒙特夫妇住在明尼阿波利斯(Minneapolis)一间不起眼的一居室公寓

---

* 1 磅约等于 454 克,1 盎司约等于 28.35 克。——除特殊说明外,本书脚注均为译者注

里,每个月的房租是 1300 美元。在明尼阿波利斯,人们追求时髦,喜欢所谓中西部现代风格*的食品、家具和纺织品。这些对米歇尔来说都意味着日趋高昂的生活成本。到我第一次采访她时,他们似乎永远都不可能还清债务了。

"这还得是在没有任何坏事发生的前提下。"米歇尔几乎是笑着说道。

但是坏事难以避免。

第一次采访米歇尔的时候,我便对她的烦恼感同身受。那时,我刚刚生下女儿不久。正是在有了自己的孩子之后,我才迅速意识到自己也掉进了中产阶级的下坠旋涡。我女儿出生时最先出来的是脸——他们管这叫枕后位——她的盈盈目光预示着全新的喜悦和恐慌。在她哭声的伴奏下,我们的生活也很快变成了一出反浪漫喜剧。她出生后,我和丈夫为了从天而降的 1500 美元账单焦虑不堪,历尽辛苦才还完。大部分美国人欠得更多,平均有 5000 美元。虽然我们没有像这本书中的许多人一样陷入财务危机——部分是因为我们奇迹般地在纽约租到了一间租金稳定的公寓——但我们确实过了几年拮据日子。我们职业生涯的大部分时间都在做自由撰稿人,但到我女儿出生时,这个行业已经无法为包括我们在内的大多数从业者提供稳定的收入,更别提支付日托费用和医院的账单了。我们开始寻找工作时间

---

* 中西部现代风格(Midwest Modern),指起源于美国中西部的一种现代生活方式和装饰风格,追求简单、完整、亲近自然。

正常、收入稳定、提供医疗保险的工作。

我的丈夫已经 50 岁了,事实证明,我们多年来对于自由生活的追求:"做我们所钟爱的事",终将付出代价。女儿四个月大时,情况变得更糟。一开始,我们雇了一个几乎全职的保姆,我当编辑挣回来的钱大部分都直接给了她。后来,我的收入还流向了我女儿喜欢的波希米亚风格的日托中心(说来好像很矛盾,虽然这些保育人员给予了孩子们积极有爱的照料,但他们中的大多数似乎也只能勉强维持生活)。不过话说回来,虽然跟许多人遇到的更大困难相比,我们家面对的这些都不算什么,但我们仍然渴望社会能够提供一张安全网,让我们不至于掉下去。那段时期,我们觉得自己就像是受到惊吓的夜行动物。那些得到政府补贴的日托服务为我们提供了巨大的帮助,但对于没有这么多选择的人来说,它又能带来多少帮助呢?

最终,我和丈夫都找到了一份全职的编辑工作。也许并非巧合,我在一家致力于支持报道不平等现象的非营利性新闻机构担任主管和编辑。机构中的很多记者也经历过相当困难的时期。于是,我开始继续花时间整理和编辑这些故事。

两份全职工作让我们家摆脱了掉出中产阶级的危机——至少目前如此。但即使获得了财务安全,我依然无法摆脱内心的愧疚:我们已人到中年,**却没有提前为这一切做好准备**。我觉得自己太幼稚了,但也怀疑在这场游戏中有人作弊抢跑了。我出生长大的城市现在住满了从事金融行业的有钱人,他们跟我不一样,不必为了小小的过失对自己百般斥责。

部分基于这些个人经历,我得出了本书最重要的观点:**这不是你的错。感到捉襟见肘、焦虑恐慌并不全是你个人的问题。**认识到这一点对我来说很关键。尽管某些心理分析和激励能起到一定作用,但在美国生活得不堪重负这个问题不是心灵鸡汤和成功学能解决的。无论是做一份彩色打印的简历,还是喝一杯绿色的排毒养生果汁,都无济于事。这个问题是体制性的。

《夹缝生存》*讲述的正是关于这种心理和社会经济困境的故事。夹缝生存的压力源自一个人的财务状况、社会地位和自我认知。我在本书中所说的中产阶级,其定义不只是金钱上的,还与专业技能、教育、愿景、资产和家庭收入都密切相关。根据2016年5月的皮尤研究中心(Pew Research Center)的一项调查,美国中产阶级指的是2014年家庭年收入在4.2万至12.5万美元的工薪阶层(以三口之家计),占美国家庭的51%。[1] 米歇尔·贝尔蒙特一家就是中产阶级,他们正生活在夹缝之中。

中产家庭拼命向前奔跑,跑得上气不接下气,却发现自己只是停留在原来的圈子里。这是一个庞大而充满多样性的圈子,其中包括律师、教授、教师和药剂师等高学历劳动者。这些专业人士从来没想过自己会落入如此境地——这个体制似乎抛弃了他们,处处不为他们考虑。你在本书后文中将会看到,鉴于人工智能和自动化在其专业领域日渐兴起,他们的前景可能会更加黯淡。

---

* 指《夹缝生存——不堪重负的中产家庭》,下同。——编者注

根据《华盛顿邮报》(Washington Post)和米勒中心(Miller Center)联合进行的一项民意调查,65%的美国人都在为需要支付的账单苦恼——我采访的这对在餐桌旁焦急低语的夫妇恰好证实了这个结果。造成这种焦虑的原因之一,是中产阶级的生活成本已经比20年前高出了30%。事实上,日常生活的成本在某些方面已经翻了一番。[2]一个公立大学四年制本科学位——传统的资产阶级*入场券——所需的花费已经是1996年的两倍了。[3]医疗健康支出在这20年间也翻了一番。虽然不像教育和医疗这么吓人,但租房也比以前贵多了,更别提买房。与此同时,工会不断式微,雇员权利大幅缩水,养老金†和小额福利‡不断消失。工作时间不固定的情况越来越普遍,这让本就费用高昂的儿童托管更加昂贵和难以安排,为家庭凝聚力带来了更多考验。中产阶级的压力还有一部分来自性别偏见。这本书中涉及的很多人都是女性,这并不是巧合。虽然也有别的因素导致这一现象,但有一个显而易见的原因:身为母亲在职场上是一个劣势。从数据上看,职场妈妈比她们的男同事和未生育的女同事挣得都少。父亲们也受到了伤害:如果他们努力平衡事业和家庭,往往会在工作中被视为"弱者"。如果他们从事传统上以女性为主

---

* 当代英语所称资产阶级(bourgeoisie),主要指身处中产阶级中上层、拥有一定文化和经济资本的人群。
† 养老金(pensions),由工作单位提供资金的养老保障,不需要员工参与缴费。
‡ 小额福利(minimal benefits),包括雇主提供的、不计入工资收入的小额非现金福利,例如提供工作手机、节日慰问品、员工聚餐等,以及偶尔发放的小额现金福利,例如误餐补贴、加班产生的市内交通费等。

的护理行业,则也会像女性一样得到"传统"的低薪。无奈的是,现在就业岗位的增长大部分都出现在这些行业。

我把这些挣的钱刚够维持生活的人称为"中等危险阶级"(the Middle Precariat),比经济学家盖伊·斯坦丁(Guy Standing)提出的"危险阶级"(Precariat)[4]稍微好一点——这个词在六年前首次流行开来,用来描述不断扩大的、依靠低薪和临时的兼职工作维持生活的工人阶级群体,而我所说的"中等危险阶级"只是在收入上比这些人要高一些。危险阶级不断向上扩张,已经开始覆盖传统意义上稳定的资产阶级。这些人相信,他们的出身和教育背景足以保证他们过上舒适的中产阶级生活,但今时不同往日,他们的工作也变得不稳定且充满变数。他们不仅面临短期合同、轮班制和无偿加班,还要做没有报酬的隐性工作:比如大学临时教员在课余时间备课就是无偿的,而那些获得终身教职的同事则不一样。对于中等危险阶级中的有色人种来说,情况就更糟糕了:他们退休后的保障往往低得多,也更难负担大学学费。

跟典型的危险阶级一样,中等危险阶级已经失去了对生活和未来的想象。他们是谁?他们的未来会变成什么样?他们的收入已经停滞,许多人债务缠身,却还在维持资产阶级的门面。许多原因造成了他们今天所面对的困境,其中最关键的是收入不平等现象的加剧。商业节目喜欢将其委婉地称为"收入差距",似乎想要否认他们对此也负有责任。美国是世界上最富有的国家,同时也是最不平等的国家。2015年的《全球财富报告》

(Global Wealth Report)显示,在统计涉及的 200 个国家中,美国的贫富差距是最大的。[5] 当最富有的 1% 的人占有的财富比除去他们本身之外的前 5% 或前 10% 都要多得多时,无论是经济上还是精神上,中产阶级都在一步步滑向阶层掉落的深渊。

就在那些四处可见的天鹅绒窗帘或中档淡黄褐色罗马式百叶窗帘的后面,这些父母正拼命维持着自己的社会地位,努力保持体面。

这是一个真正的历史性转变。当我在 Facebook 上发帖说,自己负担不起学者父母过的那种相对体面的生活时,很多朋友都回帖并分享了他们的故事:他们的收入都交给了房东和日托中心,后者经常狮子大开口一般吃掉一个家庭 30% 的收入。生孩子的代价巨大,孩子会像毛毛虫一样,一美元一美元地把你挣的钱全吃光,就像艾瑞·卡尔(Eric Carle)在经典童书《好饿的毛毛虫》(The Very Hungry Caterpillar)中描绘的那样。日托服务的高昂价格反映了一个现实规律:根据机会平等计划(The Equality of Opportunity Project)2016 年的一项研究,20 世纪 40 年代出生的美国人到 30 岁时有 92% 的概率挣得比他们的父母多,而出生于 20 世纪 80 年代的美国人只有大概 50% 的概率能做到这一点(根据《纽约时报》[The New York Times]的报道,在中西部地区这个概率还不到 50%)。[6]

小时候,职业理想对于我来说就是我的母亲:那是在 20 世纪 70 年代,每个工作日的早上,她都拿着蓝色的分级课本,出门给学生上课,高跟皮靴在脚下发出咔嗒咔嗒的声音。每天傍晚,精疲力竭的她会到学校去接放学已久的我，带我回家吃意大利面和肉丸，结束一天的生活。我的父母为了生活不辞劳苦，但作为大学教授，他们至少还拥有医疗保险、可期的养老金和社保金*。在他们年轻的时候，大城市里工作机会丰富，房租也相对便宜。在大学教书的收入足以让他们负担一些额外的东西：他们让我去上滑冰课，送我上纽约的私立学校。我们在海边度过漫长假期，我可以在那里买一只蝴蝶风筝，到沙丘上摘野生的李子。而现在，这些活动会让类似的家庭不堪重负。他们并非个例。"中产阶级"曾经意味着你可以养育两个孩子，并且送他们去高质量的公立学校，有时甚至是私立学校。它意味着当女儿的旧鞋子开始挤脚时，你能给她买一双带有紫色和银色小花的喜健步（Stride Rite）棕色玛丽珍鞋。它意味着拥有自己的房子——我们家没有，但像我们这样的家庭普遍都有。不是多豪华的房子，就是一所大小适中、带车库的平层房屋。它意味着能跟家人一起欢度周末，时不时到"电影宫"†看一部日场电影，或者办理剧院的年费会员，去那里看一场戏。它意味着工作日6点准时下班，一家人可以一起吃晚饭。当然，它还意味着如果你努力存钱，就能给孩子们交大学的学费了。

对于现在的美国中产阶级来说，这些中产生活的标志变得

---

* 社保金（Social Security），美国政府强制公民参加的养老保障计划，资金来源是员工在职时按收入的一定比例缴纳的税金。
† 电影宫（movie palace）特指兴建于1910年代至1940年代，规模庞大、装饰富丽的电影院。

越来越不常见了。中产阶级在各方面都岌岌可危，过去身处这一阶级唾手可得的回报已经烟消云散。阶级的衰退也造成了自我认知的降级。在2008年经济危机之前，只有四分之一的美国人认为自己属于底层阶级或者中下层阶级；即使那些艰难度日的人，也倾向于认为他们的问题是暂时的。好景不再了。2008年的经济衰退虽然是由金融危机引起的，但实际上也暴露了从里根时代至今几十年间社会阶级的分化和向下流动。经济危机后，高达40%的美国人认为自己处于社会金字塔的底层。[7]根据皮尤研究中心的一项调查，认为自己属于中产阶级的受访者只有44%，自这项调查启动以来，这一比例首次跌至一半以下。[8]与此同时，财富阶级（此处的财富［wealth］指资产减去负债）与中等危险阶级形成了鲜明对比。拉塞尔·塞奇基金会（Russell Sage Foundation）2014年发布的一份报告显示，最富有的前5%的人群的人均财富净值为130万美元。[9]在过去的30年里，财富前1%至5%的人群的收入呈现爆炸式增长，但其他许多人的收入却停滞不前。

对于有色人种的中等家庭，薪水和财富停滞的后果相当可怕。2017年由政策研究所（Institute for Policy Studies）和"现在繁荣"组织（Prosperity Now）共同发布的一项研究表明：白人家庭所拥有的财富的中位数是黑人家庭的68倍。黑人家庭财富的中位数只有区区1700美元。（利益相关：政策研究所是我所在的组织"经济困境报道计划"［Economic Hardship Reporting Project］的赞助方。）

对许多美国人来说，2017年的税收法案*只会让这些数字变得更加难看。但这项所谓的税收改革只是收入不平等被写入国家法律的最新案例而已。

如果你是一个背负着所有这些压力的美国工薪阶层父母，可能会觉得自己在跟众议院对赌，而众议院永远是赢家。然而，我采访的父母大多只是责怪自己，并不责怪为难他们的体制。

在《夹缝生存》中，你会看到在芝加哥靠政府发放的食品券†生活的教授、在波士顿的失业餐厅经理，以及在纽约被美国梦欺骗了的保姆。你甚至还会了解到，匹兹堡的一群药剂师因自己的岗位被机器人取代而失去了工作。这些人处在崩溃的边缘，他们"正确"地完成了每一件事情，生活却依然难以为继。一些人勉强度日，而另一些人则遇到了某些意外，从此一蹶不振。

尤其是对于母亲来说，这种被我称为"阶级天花板"的状况，跟"玻璃天花板"一起阻碍了职场女性的事业发展；这也是社会阶层分化带来的无数伤害的后果。

我希望这本书能够展现中产阶级在生活中的挣扎，并提供可能会有所帮助的策略。尽管今天的美国没有提供任何助力，甚至还在拖他们的后腿，但这些家庭依然在奋力保持——甚至

---

* 指2017年《减税与就业法案》（Tax Cuts and Jobs Act of 2017），是特朗普政府人力推动并成功通过的税收法案，目标是改革及降低个人与企业的税率。批评者认为这一减税举措是以减少税收、增加财政赤字和政府债务以及减少社会福利为代价的，在提高经济效益的同时有可能进一步挑战社会公平。——编者注

† 食品券（food stamps）指在美国联邦政府主导的补充营养援助项目（Supplemental Nutrition Assistance Program）中发放给穷人用以兑换食物的票券。

只是在争取过上中产阶级应有的生活。这本书所写的，正是他们的故事。

第1章

难以置信：怀孕与职场压迫

那本应该是她的职场上升期。当时达妮埃拉·讷讷乌（Daniela Nanau）30多岁，在一家律师事务所做了十个月的助理律师。新公司的合伙人都是她所在的劳工法领域的权威，这让她很高兴，她也很喜欢那个地处纽约、充满艺术气息的办公室。她与老板密切合作，相信他们互相欣赏，甚至觉得彼此之间达成了一种罕见的所谓"专业上的心灵相通"，他们的个性也很契合。

后来，讷讷乌开始觉得身体不舒服，情况严重到会影响早上的通勤：她每天在纽约皇后区的一个公交车站坐车上班。有几天，她不得不从等车的队列中走出来，坐到车站旁边绿地的长凳上休息，等她集中力量再站起来时，排队的人早就超过了她。她只好做个郊区的西西弗斯，重新走到长队的末尾。等终于到达裸露着红砖的办公室时，她累得坐都坐不直，还得花时间平复一下才能工作。她觉得身体虚弱，怀疑自己得了癌症，于是去看了一位肿瘤科医生。血液检验报告出来后,医生问她:"你的日子怎么过得稀里糊涂的?"她怀孕了。

如果现实像贺卡上的画一样美好,母亲真的可以成为家里的"天使",讷讷乌可能会很高兴。这样她什么也不用干,只需要想想孩子现在是长到荔枝这么大,还是西柚那么大了。但事实上,她陷入了身体和情绪的双重痛苦。毕竟,她是家中的主要经济支柱,夫妻二人中只有她拥有研究生学历。讷讷乌的丈夫也曾像她一样踌躇满志,他从前在华盛顿特区从事政界工作,现在则从事房屋改建,和各种电动工具和沾满油灰的刀具打交道。这些工具把他们的家塞得满满的。他的工作赚钱不多,如果讷讷乌被辞退了,又找不到新的工作,他们家就还不上按揭贷款了。

她担心得晚上睡不着觉,坐在一张芥末黄的马海毛沙发上。这张沙发是20世纪50年代生产的,已经很旧了,是她的德裔祖父母留给她的。她想起其他律师事务所的合伙人在午餐闲聊时说的话——如果她想在这个行业生存下去,就不要在40岁之前生孩子。她努力将这些烦人的思绪从脑海中清理出去,决定把怀孕的事情告诉老板。结果老板立刻就不理她了,一个星期都没跟她说话。

尽管怀着身孕,本就瘦弱的她还在不断掉秤。她很快意识到她的老板无可挽回地放弃了她,因为她成天病恹恹的,还经常上班迟到。她还觉得,老板好像认为怀孕会让她的健康状况变得更差。她相信老板冷落她,从根本上说是因为她居然想要生孩子；他对她不理不睬，一旦要跟她说话，态度就非常严厉。然而，她不敢像自己的那些客户一样投诉或者起诉，因为在纽约，劳工法领域的圈子很小。她的丈夫知道，她在这家律所工作的十个月里，每周例行有一天要在办公室工作到半夜，有时甚至不吃晚饭。他让她马上辞职。于是讷讷乌开始留意新的工作机会。

当讷讷乌最终辞职的时候，她没有告诉新雇主真实原因。结果证明，她是幸运的。她得以翻越"母亲之墙"（maternal wall），逃脱了职场对母亲的顽固偏见。她说，自己离开了那个"坏老板"，然后找到了一份薪酬更高的法律工作。这对她个人来说意义重大。之后的几年，她在反对就业歧视方面的行动正是受自身经历的影响，但是她个人的怨恨却一直被埋藏在心底。

讷讷乌和在她的帮助下维权的女性并不孤单。孕妇受到如此对待，只是美国的企业和立法机构对儿童养育毫不关心的表现之一；另一个表现是：涉及怀孕歧视的案件数量正急剧上升。2016年，工作生活法律中心（The Center for WorkLife Law）发布的一项报告称，在过去十年里，尽管全国职场歧视案件的数量总体呈下降趋势，所谓的家庭岗位歧视*案件数量却上升了269%。[1] 公平就业机会委员会（Equal Employment Opportunity Commission，EEOC）2011年接受的所有歧视投

---

* 家庭岗位指负有照顾家庭成员的责任的岗位，家庭岗位歧视即针对具有家庭岗位的求职者的差别待遇。如雇主歧视须照顾年老父母的求职者，或在无正当理由的情况下只聘用可以不定时工作的员工，导致负有育儿责任的人无法符合工作要求，就有可能构成歧视。——编者注

诉中，有 10% 来自认为自己因怀孕而失去工作机会的女性，这个比例明显高出以往。

家庭歧视案件的增加一定程度上反映了需要照顾孩子的雇员数量的增加，男性女性都包括在内。而需要"兼职"照顾孩子的父母雇员数量不断增长，部分原因是女性劳动力的规模扩大，而工作环境却没有做出足够的调整。在这个国家，怀孕和父母这个身份（如后文所述）都会带来职业危机。讷讷乌回忆自己曾经代理诉讼的女性雇员，她们即使怀孕了，在收银台后面工作时也没椅子可坐。她代理的白领雇员受到的威胁则比较隐晦：分配大量工作，让她们承受不住；同事们"友善地"提醒她们注意平衡工作和生活；或是对她们挑三拣四，从衣服太紧身，到情绪状态不佳——说话声音大一点，脸红一点，他们就怀疑你得了产后抑郁症。她说，许多人的遭遇比她和她朋友的要糟糕得多。为什么在这里，孩子成了万恶之源？我们怎么会生活在一个敌视怀孕的社会？仔细想想，社会对于怀孕和儿童的态度古怪而荒诞，完全可以说是在漠视人的自然本性。

这本书关注的是承受着经济压力的家庭。然而，如果我们能够正确看待养育这件事，那么他们背负的重担从一开始就不会那么沉重。在问候卡上、在共和党候选人口中，孕妇和儿童都被披上了一层怀旧的、浪漫的色彩。陌生人对他们投以亲切的目光，有时还会说一句"上帝保佑你"，但是等到了职场，这些善意的肯定就无迹可寻了。

和许多职场母亲一样，当我的朋友们开始自己的家庭生活时，我便对怀孕生子带来的经济危机有了更清晰的认知。那时我还没有孩子。我记得有一次跟一个刚参加完面试的朋友一起吃晚饭，她穿着一件巨大的灰色扭花毛衣，来遮掩自己因怀孕而臃肿的身形。"我才不会告诉他们我马上就要四个月了。"她指着身上的厚毛衣说起未来的雇主，然后在吧台点了一杯蔓越莓果汁。在面试成功并接受这份工作之后，她才透露了怀孕的情况。不久，她便开始感觉到新老板的不悦。她36岁的同事因为害怕丢掉工作而不敢怀孕，还有更多准妈妈朋友在言语和衣着上掩饰着怀孕的状态。她们在与律所、新闻机构等未来的潜在雇主见面时，都把臃肿的身躯藏在宽大的外套之下。

这些担忧并非毫无根据。与怀孕有关的歧视指控总体呈上升趋势，从2005年至2011年增长了23%。[2] 这些女性觉得必须掩盖自己怀孕的事实，我将之称为"隐孕"（hidden pregnancy）。当我在与讷讷乌的谈话中提到这一点时，她回答说："女性在工作场合隐藏怀孕无可厚非。毕竟，她们还能怎么跟雇主谈判呢？"

这些负面的刻板印象是"育儿惩罚"（caregiver penalty）的一部分。育儿惩罚是一套广泛的理论，指从事儿童养育的人所遭受的社会惩罚。正如哲学家玛莎·C.努斯鲍姆（Martha C. Nussbaum）所言，美国正在惩罚养育儿童的人——包括母亲、父亲、日托工作者——并且认为他们低人一等。这样的态度一定程度上源于对人类软弱的难以容忍，因此对这些响应人性需求的人也毫不宽容。

父母面临着特定种类的育儿惩罚——"家长惩罚"（parental penalty），也就是父母因照顾孩子在工作中受到惩罚（联邦及地方政府一直极力反对实行育儿假［parental leave］的相关法律）。"家长惩罚"并不只针对母亲，父亲也难逃其害。任何一个站出来说要休育儿假的父亲，都可能被雇主断然拒绝。[3] 讷讷乌一度郑重地引用过一项研究成果，它揭露了这一现象的根源：跟女性不同，职场男性通常是在有了孩子之后才迎来工资的大幅上涨的，但如果他们休了陪产假，往往就要付出职业上的代价。正如德勤（Deloitte）发布的一项关于成年劳动者的调查显示的，三分之一的男性受访者表示他们不会休陪产假，因为休假会危及他们的职场地位。[4] 他们可能是对的。多伦多大学（University of Toronto）的副教授珍妮弗·伯达尔（Jennifer Berdahl）发现，那些比一般人承担更多育儿责任的男性更容易在工作中受到不公待遇。[5]

有人可能会说，家长惩罚是不分性别的。

家长惩罚还体现在其他方面，包括儿童保育服务的稀缺和高昂费用。这个国家对于为职场父母提供可承受、可获得的儿童保育服务不够重视。对于那些努力维持或者过上中产生活的人们来说，这是他们面临的最大障碍之一。家长惩罚渗透到了生活的方方面面，令他们的生活更加艰难、成本更加高昂，日程安排更加忙乱不堪。

母职惩罚的存在表明，作为家长中的一方，女性会受到更多的惩罚。正如斯坦福大学谢莉·科雷尔（Shelley Correll）指出的，雇主不太愿意雇用母亲，并且在升职加薪、委任管理岗位的时候也较少考虑她们。[6]另一项研究发现，比起资质相同但没有孩子的同事，职场妈妈的年薪平均低了1.1万美元。[7]母职惩罚还体现在对职场妈妈心态的影响上。她们在蒙受了被劳动力市场拒绝带来的羞辱之后，会将社会对于育儿的鄙视和偏见内化，连自己都认为照顾孩子不值一提，甚至算不上真正的劳动。

女性在怀胎时可能受到威胁，或在孩子出生后被迫离开工作岗位。当父母中的一人必须辞职回家带孩子时，那个人往往是母亲，否则她就会成天手忙脚乱、工作表现欠佳，被视为"失败的员工"。很多老板觉得，员工的小宝宝会影响全公司的生产力。他们把生育子女的员工看作"行走的负担"。怀孕偏见使美国父母，尤其是母亲，在经济上陷入困境，背负沉重的压力。学者吉莉恩·托马斯（Gillian Thomas）发现，即使女性不因怀孕受到威胁或被迫失业，她们的工资也会因此下降——根据马萨诸塞大学阿默斯特分校（University of Massachusetts Amherst）的社会学教授米歇尔·布迪格（Michelle Budig）给出的数据：每生一个小孩，工资都会下降7%。[8]

社会对于育儿假毫不留情的态度，对新手妈妈的打击最为严重，重返工作岗位的压力会给她们的身体和情绪都带来严重的负面影响。生孩子可以说是"职场毒药"，是你没有将十二分精力投入这份工作的明证。

事情本不该是这个样子。

在 2016 年的一个寒冷日子里，讷讷乌陪我一起逛了逛她住的皇后区格伦代尔（Glendale, Queens）社区，以及她小时候住的林山（Forest Hills）社区。我们好像穿越时光，看到了 40 年前中上阶层的生活景象。那里有一家没有招牌的法式面包店，讷讷乌在那里买了一个苹果挞；还有一家老式裁缝店，橱窗里放了一个穿着蝴蝶结双绉上衣的人体模特。在格伦代尔，墓园和主干道占了很多地方，讷讷乌因此能够在这里买下一栋房子，价格比纽约较富裕的地区便宜了一半，而且现在在售的房子中还有更便宜的。在她的都铎式*小屋里，快 9 岁的女儿奥利维娅（Olivia）从一个巨大的红球上翻下来，做了个倒立，然后冲过来让我看她的万圣节照片。照片上的她穿着动画片《冰雪奇缘》（*Frozen*）中埃尔莎的裙子。讷讷乌 75 岁的老母亲因加（Inga）正在照看孩子，她以前是一个非营利组织的会计。因加给我讲了自己经历的怀孕歧视。那是 20 世纪 70 年代早期，在她怀孕期间，一个老板直接越过她，向她的丈夫询问跟她工作相关的所有问题。

讷讷乌的父母分别来自德国和罗马尼亚，他们于 20 世纪 60 年代来到皇后区。小时候，她的工头父亲执着地要求她学习数学，后来她又把这股超强的劲头倾注到了法律业务之中。当她向我

---

* 都铎式（Tudor），15—16 世纪于英国兴起的建筑风格。都铎式房屋内外墙均用木构架，而在构架之间填以砖或灰泥。漆成深色的木材和淡色墙面形成强烈对比，屋顶为陡峭的双面坡顶。20 世纪初，都铎时代复兴风格的设计被广泛应用于美国中产阶级的乡村房舍。

介绍她"最甜蜜的"爱宠：一只橙色斗牛犬时，我一点也不感到惊讶。

讷讷乌随后回忆起她对怀孕时遭受歧视的怨恨，这一情绪已经埋藏在她心里将近十年了。尽管时间过去了很久，她还是忘不了当时受到的不公待遇。讷讷乌如今有了自己的法律业务：帮助受到职场歧视的人——绝大部分是女性——维护他们的权利。

她同样明白父母为了照顾生病的孩子，需要付出多大代价，尤其是缺钱的父母。讷讷乌的女儿出生时早产，因为黄疸和体重过低，被送进了新生儿重症监护室。讷讷乌回忆她看到女儿戴着的小太阳镜（在躺着照灯时保护眼睛）掉了下来，从那一刻起，她好像突然意识到她的小宝宝有多么脆弱。她害怕女儿在生命的第一年就会因为别的事情而受到伤害。为了改善母乳喂养质量，讷讷乌每天都要喝掉 3.8 升牛奶，希望它能为早产和体重过轻的女儿带来改变。但如果她不能及时下班来满足女儿的生理需求怎么办？如果她因为关心小小的女儿多过关心客户而在工作上受到惩罚怎么办？

讷讷乌在调查其他女性的案件时，会从她们老板的言论中寻找隐晦的影射和粗暴的侮辱，这些言论会暴露出他们对委托人所抱持的性别刻板印象。其中一些言论还会以"帮助"的形式出现——你本来不该生孩子，或者你产后可以减减肥。在法庭上，讷讷乌将这些评论作为关键证据，用以证明对生育的偏见和不公在职场依然随处可见。

我采访了其中一些女性，比如一群在航空公司当飞行员的妈妈。她们通过美国公民自由联盟（American Civil Liberties Union）就其在工作场所泵奶的权利提起诉讼，控告"公司歧视她们及其他女乘务员，未能为她们提供方便孕妇和哺乳的条件"。[9]副机长兰迪·弗里尔（Randi Freyer）是其中一名参与起诉的飞行员，她从2013年9月起在边疆航空公司（Frontier Airlines）工作，并在工作半年后生了第一个孩子。生完孩子后，她被告知不能在工作场所泵奶，对她而言，这意味着不能在飞行中的飞机上泵奶。

用她的话说，她就是在这时愤然决定"护崽"的。

直到那时，母乳喂养的飞行员和乘务员都是自己创造条件在路上泵奶。然而，据弗里尔所说，航空公司"告诉我们，在飞机里泵奶是根本不被允许的，但又不给我们提供其他方法"。所以她们只好在飞机的厕所里泵奶。

在丹佛，在芝加哥，在佛罗里达，飞行员们不懈地要求航空公司在飞机上或机场工作区域提供泵奶站，但从来没有得到任何结果。最后，在弗里尔有了第二个女儿并遇到航空公司同样顽固的拒绝后，为了争取自己和像自己一样的雇员在工作场所泵奶的权利，她和其他几位飞行员共同提起了诉讼。

弗里尔想不明白，为什么航空公司不能提供一个干净整洁、配备电源插座的地方让她们泵奶。她本想向现实屈服，休带薪假回家哺乳，然而她并没有带薪假可以休。她在怀孕33周后被迫停止工作，因为公司不允许女性在此时继续飞行。所以在每个女儿出生之前，她都休了八周的无薪假，家庭财政也已经捉襟见肘。她说，如果公司继续发工资的话，她也可以去做地勤工作，但是边疆航空并没有给她这个选择。

她住在科罗拉多州一个名叫伊格尔（Eagle）的小镇，和丈夫恰好都是热爱蓝天的飞行员。他在美国军队服役，而她在民用航空公司。

弗里尔并不是那种任性跟风地"要母乳喂养直到孩子3岁"的妈妈。对于这次表现出来的叛逆，她自己都感到意外。她不喜欢在工作中出风头，而更喜欢"埋头苦干，为公司老板把工作做到最好"。她说，与边疆航空的斗争是痛苦的，局势很严峻。她告诉我，边疆航空那些不愿意提供帮助的主管们曾经是她的导师。她将航空公司推上被告席的选择相当于"职业自杀"，但她知道自己必须为此而战。

然而，一些心怀不满的母亲往往不像弗里尔那样诉诸法律，而是选择到互联网这个相对不那么有力的战场去发泄情绪。我们从一个名字十分尖锐的网站——"怀孕就完蛋"（Pregnant Then Screwed）中便可窥得一斑。女性们在那里写下自己如何因怀孕被解雇，或职业生涯因此毁于一旦。一位木匠学徒被告知，怀孕后她的工作表现就一直很糟糕。一位法律工作者，毕业于常春藤学校，工作原本大受上司好评，但最终结局也是一怀孕就惨遭裁员。似乎从怀孕开始，女性就会因为做母亲而危及生计。为什么？就像唐纳德·特朗普（Donald Trump）曾经说的：怀孕"对企业来说肯定是不方便的。无论大家愿不愿意说出口，事实上对于经营企业的人来说就是不方便的"。他的话虽不中听，但把资本主义的残酷观念说得一清二楚:为什么要给员工理由去休假呢,更不用说还是为了生育。可是按照这种逻辑,我们这些确实要生育的人该怎么办呢?

当我终于怀孕时,我才意识到了这一切。我读了小说家蕾切尔·卡斯克(Rachel Cusk)的《成为母亲》(*A Life's Work*)。在这本回忆录中,她冷静地叙述了自己怀孕和初为人母的经历。我在其中一页折了角,那里她写道:"孩子出生之后,父亲和母亲的生活便走上了不同的道路。过去他们生活在一种平等的状态之中,而现在,他们彼此之间进入了一种封建式的关系。"她说,有了孩子之后,她"不可避免地滑入了父权制的深渊"。[10] 我也感觉到了这种趋势,但它不仅跟我在婚姻中的性别地位有关,也跟美国职场的"父权"与封建秩序密切相关。

封建式关系是这样产生的:成为准妈妈,意味着我已经成了一个农奴,一个没有报酬的仆人,像伺候公主一样小心地怀着孩子。我以前对生孩子很抗拒,不想受这些束缚,甚至都不知道情况会有多糟糕。像讷讷鸟一样,我是中产阶级,而在怀孕的时候,我是自由职业者,是中等危险阶级的一分子。我当时 38 岁,跟现在一样,与丈夫一起住在全世界物价最高的城市之一——纽约。我的妇产科医生以及其他妈妈们都镇定甚至得意地微笑着向我承诺,只要忍过最初的三个月,就不会难受了。但是到了第五个月,我仍然病恹恹的,像个维多利亚时代的女人*，随时都可能晕过去。我唯一能喝下去的东西只有芒果奶昔，但是价钱太贵不能总喝。我孕期的症状叫作"hyperemesis"，这个拉丁语单词的意思是：一吃孕妇维生素就吐！我经常在街角的金属垃圾桶边呕吐。那几个月里，所有的街道、办公室和商店都难闻得没有天理。怀孕于我是一种糟糕的药物，让我浑身发红、小病不断。我的朋友们给我送了柠檬口味的孕妇糖果和灰色的抗吐手环，想依靠手环把翻滚而来的胆汁压下去，简直是又迷信又可笑。我没办法工作，连说几句话都困难。我以严肃哲学的方式，将大型孕妇装商店 Destination Maternity（怀孕终点站）的名字用到自己身上：我身体虚弱，感觉自己一步步走向的不一定是闪亮的新开始，也可能是个终点。在这种身体状况下，我无法继续像过去 15 年那样做自由撰稿人，所以只能靠我丈夫挣的钱和之前的储蓄过日子。

在床上看书时，我就知道未来家里会越来越穷，但我能做的只是待在被子里。我的肚子很大了，肚皮紧绷绷，上面能看到蓝色的血管。我患上了病理性失眠，睡不着觉，只好读关于 19 世纪女性苦难的书，或者看深夜的电视促销。连那些刀具和大腿锻炼器的广告在我看来都显得色情，这充分表明了我是多么绝望无助。

我的女儿出生时，头在生产过程中被挤压成了一个肉做的

---

* 在英国维多利亚时期（1837—1901 年），上流社会的女人有晕倒的"习惯"，在众多文学和艺术作品中均有体现。原因说法不一，有说紧身衣影响呼吸，有说服装繁复导致夏天容易中暑，有说为了显示自己弱不禁风，等等。

"莫霍克头"*,看上去像个透明的外星人,我们因此收到了一堆意外的账单。虽然我们买了自由职业者的医疗保险,但还是有大笔的医疗费用没有覆盖。根据2013年的一项研究,顺产和剖宫产的分娩费用已经比1996年翻了将近三倍:2013年在美国剖宫产的平均费用为16,038美元,而顺产则是12,560美元。孩子一点都不便宜。[11]

我还记得女儿出生后,自己在看着银行卡余额不断下降时有多紧张:我这是在为自己的产假买单。我对自己吝啬得很,谁送我一件旧的婴儿连体衣,我都想庆祝一番。我还记得自己一边给宝宝喂奶,一边想着银行账户里的钱正在不断流走,然后突然因宝宝的拉扯感到一阵刺痛。我的奶水一直不够,所以我试着泵奶,看会不会因此变多。吸奶泵的声音听起来像电子乐或迪斯科舞曲,那是工业时代的摇篮曲。外出跑新闻的时候,我就在各种办公室里、在火车的洗手间里泵奶。虽然别人听不到,但我的脑海中还有一个持续不断的声音,那就是对钱的需求。有些熟人问我:"你还要再生一个吗?"我心里清楚,我的女儿注定要成为独生女了。就因为产假或陪产假中的点滴小事,许多父母决定只生一个孩子,因为他们的经济能力只能承受这么多了。我和我的丈夫就是如此。我们这样的家庭绝非个例,只

---

* 莫霍克头(Mohawk),一种模仿北美印第安人,剃光两侧,只留下中间部分的发型。

有 14% 的美国劳动者享有带薪家庭假 *。[12]

正因如此,许多美国女性就连在产后暂时离开工作岗位几个月都难以承受。危机四伏、无视生理规律的市场随时有可能让我们死无葬身之地。

我们不必走远就能看到一种截然不同的工作环境。法国、英国、智利、荷兰和南非的女性在医院顺产的费用都相对较低,而且大部分乃至全部费用都由保险或国家承担。2012 年在荷兰顺产的平均费用是 2669 美元,2015 年在南非则是 2000 美元。[13]

再看家庭假。例如,在加拿大魁北克省,母亲享有连续 15 周或 18 周的产假,父亲享有三周至五周的陪产假,休假期间他们获得的产假和陪产假保险高达工资的 75%。[14] 在丹麦,母亲在**产前**就有四周的带薪孕假,产后还有 14 周的产假。[15] 收养孩子的父母也可以休假,同样是 14 周。每生一个孩子,父母可以从政府那里获得长达 52 周的带薪休假,包括最初的 14 周产假。在女儿出生之前,我曾在冰岛做过报道。在一个旅游景点,一位女导游带我们参观这个国家最著名的作家哈尔多尔·拉克斯内斯(Halldór Laxness)那栋精心修复的中世纪房屋。她快速介绍了一下自己的生活——她有三个孩子,目前没有伴侣,但她的家庭很兴旺(我推想,很有可能出现的画面会是他们一家人快乐地泡着温泉)。如果她有一个丈夫,那么他很可能会受益

---

* 家庭假(family leave),一般指产假、陪产假、育儿假等,广义上还包括照顾生病孩子,以及处理其他家庭事务的假期。

于冰岛的"爸爸假"（daddy leave），90%的冰岛父亲都可以休这个假。这个国家为父母双方都提供了三个月的育儿假，另外还有三个月的假由双方自由分配。[16]

值得注意的是，冰岛在从大概十年前的银行业危机*中复苏之后，目前经济状况一直良好。当然，即使是在这些开明的国家，无视生育价值的市场依然会影响到人们的生活。在瑞典，父亲不会全额休完所有育儿假，因为他们认为这会影响他们在工作中的地位和竞争力。因此政府采取了激励措施，确保父亲们可以享有他们应得的休假。我们可能会嘲笑米雷耶·朱利亚诺（Mireille Guiliano）的《法国女人不会胖》(French Women Don't Get Fat）那类书中所表现出来的欧洲沙文主义（Euro-chauvinism），但帕梅拉·德鲁克曼（Pamela Druckerman）2016年在《纽约时报》发表的关于美国人在法国生活的文章确实令人无比羡慕。"忽然之间，我不再是孤军作战了，"德鲁克曼写道，"我逐渐明白了为什么欧洲母亲不会为了平衡工作和生活而一再惊慌失措，也不会写管理层的妈妈们应该如何更努力的书。她们的政府在帮助她们，并且做得很不错。"[17]从数据上看，中产阶级父母在芬兰甚至过得更好，他们在别的地方，比如荷兰，也过得更好（而且没有芬兰人的"北极式忧郁"[arctic unhappiness]）。

---

* 此处指的是2008—2011年发生的冰岛金融危机，这一危机直接影响了冰岛整个国家的经济和银行系统。

在女儿出生后，我曾幻想在国外度过漫长的带薪假期——像是在哥本哈根：我坐在一把汉斯·韦格纳（Hans Wegner）设计的椅子上，一边照顾我那胖嘟嘟的小宝宝，一边看丹麦的政治电视剧《权力的堡垒》（Borgen）。我的丈夫会为我端上腌鱼和黑面包。相比之下，我和其他许多美国父母好像为了赚钱养家而被迫做着讨厌的工作，还为此基本见不到家人，也没法真正地了解他们。在美国，只有13%的私营企业雇员（不论男女）能从雇主那里获得带薪家庭假，不过休假的时长和质量则鲜有数据体现。[18]拥有最好的休假制度的美国公司都是科技公司或互联网平台（比如Adobe，Spotify，Etsy）和非营利性基金会。其余的人都像水果一样被榨干，直到只剩一张皮。

被儿童保育费用和稀缺的休假榨干的感觉，在一定程度上解释了为什么阅读在法国养育孩子的文章，会对美国的职场妈妈产生一种类似色情片的效果。是的，这是在"养育bébé"，这也是在德国"养育das Baby"，或者在意大利"养育il bambino"*（那里的女性享有五个月的产假，工资按80%发放）。在很多国家，给新手父母的带薪假可以长达三个月甚至更久：英国给了280天，90%的工资；加拿大119天，55%的工资；荷兰112天，工资全额发放。[19]所有生过孩子的人都知道，孩子出生后的前三年不仅最费时费力，也对成长最为关键（这段论述的最佳配乐就是婴儿的哭声，而当他们发现妈妈可以几乎"全薪"在家陪伴

---

* 意思都为"养育孩子"。——编者注

他们之后,哭声就变成了满意的哼唧声)。[20]

在全国范围内,《家庭与医疗休假法案》(Family and Medical Leave Act, FMLA)给予了最高 12 周的**无薪**假。FMLA 适用于公共机构、中小学和人数达到 50 人或以上的公司。然而,随着中等危险阶级的崛起,法案无法覆盖的人群只会越来越庞大。毕竟,中产阶级中的自由职业者和合同雇工数量正在增长。美国中产阶级的"非官方媒体"《纽约时报》恰如其分地指出:我们国家的资产阶级长久以来一直是世界上最富有的,现在却已经地位不保。本书中提到的美国人并不都喜欢奢华:如前所述,我采用了美国商务部对中产阶级的定义:其中既包括收入因素,也包括他们的愿景——比如拥有一套房子,或者让家里的每个成年人都拥有一辆车。

怀孕和产后初期不断增长的压力以及孕妇可能受到的偏见,其根源并不在于生活中那些不可一世的男老板或无赖的政客。追本溯源,和其他让今天的父母们备受压力的众多因素一样,怀孕偏见的愈演愈烈反映了我们国家对于女性(甚至有时对于人类)生理特性的否认。我们也很难获得避孕服务和相应的医疗保险,好像他们还不知道意外怀孕是由什么引起的似的。我们要想在公共场所哺乳,只有很少的地方可以去。还有,后面的章节会谈到,对于年纪较大的人,他们在职场上经常因自己的生理年龄而被人指责:如果他们不能"克服"生理年龄的影响,或者不小心在简历上透露了年龄,就会变成"失败的员工"。

当然，生理特性是否决定了我们的生活和事业，这个问题有着复杂的历史。在平权斗争中，女权主义者高喊着"生理不是命运"。但这并不意味着生理特性就不存在了，它当然存在：当女性表现得像个男性甚至更好时，她们就被认为是有价值的、富有成效的员工。讷讷乌回忆起她怀孕时在另一家律所工作的经历：她为了模糊性别特征，穿全黑的西服和裤子，"打扮得像小个子男人"；把厚厚的棕色头发剪到贴头皮的长度，并用发胶梳理整齐。然而，怀孕依然让她觉得没有安全感，于是她在街上故意大摇大摆地走路，尽可能多占点空间。

这在我看来是另外一种"隐孕"：讷讷乌的招摇和其他女性在雇主面前尽可能隐瞒怀孕的行为，都属于伟大的社会学家欧文·戈夫曼（Erving Goffman）所称的"掩饰"（covering）。人们通过这些行为来掩盖和模糊被污名化的身份，也就是戈夫曼所称的"受损身份"（spoiled identities）。[21] 而孕妇在美国就是一个被污名化的身份，多少来自真人秀和贺卡的美誉都改变不了这一点。

当像讷讷乌这样的中产阶级女性雇员因过早生孩子而受到惩罚，这种身份的污名化便表露无遗。推迟、计划和等待是中产阶级专业人士的常用词。但如果一个人连生育计划都要由雇主来决定，那这个世界真是是非颠倒了。

当怀孕生育同制度化的种族主义和美国种族间的财富差距结合起来，不难发现黑人中产家庭的境况更加艰难。黑人妈妈手中的储蓄比白人妈妈少得多，因此更难承担孕产假和怀孕生育过程中产生的大笔医疗费用（关于黑人家庭的财富中位数，可见 2017 年的报告《零财富之路：种族财富鸿沟如何摧毁美国中产阶级》[The Road to Zero Wealth: How the Racial Wealth Divide Is Hollowing Out America's Middle Class]）。

　　这些是我的母亲和讷讷乌的母亲以为她们已经赢得的战斗。在 1964 年《民权法案》（Civil Rights Act of 1964）基础上修订的《怀孕歧视法案》（Pregnancy Discrimination Act，PDA）已经出台快 40 年了。这部法案将基于怀孕和生育的歧视定义为非法的性别歧视：雇主不能仅仅因怀孕导致的身体状况而拒绝雇用一位女性。国会在 1978 年通过了 PDA 法案，那时我才 6 岁。"PDA 法案造成了一定的威慑，在雇佣政策方面带来了重大改变。"法学家德博拉·L. 布雷克（Deborah L. Brake）和乔安娜·L. 格罗斯曼（Joanna L. Grossman）这样写道。[22] PDA 试图通过声明怀孕不应该影响雇员的薪酬、晋升和解聘，解决性别偏见方面的问题。但是，随着时间的推移，再加上下级法院*对这一法案的阐释，PDA 的适用范围缩小了，对于怀孕歧视的定义也变窄了。这项立法只实现了部分目标，因为它只提供了有限的词汇来定义何为歧视。作为律师，讷讷乌就见过"公司很擅长"针对发出抱怨的女员工"罗织应诉材料"，也亲眼见到公司拿着这些应诉材料赢得了女性提起的诉讼。这就

---

* 下级法院（lower courts），在美国一般指联邦法院系统中最高法院以下的所有法院，包括 94 个地方法院和 13 个上诉法院。

是法哲学家琼·威廉斯（Joan Williams）所称的"母亲之墙"的一部分。[23]这个空间隐喻和众所周知的"玻璃天花板"一起，把职场女性重重围住，让她们无路可走。换句话说，怀孕员工受到的各种不同偏见，在一定程度上源于工作环境（有时还包括雇主）对我们个人生活的漠视。结果就是，职场妈妈被迫要把自己劈成两半，把手忙脚乱状况百出的生育事务与她们的工作截然分开。

如何才能更好地保护这些不堪重负的职场女性？性别平等法律中心（Gender Equality Law Center，GELC）等团体提出了一些办法。他们希望男性与女性的"收入透明化"，并推行性别平等的带薪休假法案。GELC鼓励男性，哪怕是那些不在"高端职位"的男性，都去休陪产假，或者至少去争取一下；它还会表彰在子女假（child leave）方面做得最优秀的企业，并公开批评那些做得特别糟糕的。一些非营利组织紧随其后，众多代表孕妇和新妈妈争取工作权益的诉讼也正在进行中。

如果所有美国企业都能为父母们提供九个月的家庭假，那么主管和老板因员工怀孕而承受的压力就不会这么大了，因为所有公司的情况都一样。如果压力由大家共同承担，那么休假产生的成本可能会变得更容易接受。

有些人还指出，歧视本身带来的成本就高达数十亿美元，它会导致产出下降、人员流动，更别提为了应付诉讼付出的时间、精力和金钱。此外，企业压榨员工的生命，赶走怀孕的女性，也会对声誉造成影响。就像一些曾被称为"员工乌托邦"

（labor utopia）、备受瞩目的科技企业，后来却沦为高端"血汗工厂"，并因此名誉扫地。GELC 的专职律师劳伦·贝特斯（Lauren Betters）表示，GELC 希望企业，尤其是小型企业，明白一点：让女性休假，天不会塌下来。

诚然，怀孕员工带来的利润可能没有不准备生育的女性员工那么高，但是这没关系。我们在重视经济效益之外，还可以选择更加重视生活的其他方面。女性本不应该因为在工作中保持坦诚就受到伤害。

"我经常投诉，我认为受到不公待遇时就应该投诉。"讷讷乌说道。但是她也承认："女性挺身而出是需要付出代价的。"

2016 年 10 月下旬，讷讷乌带我参观了她的家。家中的家具几乎都是从她和丈夫的长辈那里流传下来的。我们在她的下沉式客厅里，坐在现代风格的抱枕中间喝着花草茶，吃着胡萝卜沙拉，时不时看一眼她的老爷钟确认时间，这时我几乎忘记了自己身处哪个年代。她指着楼梯附近墙面上挂着的一排照片，告诉我那是她和丈夫两个家族历代的劳动女性，有美国的，也有德国的。"我们不是含着金汤匙出生的，"讷讷乌说起她和丈夫的家庭，"我们可能做过一些令人艳羡的工作，但必须不断为之付出努力。像我这样的中产阶级，不可能因为怀孕生育就停下来几年不工作。"

她曾经推迟怀孕计划，希望当自己最终生孩子时"情况会有所不同，不再只有富人才生得起孩子"。说起这些，讷讷乌似乎对自己曾经憧憬的未来充满了怀念。

不过，这不仅仅是她个人的故事。

她和许多像她一样的人的故事，都只是一个更加宏大的叙事的一部分。

在之后的几十年里，美国在支持家庭和职场母亲方面没有做出任何改变。对于那些没能跻身最富有阶级的母亲来说，这就是她们所面对的"阶级天花板"，是性别地位和经济地位的苦涩结合。

这些限制依然在塑造和扭曲着我们许多人的生活。

第2章

高学历的穷人

博林（Bolin）教授，或者像她让学生直呼其名那样，叫她布里安娜（Brianne）吧。博林有时就像个隐形人。当我来到她教写作课的芝加哥哥伦比亚学院（Columbia College Chicago）大楼时，我问前台的助理如何找到她。"博林？"她一边扫视着教师名单，一边问道，语气充满疑惑，"对不起，我没有看到这个名字。"这里找不到布里安娜·博林，尽管她在这儿一年教四门课，已经教了许多年。她连电话分机号都没有，更不用说办公室了。

博林匆匆赶到大厅，表示要带我参观一下。她扎着马尾，头发是红色的，戴着一副书生气的黑框眼镜，左侧太阳穴附近的镜腿上缠着红色的电工胶带。眼镜已经坏了好几个月了，但是她买不起新的。博林为这次会面特地打扮了一番：一件黑色背心（她后来告诉我是在旧货店买的），牛仔裤（也是旧货店买的），还有一个解剖学风格的黄铜心脏吊坠，用黑色细绳串着挂在领口。博林十分期待这个夜晚，这对她来说是难得的休息时间。她是一个8岁残障男孩的母亲，儿子名叫芬恩（Finn）。芬恩父亲的未婚妻曾经答应帮她照顾孩子，但最近她焦虑到没法享受这段休闲时光。布里安娜刚刚得知，再过几个星期，那个女人就要和芬恩的铁匠父亲结婚了，那段时间他们没法帮忙照顾孩子。重担再次回到了博林肩上。

在她带我参观了计算机实验室还有学生的抽象摄影作品和影像装置之后，我们在学生休息室坐下来聊天。那里摆放着时尚的现代家具，拥有面朝格兰特公园（Grant Park）和密歇根湖（Lake Michigan）的无敌景观。此时，博林看上去更多的是气愤而不是焦虑。作为兼职教授，她教一门课能挣4350美元，一年挣的钱不会超过2.4万美元。就在此刻，她的银行账户里只有55美元，信用卡欠着3000美元。她租的两居室房子一个月要975美元，租金已经拖欠一个月了。那间房子位于芝加哥西郊，旁边是铁轨，每隔20分钟就有一趟列车轰隆隆地开过。她的书架上塞满了读研时买的诗集和哲学书，里面的内容已经烂熟于心；她还收集20世纪60年代法国的黑胶唱片，但却要靠食品券才能养活自己和儿子。而且，因为工作不提供医疗保险，她和儿子都被纳入了贫困者医疗补助计划（Medicaid），一项由联邦政府和州政府联合为低收入者提供的医疗保障。在伊利诺伊州，像芬恩这个年龄的孩子被纳入医疗补助计划的前提是家庭收入水平不能超过联邦贫困线的142%。[1]这个数额在2014年大概是 22,336 美元，2017 年则是 23,060 美元，而博林的收入连这个水平都达不到。**事情本来不该是这样的。** 英文专业出身的博林知道这句话已经被说滥了，但是她忍不住一直想：**事情本来不该是这样的**。她在下州（downstate）*的东伊利诺伊大学（Eastern Illinois University）上学时曾经醉心阅读。她回忆起自己"和一个朋友一起住在拖车场[†]，读弗吉尼亚·伍尔芙（Virginia Woolf）和玛格丽特·杜拉斯（Marguerite Duras）的小说，沉迷于凯鲁亚克（Kerouac）和金斯伯格（Ginsberg）等'垮掉派'[‡]的叛逆之作"。她拥有本科学位和一个研究先锋派诗歌的硕士学位。她并不指望自己成为学术之星，毕竟东伊利诺伊大学不是芝加哥大学（University of Chicago），但她确实觉得自己会有一份稳定的工作和不错的薪资。"我喜欢好东西——我其实有点小资，"她说，"我以为到 35 岁的时候，我能穿上没有破洞的衣服，在银行里有一些存款，但我只能在 Goodwill 商店[§]购物。我穿 5 美元一件的香蕉共和国[¶]西装外套，很快就穿坏了，因为它已经被

---

* 伊利诺伊下州（Downstate Illinois），指伊利诺伊州芝加哥以南的地区，也可以指全州除大芝加哥地区之外的所有地区。

† 拖车（trailer），这里指可以挂在汽车后面的活动房屋；拖车场（trailer park），即集中停放拖车的场地。

‡ 指"垮掉的一代"（the Beat Generation），是二战结束后美国的一群作家开启的文学运动，其核心理念包括对主流价值观的反叛、对美国和东方宗教的探索、对物质主义的拒绝，也包括对致幻药物和性解放的探索。

§ Goodwill 是美国一家为失业者提供工作培训、工作岗位匹配，以及其他基于社区的服务的非营利性机构，资金来自旗下设立的遍布全国的旧货商店。

¶ 香蕉共和国（Banana Republic），美国 Gap 集团旗下，中高价位的时尚服饰品牌，销售对象主要是白领阶层。

别人穿得很旧了。这是梦想的代价,没什么丢人的,但我不知道自己是不是**真的**做错了什么。"

如今许多政治言论都在强调让更多人进入大学的重要性,而且**确实**有很多证据证明,提升学历可以带来更好的财务前景。但是在2008年金融危机过后的今天,良好的教育可能已经无法确保你不在贫困线上徘徊了。2007年至2010年间,拥有研究生学历却要接受食品援助或其他形式联邦援助的人数翻了将近三倍,而拥有博士学位的受援助者从9776人上升到了33,655人。[2] 更具体地说,2013年使用食品券的家庭中,至少有28%的一家之主是多少接受过大学教育的人。据肯塔基大学(University of Kentucky)经济学家的一项分析,这一数值在1980年仅为8%。[3]

让父母及其子女不堪重负的部分压力也在于此,高学历穷人悄悄地与受到怀孕歧视的女性站在了一起。如果连高学历的美国父母都养不起孩子,这对其他父母意味着什么呢?如果一个怀孕的员工明知自己专业领域的工作选择很少,又怎么敢因缺少育儿假或工作条件太差就奋起斗争呢?如果一个员工需要承担自己根本负担不起的日托费用,她怎么会觉得自己还有资格抱怨?她知道得到和保住一份工作有多难。例如,一项由500位兼职教师参与的调查显示,62%的兼职教师年薪不足2万美元。[4] 如果他们还敢抱怨,可能连自己赖以生存的课程都没得教了。

上一章描述的怀孕歧视是职场生活压榨我们身体的方式之一,而这一章讨论的高学历穷人则完美体现了一种与之不尽相同却密切相关的事物。在今天的美国,一个人可能很难将自己的文化和社会阶级地位传给自己的孩子。毕竟,等到孩子们上大学的时候,还能负担得起和父母同等水平的教育吗?能付得起高昂的研究生学费吗?他们能够维持自己父母在社会地位上的信心——对自己专业技能的信仰吗?甚至,他们会有职业生涯吗?

就像博林在她教书的大学里一样,高学历穷人在我们整个国家都是隐形的。"住在拖车场,没人知道或在意我有个博士学位。"曾经的语言学兼职教师彼得拉(Petra)如是说。她住在俄勒冈州的尤金市(Eugene),有一个孩子,靠福利和食品券生活。明尼苏达州的图书馆员、网站开发工程师米歇尔·贝尔蒙特承认,她的朋友们基本上都不知道她过得那么拮据。她说:"所有美国人都以为他们只是暂时陷入困境的百万富翁,我也不例外。"

从这些教授以及其他受过大量培训和教育的劳动者身上,可以看到中等危险阶级的所有典型问题:债务、过度工作、孤立,以及贫穷带来的自卑。他们基本没有休闲时间,连跟伴侣一起喝点淡啤酒,或者跟朋友聚在一起诉诉苦、聊聊八卦的机会都极其难得,也几乎没有什么假期。

他们中的许多人告诉我,尽管父母的受教育程度远低于自己,但在经济上却更为宽裕。当我跟这些中等危险阶级的父母聊天时,他们也对此感到荒谬和自责。难道追求一个高尚的职业、想要一些好东西也是一种罪过吗?现实让他们觉得好像确实如此。

他们的生活也不像年长的同事那样拥有更多保障，当然也无法复制他们本被期望遵循的生活轨迹。

博林自己在网上跟一大群像她一样奔波的兼职教师保持着联系，其中一位是她在大学时认识的朋友，历史学硕士贾斯廷·托马斯（Justin Thomas）。他目前在两个学校教书：一个是帕克兰学院（Parkland College），一个是从芝加哥往南三小时车程之外的湖滨学院（Lake Land College）。托马斯一个学期教四至六门课，2017年湖滨学院每门课给他1675美元，帕克兰学院则是每门课3100美元。他说，课酬支票要在每学期开学一个月后才能收到，所以在那一个月里，他只能让两个女儿每天吃通心粉、芝士和烤土豆当晚饭（他对两个孩子没有完全监护权，所以不满足申请食品券的条件）。"我说：'对不起，我买不起什么东西给你们，甚至连一个冰激凌都买不起。'"说着，他的声音开始哽咽起来，"我为了帮两个女儿实现梦想，就不得不放弃自己的梦想。"虽然他一直跟着从事建筑行业的父亲赚外快，但手头依然很紧张。"我想送女儿去上音乐课，她挺有天赋的。但我现在没有办法让她发展自己的才能。"

学术界人士怀揣高学历文凭，却还在向下流动，但不只是他们，其他受人尊敬的职业也正在失去往日的荣光。据全国法律就业协会（National Association for Law Placement）披露，最近法学院毕业生的就业率从2007年的近92%下降到了2012年的84.7%和2016年的87.5%；2012年法学生背负的学生贷款平均约为14万美元，比2004年上涨了59%。[5]后面的章节会提到其中一些受害者。此外,建筑、市场研究、数据分析、图书出版、人力资源和金融等专业领域也没有从经济衰退导致的就业机会萎缩中恢复过来,而这些都是要求硕士学历或者受到硕士青睐的职业。在我看来,让这种压榨变得更严重的是一句经常听到的口号——"做你热爱的事情"。这句口号力劝中产阶级成员以追求**梦想**为生。出于善意的导师和公司反复吟诵这句格言,我自己就经常听到它。那些劝诫别人"做你热爱的事情"的人既扮了酷,又能从他们的员工身上压榨出更多的劳动力。这个建议旨在纠正一种旧观念:工作应该是尽职尽责的,甚至是卑躬屈膝的,而不是充满热情的。如今工作越来越被认为对一个人的个性、意义感和价值感至关重要。但如一些历史学家所言,这种观念不是从来就有的。在过去的几个世纪里,人们工作主要是出于经济上的急迫需要,他们梦想着一个不需要工作的天堂,一个流着奶与蜜的地方*(当然,贵族们根本不工作,靠着财产就能生活)。

把目光转回现在,我正在 WeWork† 共享办公空间的一张桌子上写下这段话,而这个口号就显眼地印在这家公司的 T 恤上。我注视着这悖论一般的景象,暗暗希望那位正穿着这件 T 恤在给咖啡续杯的年轻女士能在别的地方实现它。我又想起我认识的许多父母:有年轻的,也有人到中年的。他们曾经听从了这

---

* 《圣经》中对上帝赐给犹太人的迦南地的描述,可用于比喻甜美富裕之地。

† WeWork 是一家为初创公司、微小企业、自由职业者提供共享办公场所的美国公司。

句格言，结局却是好坏参半。我们都去做自己热爱的事情，要怎么才能养活自己？这个世界又会变成什么样？对于那些记者、科技创业公司的员工，以及其他举步维艰的"创新"企业的员工来说，这种劝诫甚至可能变成一种绑架。他们拿着微薄的工资，长时间地投入工作。而这些工作本身的魅力和它可能带来的声望，就是对他们的奖赏。

如学者劳伦·伯兰特（Lauren Berlant）在她的书《残忍的乐观主义》（Cruel Optimism）中所写的：美国人可能正沉浸在一种叫作"残忍的乐观主义"的氛围之中，这种氛围"出现在当你渴望的东西成为你发展的障碍之时"。[6]在"做你热爱的事情"所包含的那些难以实现的目标背后，是一种对美好生活的幻想。而个人的保障和前景被忽略了，身为芝加哥大学教授的伯兰特写道，这些东西包括"向上流动、工作保障、政治和社会平等，以及幸福长久的亲密关系"。以至于在美国已经不再帮助我们实现生活和事业"双丰收"的时候，我们却依然相信自己可以"什么都要"。像我这样的创意工作者所拥有的"做自己热爱的事情"的经历，有时可以被视为伯兰特所说的"愚蠢的乐观主义"（stupid optimism），"是最令人失望的事情"。

正如德光美弥（Miya Tokumitsu，音译）在她的《做你热爱的事情：以及其他关于成功和幸福的谎言》（Do What You Love: And Other Lies about Success and Happiness）一书中写的：在美国，许多公司充分利用"做你热爱的事情"这句口号来更好地剥削雇员，以至于它已经沦为一句空话。[7]类似的例子有很多,从科技公司到高端连锁餐厅,再到乔氏超市*那样的商店,都坚持认为他们的雇员很快乐,或者应该表现得很快乐。当然,也有一些更为隐秘的剥削方式,那些在"做热爱的事情"的蛊惑之下一条道走到黑的兼职教授、中小学教师和新闻工作者对此心知肚明。他们可能在某一天发现,自己迫于职业要求辛勤劳作却几乎一无所得,而这一切都打着追寻自己真正的爱好的旗号。在人生的不同阶段,我曾经几次为了找到工作而放下自己的"创造力"去做编辑,经此我意识到了对于热爱之事的坚持背后,原本就存在着一种令人不适的阶级偏见。如果对于热爱之事的坚持实际上基于某种特权,对于这些拥有特权的人来说,他们承担的风险更小,即使失败了也不会伤筋动骨,可以从头再来。那么,那些没有这种特权的人又会怎样呢?

我有时觉得,我们这个时代是"中产阶级的末日"。在这个时代,我们就像在玩一个"叠叠乐"生存游戏,而生孩子的决定会进一步撼动这个已经摇摇欲坠的结构。

像博林和其他那些岌岌可危的工作者,他们接受多年教育是为了变成高雅的知识分子,用高脚杯喝酒。如果他们真的脱离了自己的专业,那么就不得不面对一个问题:"你是谁?"

对博林来说,她从很早以前就产生了不要和自己的工作疏远的愿望。她在伊利诺伊州中部的小镇上学时,就觉得自己跟其他孩子不一样。首先,她是被收养的,而且是家中的独女。

---

* 乔氏超市(Trader Joe's)是一家美国平价连锁有机超市。

她早期通过测试进入了一个天才项目,母亲自豪地说她聪明得"可怕",尽管进入青少年时期后,母亲的评价就变成了"麻烦"。上高中时的她不合群——她很情绪化,穿一身黑,并且不断地阅读。

然而到了大学,她很快就觉得在世界上找到了自己的位置。"文学赋予生命额外的回响。"她说。之后,在她大二时发生了一件令人震惊的事:博林的男朋友被他的室友杀害了。心灵创伤使她更深地沉浸在了文学之中,威廉·卡洛斯·威廉斯(William Carlos Williams)和乔治·奥本(George Oppen)这样的诗人尤其令她痴迷。**灵魂是什么?**她想知道。男朋友的灵魂是不是在哪里飘着?"我以一种个人的方式,和我研究过的作家建立了友情,"她说,"我以前是一个孤独的人——现在也是——而书让这个世界变得更美丽了。"

她说,在她的大学里没有人提过,学术之路不见得是一条最明智的职业道路。相反,她最喜欢的教授,教美国浪漫主义文学的迈克尔·劳登(Michael Loudon)邀请她到办公室聊天(他现在已退休)。"他相信我,他知道我会继续钻研我正在研究的问题,并写出一篇学位论文来。不,他没觉得我能做一番大事业,但他肯定我能找到不错的工作。这曾经是理所当然的。"

1975年,在劳登的大学时代,全职的终身教职体系*教授占

---

* 在美国大学的教授体系中,终身教职体系(tenure-stream)指的是有资格在工作一定年限之后通过考核获得终身教职(tenure)的教授。如果到期无法通过考核则会被解聘。根据不同大学的制度,终身教职体系从助理教授或副教授开始。

全美国教授的45.1%；到了2011年，这一比例只有24.1%。每六位教授中，只有一位真正享有终身教职（16.7%）。[8]像博林这样的兼职教授不确定性很高，并不属于终身教职体系。他们受过良好的训练和教育，但当中的许多人却陷入了经济困境。学术界的这种变化是在博林上大学时开始的，但她和她的父母都没有意识到这一点。她的父亲是凡士通（Firestone）的轮胎工，没有上过大学；她的母亲是家庭主妇，有一个家政学的本科学位。博林说她的爸爸"9点打卡上班，晚饭时间就回到家"。他工作是为了生活，而不是反过来。他也不见得理解女儿对自己**热爱**的工作的追求。

尽管如此，得知博林在二十五六岁的年纪，刚一毕业就到芝加哥的韦斯特伍德学院（Westwood College）教写作，依靠储蓄供她读完本科的父母还是很骄傲的。一个学期之后，她转到了哥伦比亚学院——芝加哥的一所艺术学院。她说，她一开始希望教文学，但后来也喜欢上了写作，喜欢指导学生把文章写得清晰有力。此外，芝加哥让她乐不思蜀。她从来没有见过这么多不同种族和国家的人。她可以一晚又一晚地听各种风格的音乐，尤其是克莱兹默*和巴尔干民间音乐。她甚至组建了自己的双人乐队，叫作"泥巴秀"（Mud Show）。乐队使用的乐器包括一架手风琴，一把老式木箱做成的贝斯，一个带链条的桶

---

* 克莱兹默（klezmer）是东欧犹太人的传统器乐，最初起源于犹太婚礼及其他庆祝仪式上使用的舞蹈音乐。

和一台打字机。"我说是为了赚钱,但其实是在享受大城市里的26岁人生。有几个室友,在家里开音乐派对,享受生活,"她说,"我没有认真的恋爱对象,对未来也没有计划。我过着悠长的青春。"

后来,28岁的她和乐队里她喜欢的一个20岁男孩激情一夜,然后怀孕了。博林知道这个孩子基本上只能靠她一个人抚养,但她说自己从没考虑过不要他。更大的不幸随之而来:芬恩生下来就是四肢瘫痪的脑瘫患儿。为了全心照顾他,她几年没有工作,搬回父母家里住。她母亲依然为她骄傲,不过不再因为她是学者,而是因为照顾儿子的辛劳。她的儿子有一双明亮的蓝眼睛,一头茂密的浅棕色头发。他不能自主吃饭或走路,瘦出肋骨的身体每天都需要被人反复从轮椅里抱进抱出。

2008年,芬恩2岁了。博林回到芝加哥,开始在哥伦比亚学院给学生上课,并且是尽可能多地上。但她的老板提醒她,她不可能获得终身职位。"学术再也不可能成为职业选择了。"博林说。那些人批评她被人"搞大了肚子",责怪她是因为"未婚先孕"才落至如此境地:从这些人身上,她无法获得任何支持。然而,这些讨厌的"喷子"跟博林毫无关系,他们的言论尽管令人受伤,却无法改变她的生活轨迹。她的情况就是这样了。她忽然发现自己除了父母和社交网络之外,没有更广泛的社会支持,也没有一个清晰可见的未来。这样的人有很多,她只是其中一员。

摆脱这种困境的方法之一是:**战胜自己!找一份付得起账单的工作!**或者,如前人类学教授、咨询服务"教授来了"(The

Professor Is In）的创始人卡伦·凯尔斯基（Karen Kelsky）所说的："找一份'真正的工作'。"（我在这里有点疑惑，为什么在凯尔斯基看来，教授不是一份"真正的"工作。）凯尔斯基的客户向她支付每小时150美元的费用，请她修改材料或简历。两次电子邮件咨询的费用是15美元；在Skype上进行一小时的面试指导是250美元。她提供以上这些指导，帮助客户重塑自我，有时也是在帮助他们把面对正在消失的工作时"内心的愤怒、失望和绝望"表达出来。

"兼职教授会因为养育孩子而负债累累。"她指出，并且在这个过程中"熬坏自己的身体，在五个学校教课，进入一个职业上的死亡螺旋*。一旦你已经用尽全力，就应该另谋出路了"。如果拥有硕博学位的人无法进入终身教职体系，或者进入之后无法获得终身教职，他们就不得不从头再来。她帮助他们挖掘更有市场需求的技能，例如分析、数据收集、写作和公共演讲。像凯尔斯基这样的咨询师和专家能够在学术界、法律界，以及其他高端专业技术领域找到市场，这件事本身就说明了这些领域有多不景气了。

尽管博林是凯尔斯基博客的狂热粉丝（不用说也知道她支付不起一对一的服务），而凯尔斯基的建议听上去也很有道理，但是工作和照顾儿子已经让博林应接不暇，她说自己实在很难

---

* 死亡螺旋（death spiral），经济学术语，可简要地解释为债务持续上升，经济却无法增长的状态。

有时间到处投递简历或者参加额外的培训——当然,后者也不是免费的。她曾想过去某些店铺做店员来贴补家用,但是日托中心的费用会把这些收入抵销掉。前几年她也去参加过语言治疗师的培训——她的儿子从出生起就需要接受语言治疗——但是她越深入学习,就越感到沮丧,最后还是放弃了。光是面对自己的儿子就已经让她够难过了,更不用说还要关心其他有类似困难的孩子。2015年,因为对改善兼职教授的生活状况有兴趣,她曾经仔细考虑过去做校园工会的组织者,但最后也无果而终。

博林的情况不能仅仅归咎于每天的时间不够。研究所谓"决策疲劳"(decision fatigue)的社会心理学家发现,穷人需要耗费大量精力不断掂量哪怕是极小金额的支出:是,我可能应该多买几块这种肥皂,因为折扣真的很大(这是普林斯顿大学[Princeton University]的一位经济学家在贫穷的印度农村做的几个实验之一[9]),但这样我就买不起这个星期的药或者食物了。我跟着博林一起去了乔氏超市。那里的高档次让博林破碎的身份显现出来:我看到她如何努力把消费控制在每月349美元食品券的预算范围内,而这又是一件多么累人的事情——她只有在夏天学校不开课的时候才有资格领取食品券(当月收入达不到2000美元时,她还可以申请大概600美元的社会安全生活补助金[Supplemental Security Income,SSI])。因为芬恩有乳糖不耐症,只能喝高价的杏仁奶和米奶,博林会寻找59美分一磅的大包鸡腿和49美分一袋的胡萝卜。此外,除了最便宜的碎牛肉,她从不买其他东西。"我看过一些博客,上面的人会浪费20

美元去买一些华而不实的东西，比如自拍神器或者高档奶酪之类的，"她说，"我永远都不会这样做。"

在基本生存方面花了这么多精力之后，她几乎没有精力进行长远打算或者调动意志力了，博林是明白这一点的。"我需要抽烟来缓解压力。"她一边心急火燎地卷着自己的烟，一边告诉我。那是在我带她去的一家酒吧里，那天晚上除了香烟，她还找到了另一种减压良药：一杯又一杯的玛格丽塔鸡尾酒。她是在自我疗愈，她说。其他时候，她服用赞安诺*对抗焦虑，还每天服用抗抑郁药物。正如因在博客上记录原汁原味的低薪生活，而于2015年在全国一举成名的琳达·蒂拉多（Linda Tirado）在她的书《当收入只够填饱肚子》（*Hand to Mouth*）中直言的："拼命工作却还是那么穷，真他妈令人崩溃。"[10]

从更广泛的角度看来，教育曾经是通往中产阶级生活的阶梯，但现在它根本无法带你到达那里。学术界以及其他领域的工作岗位要么岌岌可危，要么死气沉沉。许多人为了留在一个可能正在消逝的阶级而拼命奋斗，博林只是其中的一员。

当博林带我去她在芝加哥最喜欢的社区安德森维尔（Andersonville）的时候，她的内心可能是绝望而酸楚的。教育培养了她的品位，她充满向往地注视着商店橱窗里的中世纪古董、风蜡花、手工帽子、欧洲啤酒制成的太妃糖。博林告诉我，

---

* 赞安诺（Xanax），阿普唑仑（Alprazolam）的商品名。该药临床一般用于抗焦虑和催眠，长期服用会导致成瘾。

她是一个吃货,喜欢奶油意大利面、鲜虾鸡尾酒,以及那家可以作为旅游景点的奥地利面包房卖的"歌剧院蛋糕"*。但是安德森维尔的这些咖啡厅和餐厅她享受不起,这里的房租也一样——大概是她所住的布鲁克菲尔德(Brookfield)社区的两倍。她在一家女性主义书店停下来,说希望自己能够出版一本关于性别和女性主义的书,或者一本关于互联网时代生活的文集。

第二天下午,我和博林一起推着轮椅上的芬恩穿过芝加哥的林肯公园(Lincoln Park)。在一个游乐场,芬恩趴着从滑梯上滑下来,脸上带着灿烂的笑容。但有时候他也因为身体的限制而沮丧地尖叫——他只是想跑一跑,或者踢会儿球。博林想要的一切本不该如此难以企及:一个稳定的教职,3.5 万美元的年薪。"这对芬恩来说就够了。"她简单地说道。这样她就能在芬恩的轮椅坐不下之后,给他买一辆三轮车——尽管他基本无法走路,却喜欢骑车。博林还说,她希望找到一个相爱的伴侣,两人能共同分担生活上的事情,比如照顾孩子,但她还没有遇到一个适合认真谈恋爱的对象。

黄昏临近,她指着一对深色头发、很有魅力的夫妇让我看。他们和蹒跚学步的儿子一起坐在长椅上,一辆高档婴儿车停在旁边。"当我看见有工作的夫妇,"她说,"那些看上去很完美的夫妇时,我就想问他们:'你们是怎么做到的?'"

和我们所有人一样,博林是个独一无二的人,但也是个平

---

* 歌剧院蛋糕(opera cake)是一种夹有咖啡糖浆和巧克力酱的杏仁奶油蛋糕。

凡的人。她属于美国中产阶级的一员，一个脑力劳动者；她也是众多因为做了母亲而承受更大压力的兼职教授之一。作为一个残障儿童的母亲，她肩上的担子尤其沉重。博林也是那些（正确地）相信自己正在受到剥削的劳动者之一，这些新的不满现状者倾向于把选票投给独立或"叛党"的总统候选人。2016年，她仔细了解了每个政治候选人，看他们有多强的意愿帮助残障人士，尤其是像她儿子这样贫穷的残障人士。但在这方面她并没有看到他们之间有多大的不同。

像她这样的兼职教授地位非常弱势。在许多高校里，兼职教授负担了极其繁重的课程教学任务，这一事实表明他们在我们伟大的教育机构中具有讽刺性的核心地位，而成功的学术生涯却建立在避免教学的基础之上。研究生和兼职教授承担了很大一部分教学任务，尤其是导论性的课程，而获得终身教职的一大好处就是可以减轻教学负担。像博林这样的教授，从事的其实是由供给侧创造的工作岗位。我们必须重新考虑这样一种长期存在且深入人心的信念：在一个稳定的、看上去很实用的领域获得研究生学位可以带来个人的增值——这已经不再是成功的保证了。

正在学术市场上蓬勃兴起的情绪是自责。那些因上学而负债的人可能会痛骂自己，为什么要去读书、拿学位，为什么不能把自己的文凭转化为高薪的工作。当然，理想状况下他们不该埋怨自己（或更糟糕的，埋怨那些受到压迫的少数群体），而是应该对造成他们现状的经济和社会力量建立一种全方位的认识。换句话说，要知道他们的困境并不意味着个人的失败，而是体制的失败。

脑力劳动者也受到了另一方面发展的影响：随着重心向技术教育转移，人文学科正在不断衰落。工业界和商业界急需对此做好充分准备的工作人员。毕竟在我们这里，像谷歌这样的公司会要求他们的许多新员工必须拥有工科学位。在政治上，各国都希望依靠技术实力来支撑其国际竞争力。这带来的社会影响是残酷的。整个就业部门的岗位正逐渐减少，许多没有接受相应训练，适应不了新经济形势的人发现自己陷入了困境：他们不仅需要想方设法保住自己的社会地位，还在个人、社会和政治上与被他们酸溜溜地称为"精英"的人群产生了分歧。唐纳德·特朗普的崛起可以被视为美国中产阶级和统治阶级之间鸿沟的体现。这对任何人来说本不应该是新闻，因为这些变化至少在里根时代就已经开始了。这些变化已经持续了一代人的时间，高校的反应却一直滞后。

过去，拥有人文学科的学位能给人带来声望，而今这种尊重已经基本消失了，这个学位证书在人们眼中可能只是一项过时的荣誉。尽管英文系已经难以为继，大学对此变化在观念上却一直反应迟钝。在过去十年中，教育机构一直在积极地拥抱科学。甚至大学管理层也可能不再支持人文学科，说他们争取不到经济资源，或者入学率太低。整体上大学对于教育的态度也一直在向职业化靠拢。

所有这些变化都使博林处境艰难。她来到了这样一个时代，人们不再热衷于将来之不易的闲暇投入到学习欣赏"高雅文化"之类的事情上去了。[11]人文学科的研究或许也在向科学看齐。肯塔基大学的文学学者丽莎·詹赛恩（Lisa Zunshine）在耶鲁大学的时候曾经使用功能磁共振成像（fMRI）技术来研究现代主义作家的读者。[12]她没有在狭窄的办公室或图书馆隔间里进行研究，而是在实验室里完成自己的工作。博林是个聪明的人，本来也可以针对这种新的研究方向去重新学习。但在我采访她的时候，她既没有时间也没有钱去接受新的培训。她的困境并不在于她顽固地想要待在原地，而在于跌倒了没有办法爬起来。

在采访博林以及像她这样的教授们时，我忽然发现自己也差点成了这些兼职教授妈妈们中的一员。起初我选择了同样的道路，想做一名英文教授，也许后来会像博林一样成为永久的兼职教授，辛辛苦苦地养活我的女儿。23岁的时候，我不喜欢出风头，梳着紧紧的发髻，喜欢"念念不忘，满怀迷惑／为了单个人的毁灭"这样的诗句。这句诗出自乔治·奥本1967年出版的伟大作品《作为多数人》（*Of Being Numerous*）。我是在一小时左右的通勤时间里在纽约地铁Q线上读的这本书。那时我正要去布赖顿沙滩（Brighton Beach）的社区学院给那些基础阅读和写作考试不及格的学生上课。在那个学期——就是有学生在我桌上留下写着下流话的纸条的那个学期——我尝试过教他们一些诗歌。我有时也能收获一点成效。那时我是一个狭隘而专注的人，一个怀抱可笑理想的毕业生：还希望在诗学中开始自己的"事业"。这可能听起来很荒谬，但在教学过程中，我觉得自己在解释事情方面做得越来越好，整体上更有洞察力了，即使面对的是比起诗句更喜欢晃荡教室的威尼斯百叶窗帘的年轻人。我那时痴迷诗歌，程度堪比当年其他人对珍珠酱（Pearl Jam）乐队*或者 Dr. Dre† 的痴迷。正因如此，我相信诗歌具有疗愈作用。

在年轻的时候，你不一定要知道自己是谁。然而，我在 23 岁时比现在还要了解自己。我当然会放弃诗歌，因为即使在那时我也知道，为了保住中产生活，我必须那么做。我知道为了养活自己，我必须放弃它。

我和其他所有美国脑力劳动者所面对的现实是，对于大多数人来说，学术成就已经不能带来保障和尊重，不能成为中产生活的保证了。他们不再能够轻易获得稳定的自我定位，而不稳定的阶级身份可能又会造成更大的不幸。

阶层流动长期以来一直被视为进步、向上的流动。人们曾经相信，这种流动性可以带他们走出家乡。他们认为，通过适当的训练，他们就能够过上全新的、更舒适的、更有影响力的生活。

但现在，对于一些人来说，这种流动的方向出了错。他们正在退步、下滑。毕竟，许多知识劳动者所受的良好教育带给他们的是数额巨大的学生贷款，而不是更美好的未来。

---

* 珍珠酱是一支美国摇滚乐队，1990 年成立于西雅图。
† Dr. Dre 原名安德烈·罗梅勒·扬（Andre Romelle Young），是一位非裔美籍嘻哈音乐人，美国西海岸嘻哈代表人物。

曼哈顿区巴鲁克学院（Baruch College）的人类学教授卡拉·贝拉米（Carla Bellamy）认为，情况确实如此。三年前我见到她时，她拥有哥伦比亚大学（Columbia University）的博士学位，年薪7.4万美元，与丈夫住在一起，怀着身孕，还有一个4岁的女儿。她的丈夫是一位兼职作曲家，还是一家音乐机构的执行总监。

在第二个孩子出生后，贝拉米的生活变得非常困难。她为了照顾两个孩子休了带薪育儿假，再加上幼儿园和日托服务的费用，他们家的负债变得更重了。她丈夫的工作也不稳定。贝拉米的一只脚已经跨到了中产阶级的门槛之外。

贝拉米这类人的生活向我们提出了一个问题："中产阶级"在今天究竟意味着什么？她通过教育进入了一个享有知识和权力的阶级，似乎属于资产阶级。她拥有文化资本，或者说非经济资本，这有时与现金和资产等经济资本大不相同。

贝拉米的受教育水平和衣着言谈似乎都有利于提升社会地位。她是一名终身教授，练习阿斯汤加瑜伽（ashtanga yoga），父母是纽约上州*福音派社区的成员，她的受教育程度比他们高得多。

然而，贝拉米父母的经济状况比她现在的家庭要好。尽管她的父亲只是一名公交车司机，他们也有自己的房子。而面对纽约过热的房地产市场，贝拉米一家很可能永远都买不起房子。

---

* 纽约上州（Upstate New York）泛指纽约州除纽约市和长岛地区之外的所有地区。

贝拉米一开始会和纽约市其他像她一样的妈妈聊自己的状况，但她很快就意识到，谈论自己的银行卡余额或者哪怕是一周的预算，都是"不得体"的。她的内心会有一个声音说：**抱歉提起这些事情**。她满头金发，外表精致而富有灵气，会在去游乐场和生日派对时不停地想起自身的处境：**这里有多少人像我一样在努力克服经济困难？有多少人像我一样真正为债务增长而苦恼？** 她觉得，如果把这些都说出来，会因为这些差异而失去友谊。她看着纽约上层阶级《爱乐之城》（*La La Land*）般的歌舞升平，听着他们谈论为了天才班测试*给三四岁孩子请的导师，咬着牙一言不发。她说这让她感到沮丧，先不说其他的，她和丈夫要怎么才能还清六年的学生贷款呢？

2015 年，在全国各行各业，大约只有 16% 的女性收入在 7.5 万美元以上[13]，所以贝拉米教授已经算幸运了。收入在 7.5 万美元以上的黑人女性的比例，比白人女性更低。据经济政策研究所（Economic Policy Institute，EPI）披露，白人男性每挣一美元，黑人女性只能挣 65 美分，比白人女性挣的 81 美分还要低上 16 美分。

但是贝拉米的感受与此并不相符。事实上，即使家庭总收入有 11 万美元，她和丈夫承担日托费用也不容易。这个问题我在采访其他女教授时也经常听到，她们有时甚至装病请病假，

---

* 天才班测试（Gifted and Talented Testing）是纽约市教育局组织的测试，在儿童进入幼儿园之前进行，以决定其是否可以进入天才班项目（Gifted and Talented Program）。

这样就不用花钱请人看孩子了。

"我们所有可支配收入都花在孩子身上了,"贝拉米说,"这说不上悲惨,但也令人感到劳累和厌倦。我有自己的事业,也已经很努力工作了,却没法喘口气。"

贝拉米也考虑过暑假到餐厅去做服务员,但这个时间是学者们专门用来写作和研究,再借此去竞争终身教职的,所以她最后打了退堂鼓。但把暑假花在学术追求上,又会令她的家庭陷入更大的经济危机(我也采访过另一个住在郊区的兼职教授妈妈,她同时在一家意大利家庭餐馆做兼职服务员。她在端盘子的时候遇到了学生,自己都觉得很尴尬。她的故事提醒我,在很多时候,阶级焦虑和对"没面子"的担忧是紧密相连的)。贝拉米将她的社交生活与简·奥斯汀(Jane Austen)的一部小说做了对比。在她认识的女性中,能否进入城市中产阶级取决于她们嫁给了谁:丈夫越有钱,她们的日子就过得越滋润,似乎也就越难理解其他人的困境。

与此同时,她对于加薪不抱希望。由于预算问题,她工作的纽约市立大学(The City University of New York,CUNY)——纽约的公立大学系统——已经冻结了薪酬的增长。"我六年才出去吃一次饭!"她说。

后来,她的丈夫终于又找到了一份收入更高的工作——一个教堂的管风琴演奏师,一年能挣 5 万美元。他们家的总收入因此达到了 13 万美元左右,这当然是个好消息。而且最近她当上了系主任,终于获得加薪,他们的收入又增长到了大概 16 万美元。但是，他们原本可以通过纽约的住房发展基金公司项目*买一套中产阶级能买得起的房子，现在的收入水平又使他们不再符合条件了。失去平价房屋的购买资格，又带来了全新一波对于钱的担忧。贝拉米每天都在考虑这个问题。她本能地反感其他中产妈妈在游乐场或幼儿园表现出来的竞争焦虑。她说："谁又在乎我的孩子学会了什么特长呢？"

这些年来，我看着这种温水煮青蛙式的压迫把贝拉米推向了政治。她现年 45 岁，是一个 8 岁孩子和一个 4 岁孩子的母亲。在 2016 年大选期间，她成为伯尼·桑德斯（Bernie Sanders）的积极支持者。她到布朗克斯区（Bronx）参加他的集会，甚至为了支持竞选活动不惜支付日托费用，帮候选人一家一家地打电话或者上门拜票。"他说出了我长期以来的感受，而其他人都不会这么说，"在哈勒姆区（Harlem）的一个游乐场，她一边推着女儿的秋千一边向我解释，"这些关于不平等的感觉和想法一直令我感到非常孤独，所以我对他很着迷。"她成长于浓厚的宗教氛围中，本科上的学校也是如此，而后又一举跃入常春藤联盟，成了一个聪明而敬业的年轻女性。现在，她能把自己奋斗得来的社会阶级地位传递给下一代吗？她的孩子们还有可能获得同样优质的教育吗？

---

* 住房发展基金公司（Housing Development Fund Corporation，HDFC）项目是一种面向低收入纽约市民的合作公寓住房形式，项目对住户的收入水平有限制标准。此类公寓大多出现于 20 世纪 70 年代末，当时纽约市政府回收了上千套被废弃的公寓，修缮之后允许低收入市民以象征性的价格购买它们。

大选过后一年，贝拉米仍然是伯尼·桑德斯的支持者。她为 2016 年的初选感到愤愤不平。她现在正在做研究，准备出一本新书，内容是折沙他（Jyeshtha），印度教的厄运之神。在她看来，厄运似乎正是一个适合我们时代的主题。

这些高学历低收入的劳动者的年薪普遍在 3.6 万美元左右，他们带着孩子，只能勉强度日，一旦行差踏错就有很大的可能掉到贫困线以下。目前有一些大小不同的方案可以解决他们的困境。对于薪水微薄、经常感到绝望的兼职教授，我想到了一种特别的方案："非常规工会"。在过去五年，尽管总体来说，加入工会的劳工数量在下降，但非典型工会会员的数量却在上升。各工会也开始召集不稳定的劳工：从兼职数学教授到快餐店服务员。

以前者为例，如今在美国高校，超过 40% 的教师是兼职人员。[14] 他们的薪水一贯是按课程支付的，布里安娜·博林就是一个例子。为了在这种令人沮丧的局面中获得一些保护，杜克大学（Duke University）的兼职教授最近加入了服务业雇员国际工会（Service Employees International Union，SEIU）。2013 年，塔夫茨大学（Tufts University）和其他一些学校的兼职教授决定成立工会。2010 年，在全国范围内，一门课的课酬中位数仅为 2700 美元，没有别的福利，难怪我采访的教授们都过着和玛丽-格蕾丝·盖纳（Mary-Grace Gainer）一样的生活。[15] 盖纳也是一名兼职教授，她家的收入一半都交了房租，连带客人回家共进晚餐都承担不起。盖纳的丈夫时不时开校车补贴一下家用。在宾夕法尼亚州他们所住的地区，页岩气开采抬高了房租，所以当她的财政紧张程度加剧之后，一家人不得不搬去宾州的洛克黑文（Lock Haven）——盖纳称之为"穷乡僻壤"。那里的房租每月只要2000美元。与此同时，盖纳在上课的日子还要开96千米的车到她兼课的几个不同学院，并把为数不多的钱花在汽油上。她每年总共能挣3.6万美元。有一年她为了给5岁的女儿买生日蛋糕，花了几个星期才攒够钱。

这就是为什么部分代表兼职教授的SEIU会将薪酬目标设定为每门课程1.5万美元，并享有全部补偿和福利。[16] 非常规工会可能会给现有的大学经营模式带来冲击，并将一些脑力劳动者从绝望和贫困中解放出来。

还有一个比较另类的改进措施，我把它称为"公平劳动认证"（the fair labor seal）。我们可以根据公平程度以及对待不稳定工作者的方式，对高校在劳工事务方面的表现进行排名，并把这样的表彰授予那些善待员工的高校。这种策略之所以会奏效，是因为美国家长们在为孩子选学校时依然把《美国新闻与世界报道》（*U.S. News & World Report*）发布的大学排行榜奉为圭臬。这类排行榜通常会将诸如录取学生的SAT*分数、录取比例等因素考虑在内。那么是否可以让兼职教授的比例出现在

---

* SAT考试是由美国大学理事会（College Board）委托美国教育考试服务中心（Educational Testing Service）定期举办的考试，是美国各大学申请入学的重要参考条件之一。

大学排行榜上，并将其纳入考察整体教育水平的指标体系中去呢？是否能让兼职教授的收入水平和上课数量也成为影响排名的因素呢？如果我们给予那些在聘用全职或终身教职人员，或至少是给予兼职人员体面的收入和一定程度的劳动保障等方面做得不错的高校公平劳动认证（或因表现欠佳而不予认证），这些排行榜又会发生什么变化呢？

如果我们采用了这样的认证制度，高校可以像一些自称"公平贸易"的品牌那样，称自己为"公平劳动"机构。很多大学都声称花了很多钱来竞争优质生源（和他们的家长），这样的认证自然也可以成为一个竞争优势，并激励他们提高兼职教员的待遇。当然，还有一个需要克服的障碍是，一些大学的管理部门并不愿意公开这些信息。那么是否能让兼职教授自己决定所供职的学院能否得到"公平劳动"认证呢？

第三个方案的规模相对较小——校友捐赠者们能否组织起来，指定自己的捐赠用于提高兼职人员待遇？如果校友能够这样做，大学是否也会感到有义务重视这些有条件的捐赠，尤其是小额捐赠呢？

我最喜欢的，可能也是对高学历穷人最具针对性的解决方案，是布里安娜·博林自己想出来的。

博林的朋友乔·弗鲁肖内（Joe Fruscione）在乔治城大学（Georgetown University）做兼职教授时，时不时要靠到二手网站卖掉自己的家具和电子游戏来换一点现金。博林在芝加哥的哥伦比亚学院教了很多年书，但她经常得靠食品券来换取食物。

当然，像弗鲁肖内和博林这样的人绝非孤例，因此他们和另一位老师卡特·雅各布森（Kat Jacobsen）——他的兼职专用名是卡特·斯基尔斯（Kat Skills）——决定一起创办一个致力于帮助贫困教授的非营利机构。为了体现自己和同伴们岌岌可危（precarious）的经济状况，他们把这个机构叫作 PrecariCorps。

一开始他们建立了一个网站，并宣布其使命是成为"高学历者的代言人：致力于为生活中充斥着经济、情感和生理压力的兼职教员提供令人愉快的临时避风港"。所有人都可以通过这个网站进行捐赠。他们开发了一个申请流程，以此衡量援助请求的重要性。这些请求包括购买研究资料，支付外出研究的旅费，甚至是支付医疗账单。从 2017 年起，他们三人已收到超过 100 项捐赠，50 项资金请求（他们表示并未从中抽取资金给自己发工资）。他们经过筛选，迄今为止已向一批经济困难的兼职教授发放了总共 1 万美元的资金。

"我那时终日奔波、上课，精神很紧张，"弗鲁肖内说起他遇见妻子之前的生活，她有一份高薪的工作，"我最多算是底层中产阶级，几乎没有储蓄、个人退休账户*和养老金。如果只靠兼职上课的收入，我不可能像现在这样和妻子一起领养一个孩子。光领养条件这一关我就通不过。"他们在 2016 年成功完成了孩子的领养手续。

---

* 个人退休账户，（Individual Retirement Account，IRA），是一种个人自愿投资性退休账户，工作时存入资金，退休后可以自由取出。IRA 实质上是一种长期的基金投资，没有保底性收益，相对于养老金而言，风险较大，但获利机会也更多。

当时的情况太糟糕,以至于弗鲁肖内最终离开学术界,更换了职业。他现在在一个可以大致归类为写作咨询的行业做文字编辑,尽管他在久负盛名的乔治·华盛顿大学(George Washington University)获得了博士学位,又在那里(以及乔治城大学)教过许多年书。

博林显然还面临着重重困难,但也获得了一些喘息的机会。在我发表了一篇关于她的财务困境的文章之后,一些陌生人通过电子邮箱、她在学校的邮箱和她的家庭住址,给她寄来了支票和匿名礼品卡,其中一笔捐赠高达 5000 美元。甚至有人捐赠了一辆三轮车给她的残障儿子芬恩。博林告诉我,她跟在线上活动中认识的、更需要帮助的两位兼职教授朋友分享了一部分资金。她们俩也都是妈妈。

正是这些慷慨的善意让博林下定决心,在 PrecariCorps 做一些更正规的事情。她的同事希望能够付清电费,去参加学术会议,或者购买教材——而他们都认为其他兼职教授也应该有能力负担这些。他们开始跟弗鲁肖内讨论创办某种类似于 PrecariCorps 的团体。他们是在 2014 年通过 Facebook 的学术活动团体认识弗鲁肖内的。为了让大家注意到这个行业的困境,他们最终创办了 PrecariCorps 组织。毕竟,兼职教授的境遇是中产阶级衰落的最佳写照。如今,教授比他们的学生更有可能住在地下室,靠吃拉面和塔巴斯哥辣椒酱(Tabasco)勉强度日。

PrecariCorps 从来不缺需要帮助的教授,其中就包括我之前提到的那位周末在一家当地家庭餐馆当服务员的妈妈。还有依靠贫困者医疗补助计划的中世纪史专家,以及玛丽-费丝·切拉索利(Mary-Faith Cerasoli),住在自己汽车里的"流浪教授"。我接触切拉索利是在几年前,她为了让大家关注教员们的贫困问题,进行了绝食抗议,在六天之后才结束抗议。PrecariCorps还收到过一份资助申请:这名申请者供职的大学拖欠了很长时间的薪水,害得他因为透支被银行罚款。[17]

PrecariCorps充满斗志,又稚嫩青涩,就像一个自娱自乐的慈善组织。但它也是一个更大规模运动的一部分。这个运动由SEIU发起,致力于捍卫兼职工作者的权益,医疗工作者和物业服务者也包括在内。许多大型团体参加了这个运动,比如学术临时工联盟(Coalition of Contingent Academic Labor)、"新的大多数教师团"(New Faculty Majority),还有一个名叫"兼职行动"(Adjunct Action)的团体。2015年2月,东西海岸成千上万的兼职工作者、普通教师和学生在全国兼职罢工日(National Adjunct Walkout Day)走出课堂,要求获得更公平的薪资和更好的工作条件。[18] 毕竟,这些兼职教授不仅做着跟终身教授一样的教学工作,通常还有跟他们一样的资历。

面对兼职教授,大学管理者经常声称他们也有困难,把问题指向现实的经济状况:预算太过紧张,想不提高学费就只能雇用兼职人员。他们指出公众要求加强问责:美国的学生和家长已经对教育成本的飞速增长很不满了。

但教育成本为什么涨得这么快?2013年,大量研究发现,高校学费增长的速度超过了通货膨胀,并将其归咎于公立大学聘用了远超教师数量的管理人员，导致官僚机构扩张。事实的确如此，根据美国教育部的数据，高校管理岗位从1993年至2009年增加了60%[19]，是终身教学岗位增长率的十倍。[20]为什么大学没有把高昂的学费花在学生每天真正接触的兼职教授身上，而是花在了成本巨大的管理人员身上？

为了纠正这种扭曲的状况，兼职教授维权运动一直致力于推动州立法机构在州立高校强制推行固定合同，并为兼职教授提供医疗和养老福利。他们已经取得了一些进展：例如在科罗拉多州，一项旨在结束"科罗拉多州社区学院教职二元结构"的法案曾在该州立法机构中传递。该法案本可以使科罗拉多州成为第一个将所谓"教师兼职化"认定为非法的州，但在2015年被否决了。[21]

PrecariCorps提供了不同的策略。博林、弗鲁肖内和雅各布森尝试把筹款活动做得更认真一些。PrecariCorps的一些成员参加了活动，他们手中拿着标志性的羊毛帽子，恳求那些过得最舒服的终身制教师为他们捐款；背后的逻辑是这样的：他们曾同在一个中产阶级职业共同体，这些功成名就、经济稳定的成员应该给予这些一贫如洗的兄弟姐妹们一点资助。这个团体的最终目标是迫使大学改变其不完善的雇佣机制。与此同时，他们也想把终身教授这些学术系统中的精英团结到自己这边，希望他们能够打开意大利皮革钱包，给予兼职教授（这些支撑着他们舒适生活的工蜂）一些支持。这样做行得通吗？只有时间——对这些教授而言换不来多少收入的时间——能够告诉我们答案。

博林及其朋友和同事让我们看到，中产阶级作为一个符号，或人群分类的标签，正在受到各方力量的围攻。在不到一代人的时间里，转型重塑了他们的轨迹。公司不断地扩张，走向全球化。这些大公司尽管在法律上被视为人格化的法人，现在却可以通过限制时间的计算机日程管理系统将真正意义上的人去人格化，把雇员仅仅当作没有福利的合同雇工（下一章将更多涉及这方面的内容）。这种做法还延伸到了营利性的高校，当然，它们也是公司。由于薪酬增长停滞，人们的收入不再像过去一样足以支撑家庭。但是，这种劳动形势提出了一个更偏向心理学，甚至关乎存在的问题，将我们再次带回到那句不可能实现的口号："做你热爱的事情。""当作为艰难生活精神支柱的未来都分崩离析了，乐观主义还能怎么存续呢？"劳伦·伯兰特在《残忍的乐观主义》中这样问道。她尽可以去问兼职教授们，以及其他你已经或即将在本书中见到的中等危险阶级脑力劳动者：我们是谁？没有了线性的、甚至是曲折的职业未来，我们还有什么可以期待？我们可能一度对劳动保障还抱有矛盾的态度，将其视作理论家马克斯·韦伯（Max Weber）描述的"异化的监狱"（alienated prison）[22]，但现在呢？我们被要求对所做的工作满怀热爱，却得不到稳定的工作岗位，以至于我们实际上已经开始疏离它。"做你热爱的事情"这一建议，对一些人来说是不是已经成了一种诅咒？这一切是能够接受的吗？

年轻的、向上流动的、从事专业工作的父母，这一形象现在似乎已经成为历史，取而代之的是收入停滞不前的一代人。

对于美国最庞大的劳动力群体——中产阶级而言,停滞不前就意味着巨大的损失。

这些受过良好教育的头脑在面对全新的就业市场时感到茫然。他们与过去那些靠吃扁豆或喝冰咖啡(像我 20 年前在一个社区学院教书时那样)度日的研究生和兼职教授不一样。那时,大家还怀有依稀的期盼:自己终有一天能够获得终身教职。如今这个期盼已经不现实了,这令人感到惶恐不安。我们历来认为,要想成为中产阶级,必须先做个知识分子。在有些人看来,知识分子在任何情况下都是资产阶级的"代言人"。

当我再次跟博林联络时,她已经不在大学教书了。这一行她干了 11 年,而在 2016 年,她开始攻读新的研究生学位。

芬恩现在走路走得好了一些,他的每一步都伴随着母亲的欢呼。博林已经开始接受替代沟通(alternative communication)方向的语言病理学训练。她上一次尝试这个职业方向时曾感到压抑,但现在面对通过技术手段教会像她儿子一样无法说话的人沟通的可能性,她再次兴奋了起来。博林正在努力攒够 7 万美元的学费,她说:"我将获得一个能够为自己和儿子提供经济支持的学位,而且是一个有意义的、高尚的专业。对芬恩来说,这一类治疗师是最难找的,我正好可以填补这个空缺。"

将近一年之后,2017 年,博林被全日制语言病理学专业录取。她现在全年都能够获得食品券,也依旧能得到芬恩的残障补贴。芬恩的父亲现在每个月给他们 230 美元。通过跟家人借钱、申请学生贷款延期,她还清了信用卡债务,目前信用卡里有大概

2000美元的余额。芬恩已经11岁了,他在一所残障儿童学校上学,学费全免,除了语言外,还在接受其他一系列治疗。

博林最近通过在GoFundMe*筹款,支付了芬恩的骑马课程。在离开了兼职教授的纷扰之后,她说,自己甚至不再靠赞安诺来缓解焦虑了。

她向自己供职多年的学院提出辞职,对方表示:"我们对您选择离开感到很遗憾。"——之后就什么也没有了。

---

* GoFundMe是一家营利性的互联网众筹平台,人们可以通过它为各种事情筹款。

第3章

极限日托：工作的代价

迪伊日托园（Dee's Tots Child Care）的花园里，在向日葵、玉米秆和满地的塑料小车中间，一个辫子上戴着珠子的3岁女孩和一个金发的2岁男孩正抖动着肩膀跳舞——这些德洛里丝·霍根（Deloris Hogan）照看的孩子们正等着父母在傍晚6点45分来接他们。旁边同样在跳舞的四个孩子则要到深夜才会被接回家，还有两个则是德洛里丝所称的"过夜宝宝"。迪伊日托园24小时营业，一周七天无休，这些父母接送孩子的时间毫无规律，是因为他们自己的工作时间都不合常规。

2014年8月的一个下午，孩子们在充气城堡上蹦了一会儿，闹着沙盘玩了一会儿，又吃了点西瓜，然后天就黑了。晚上8点30分，3岁的奈马（Naima）穿着粉红色的波点睡衣，小艾薇特（Ivette）和她机敏的姐姐黛安娜（Diana）躺在薄薄的床垫上，床垫底下还铺了一张瑜伽垫。尽管灯光昏暗，你还是能看到墙上色彩明亮的海报、装扮服饰，以及成盒的洋娃娃和宝宝衣服。飘动的彩虹帘子把房间隔成了两半，屋子里在放《阿拉丁》（*Aladdin*）的音乐，神灯精灵低声唱着歌。

德洛里丝给 2 岁的卡登（Kaden）换了尿布，然后又给 1 岁的诺厄（Noah）洗了个澡。这一睡前残局令人心烦意乱，我给像这样正在迅速扩张的，工作时间在夜晚或凌晨、甚至通宵的日托服务取了个名字："极限日托"（extreme day care）。恐怕连德洛里丝这样沉着高效的人，也做不到在睡前及时给所有孩子洗完澡，可能还需要我帮忙把孩子们都赶去浴室，然后再赶回床铺上。如果孩子们在德洛里丝给他们掖好被角之前就哭成了泪人儿怎么办？她是怎么处理好这些的？迪伊日托园的主房间看起来像在开一场超大型的睡衣派对，但其实这只是平常的一天。

迪伊只是全国众多 24 小时儿童日托中心中的一个。就在纽约新罗谢尔（New Rochelle）的同一个街区，另一家叫作"小小祝福"（Little Blessings）的机构也提供通宵保育服务。我在的那个星期，"小小祝福"和迪伊正在进行一场近乎可笑的"装饰竞赛"，用五彩缤纷的灯饰以及巨型的朵拉*和蜘蛛侠博取孩子们的欢心。相比之下，另一些 24 小时日托中心则更多地瞄准了父母，取一些积极上进的名字：比如俄亥俄州哥伦布（Columbus）的"成

---

* 美国教育动画片《爱探险的朵拉》（*Dora the Explorer*）中的主人公，是一位 7 岁的小女孩。

功儿童24小时启迪中心"（Success Kidz 24 Hour Enrichment Center），还有拉斯维加斯的"一流儿童发展中心"（Tip Top Child Development Center）和"五星保姆"（Five Star Sitters）。

这个行业的发展反映了美国人工作生活的剧变。我们之中的很多人，并且是越来越多的人，都在面对延长的工作周和不可预测的工作时间。最重要的，这体现了21世纪"24×7"（一周24小时，每周七天，全年无休）的商业环境：数字经济和自由零工经济兴起，与此同时薪酬增长与经济增长却不同步，这意味着尽管处在低通胀时期，薪酬也没有跟上生活成本的增长。"24×7"全日托的兴起也反映了工会力量的式微，在这种情况下，公司的工作安排越发挑战人们的极限，传统的工作周和工作时间变得支离破碎。称之为"工会的式微"并非危言耸听，20世纪60年代，30%的美国人都加入了工会，现在却只剩下11%，而私营企业员工只有7%是工会会员。[1] 工会失去了议价能力，也失去了美国选民的青睐。

如果说"标准"曾经意味着一天工作八小时，那么2004年时，近40%的美国人都有过非标准的工作经历[2]，"标准"已经快要成为神话了。全国妇女法律中心（National Women Law Center）披露，如今9%的日托中心都在夜晚或周末提供服务，趋势已经十分明显。此外，6岁以下孩子的母亲将近三分之二（64.2%）都在工作，每五个带着年幼孩子的职场母亲中就有一个做着时薪10.50美元的低薪工作。他们都需要再多赚一些，才能真正承担得起日托费用。

美国成年人现在平均每周工作 47 小时。[3]生活在贫困线以下的劳动者尤其不敢拒绝这些不合常理的工作安排。更何况，他们可能根本就找不到人表示拒绝——有些雇主为了节省开支，用数据和算法来安排工作，而不是靠管理人员排班，认为这样可以避免人们"坐着没事干"。软件不会在意自己撕裂了员工的家庭生活，它把班排到午夜，让员工没法回家哄孩子睡觉；或者让他们大清早就上班，没法给孩子做早餐。

极限日托的兴起，揭示了这个国家的工作时间表可以变得多么变幻莫测、多么荒谬：我们现在需要 24 小时的日托服务了。事实上，极限日托展示了工作时间如何挤压了我们的生活空间。

在晚上工作的高薪专业人士或许能请得起一两个保姆，或者他们不用工作的另一半可以在家照顾孩子，但这对于那些依靠迪伊日托园的父母来说就太过奢侈了。例如戴安娜和艾薇特的母亲玛丽索尔（Marisol）：她一个人带着两个女儿，上午 8 点到下午 2 点在一家超市上班，晚上 6 点到 10 点在家得宝（Home Depot）*上班，每周工作六天。在她上班时，两个女儿就待在迪伊日托园，只有每天下午 2 点 30 分到 5 点 30 分母女才能待在一起。"一份工作是每周 29 小时，所以我找了第二份工作，否则根本无力照顾孩子——我需要更多钱才能生存。"玛丽索尔说。她是一个身材瘦弱的年轻女性，戴眼镜、梳马尾。她 4 岁的时候从墨西哥来到美国。玛丽索尔的两份工作都是每

---

*　美国大型家居建材商场，分店遍布北美洲。

周29小时。这种现象很普遍。如果雇员工作时长达到30小时以上,雇主就必须提供医疗保险。毫不奇怪,从2013年到2015年,每周工作时长略少于30小时的兼职人员数量有所增长,而略多于30小时的人员数量则下降了。[4]

"因为要还车贷,我就去找了家得宝的工作。"她说。作为一个单身母亲,她需要得到一些有力的支持。"霍根夫妇能够接受我的日程安排,也愿意为我照看孩子。"

玛丽索尔错过了孩子们的许多成长瞬间,这是尤其令人难受的现实,因为她为了孩子不得不做更多的工作。有一天下午,我看见她在迪伊日托园,端着一盘带有粉红色装饰的巧克力糖霜纸杯蛋糕,陪艾薇特和她的日夜托小伙伴们一起过4岁生日。"我不得不把他们叫醒。小的这个还容易一些,但大的就……"玛丽索尔说着说着就没了声音。德洛里丝的丈夫帕特里克·霍根(Patrick Hogan)也是这家中心的合伙人,他们给所有孩子都起了绰号——海鲜汤、K.K.、小不点、果冻。大部分孩子跟父母相处的时间都比不上跟帕特里克和德洛里丝(孩子们叫她"Nunu")相处的时间长。

日托园里的许多孩子都是非裔美国人,这具有一定的统计学意义——几十年来,非裔女性的就业率都高于其他女性。这些家庭迫切需要儿童保育服务。

霍根夫妇在1985年创办这家日托园,为的是在照顾自己孩子的同时可以赚钱谋生。现在,德洛里丝57岁,帕特里克62岁,还在全天候地工作。他们为工作日程安排极不合理的父母提供儿童保育服务，当然自己的日程安排也不可能合理，两个人都要到凌晨1点或2点才能睡觉。如果其中一个过夜宝宝需要照顾，德洛里丝还会再起来一次，然后再回去继续睡觉。而帕特里克会在凌晨5点45分起床，他负责给过夜宝宝们做早餐，并为迎接6点送来的孩子做好准备（迪伊日托园在凌晨3点至6点之间不安排接送）。

德洛里丝和帕特里克相遇于1974年，他们那时住在同一片公共住宅区，从他们现在的家去那里要横穿整个市区。帕特里克是由母亲一手带大的。他的父亲是一名拳击手，同时也是一名煎炸厨师，没有多少时间陪他。德洛里丝成长在密西西比州的农村，和父母一起生活，他们在从前的种植园里采摘棉花和烟草。德洛里丝和帕特里克在一起已经40年了。他们为自己的四个孩子感到骄傲（其中几位已经大学毕业，成为专业人士），也为迪伊日托园感到骄傲。帕特里克穿着不同颜色的医院手术服：红的、蓝的、紫的、黄的，还有褐色的。他把这个当成自己的职业制服。"这对品牌形象有好处"，他说（令他高兴的是，别人有时会把他当成医生）。

作为非裔美国人，霍根夫妇可以说是儿童保育工作者的典型，因为这个行业里有色人种占很大比例；但帕特里克也可以说是一个异类——在2015年，从事照看儿童工作的人中，95.6%都是女性。

有时，帕特里克对工作的自豪感是有优势的，比如他在给孩子们上菜的时候会开玩笑地说："六美元，谢谢。"就好像自己是服务生,而孩子们是顾客一样。当然,他们确实也可以说是顾客。我问他有没有对这种时间极长的工作感到厌倦。

"我会不会不想工作?当然了。"他说,"但谁不是呢?"

霍根夫妇会提前六个月向家长们提供迪伊日托园的停业安排表。他们每年会参加州政府要求的工作培训,其间会将日托园关闭15个小时;他们每年也会关门去庆祝结婚纪念日,但感恩节并不是每年都休。

"商店和护士都是不休感恩节的。"德洛里丝说。虽然她对照顾孩子非常投入,甚至为我女儿断奶的事提供了不少建议,但她的投入也是有限度的。有个孩子的母亲要从凌晨3点30分开始上班,她问霍根夫妇能不能那时把孩子送过去,他们拒绝了。

霍根夫妇明白,他们的作用是对孩子父母的一种补充,孩子们的幸福以及他们自己的经济状况,都取决于他们能否提供全天候的照看服务。随着护理之类的工作岗位不断增加,对这种极限日托服务的需求只会水涨船高。根据美国劳工统计局(U.S. Bureau of Labor Statistics,BLS)的就业预测,到2024年,注册的护理从业人员将增长16%,原因在于本已规模庞大的老年人口仍在不断增长。[5](当然,由于中产阶级生存在夹缝之中,大家过得都不怎么样。本书后面的章节将讨论更多关于护理的问题。)

医院和塔吉特(Target)超市之类的大型企业将不规律的工作时间强加到最底层的员工身上,有时对员工的需求视若无睹。消费者同样难辞其咎:我们觉得应该能够随时随地买到我们想吃想要的任何东西,即使半夜三更也不例外。我们的体制没有确保所有家庭的需求都得到满足,其中包括那些工作时间不规律的父母。对极限日托服务需求的高涨,一定程度上就因此而起。

工作的时钟永不停歇。

对于不需要的人来说,24小时的日托服务可能会令他们震惊。我自己的孩子去的日托中心傍晚5点45分就下班了。我跟那里的一些父母提起极限日托服务,很多人都觉得不可接受。这些父母也都把孩子送去了全日制的高级日托中心,或者请了一个保姆;他们也经常工作到深夜,笔记本电脑发着光,昏暗的房间看上去像个水族馆。然而许多人还是觉得让孩子在外面的机构过夜很奇怪,一些人甚至对这种地方的存在都感到惊讶。

但它们当然是存在的。进入千禧年以后,劳资关系经历了一场令人沮丧的变革,其中大部分都对雇员有害。雇主往往不会意识到自己有让雇员的生活可堪忍受的责任,或者不愿意接受它。曾经在美国社会学家和历史学家中风靡一时的"生活水平"(standard of living)一词,现在也用得越来越少了。高质量的生活应该包含一些小乐趣和舒适感,这种观念可能也已经消退了。

并不是说"24×7"的工作或者夜间工作是这十年才发明出来的,护士、守夜人、服务员和医生一直都在面对这样的工作。对于条件比较优越的人,伴侣或者保姆可以填补这个空缺,还可以找日托服务的助理,从一开始挑选服务的时候就轻轻松松的。("如果我们能为孩子找一个私人助理,生活将会变得如此轻松。"新泽西州布里奇沃特[Bridgewater]一家叫作儿童保育管家[Kid Care Concierge]的公司在网站上如是说。儿童保育管家,一个"提供定制化个人专属管家服务的公司,旨在帮助繁忙家庭建立和谐的工作与生活的关系"。[6])对于更富有的人,南加州和湾区甚至已经出现了一种随叫随到的乘车和保育服务。这家公司叫作Zūm,提供类似于Lyft*的昂贵打车服务。Zūm可以接送5岁至18岁的儿童上下学、参加体育和音乐培训;如果支付额外费用,也可以在接送前后提供儿童保育服务。但是深夜商店和连锁餐厅的工作人员负担不起这样的服务。蕾切尔·卡斯克在她的回忆录中写到了富人是如何有效利用日托服务的,正如她所言:"我发现,深层意义上的保姆,那些能够弥补父母缺位造成的影响的保姆,都是富人的专利。所有其他形式的儿童保育服务都是按照公共电话亭的原则来运作的。"[7]

不规律、无休止的工作文化折磨着我们中的许多人,包括步履艰难的中产阶级父母,以及让这一切成为可能的专业保育人员。他们在家里或日托中心起早贪黑地工作,收入却比最低薪资高不了多少。这些父母和保育人员就像俄罗斯套娃一样结合在一起,形成一种共生关系,试图借此来适应这令人毛骨悚然的新生事物——即时(just-in-time)工作。"即时工作"设定

---

* Lyft是一家类似于优步和滴滴的,提供即时交通运输服务的公司。

了特殊的、不规律的工作时间以满足公司的需要，却对员工的需要不管不顾。例如，突然打电话给员工要求轮班，并视之为理所应当——在过度工作的文化中，这样的现象司空见惯。除了突然被叫去上班，员工也可能在朝九晚五的正常时间段之外被要求工作。事实上，根据经济政策研究所的数据，在2015年，无法预测的工作安排支配了17%的美国劳动者的生活。[8] J.Crew、Urban Outfitters和Gap等一些公司已经在媒体和抗议者的巨大压力之下放弃了对即时工作的要求。在经历了2017年的失败，以及十个州的立法尝试之后，联邦政府再次提出一项法案，要求雇主为员工安排规律稳定的工作时间。[9]尽管如此，时间不规律的工作岗位依然遍地都是。

正如纽约市立大学历史学教授、劳工问题专家乔舒亚·弗里曼（Joshua Freeman）所言："现在只有极少数美国人能过上每周上5天班，工作40小时的正常生活。"2014年盖洛普（Gallup）的一项民意调查也得出了类似的令人不安的结论：尽管"全职工作"仍被定义为每周工作40小时，但是真有这么一份轻松的全职工作的美国人甚至不足40%。事实上，42%的人每周工作40小时，大约50%的人超过40小时，平均时间为47小时；只有8%的全职员工声称工作时间少于40小时。18%的人每周工作60小时以上！[10]

现在，一些公司希望员工的工作安排适应效率最优的全天候生产制，迁就全球商业伙伴的时区差异（"加班"用印地语怎么说来着？），还要紧跟客户数量和需求的实时波动。公司要求员工在需要的时候能够随叫随到,从不考虑这样的安排对他们家庭生活的影响。做这种工作的父母通常无法在家帮孩子完成科学课题,或检查孩子的数学作业。生活在永不停歇的时钟之下,即时工作让众多家庭从来没有足够的时间完成时间表上的内容。美国家庭之所以受困于此,一个重要的原因是:我们的领导人喊着重视儿童养育的口号,在行动上却是支持得少、阻碍得多。

霍根夫妇整夜辛勤工作只能换来微薄的收入,而"家长惩罚"对资源有限的父母更是毫不留情,任凭他们在不同的工作岗位和日托中心之间疯狂地连轴转,却不提供一点支持。保育人员和家长——以及他们的挣扎——紧紧交扣在一起,就像俄罗斯套娃一样。

极限日托及其背后疯狂而残忍的工作需求,使得为我们的孩子提供可靠的照顾变得极其困难。[11]在过去三年里,我访问了上百对父母,他们都觉得自己应该能负担得起儿童保育费用,或者亲自带孩子。难道他们连管好自己生活的能力都没有吗?尽管如此,他们却不断发现自己力有不逮,而令他们筋疲力尽的往往就是儿童保育及其相应支出。

首先便是令人咋舌的日托费用。如果说中产阶级父母濒临灭绝,是因为被严苛的工作和家庭政策压得喘不过气来,那么居高不下的儿童保育费用则首先难辞其咎:美国联邦儿童保育支出占据国民生产总值的比例在全球富裕国家中几乎垫底。[12]马萨诸塞大学阿默斯特分校社会学教授乔娅·米斯拉(Joya Misra)曾对不同社会阶层的数千位父母进行数据分析。其中一项针对学术界中产父母的研究包含了数百份问卷调查、焦点小组访谈和17场一对一访谈。米斯拉表示,许多问卷调查参与者都提到日托费用带来的冲击,它可以吞噬掉一个双薪家庭30%的收入。在33个州及华盛顿特区,一个婴儿在日托中心(更不用说请保姆了)一年的费用比读一年公立大学还要高。[13] 据我所知,纽约中产阶级的日托费用动辄高达每个孩子2.5万至3万美元。在纽约,儿童保育费用已经超过了食品和住房支出,成为低收入家庭最大的一笔支出。

父母想尽一切办法来支付孩子的日托费用,他们在众筹网站上做广告:"单身母亲、全职教授,在开始固定工作但保险还未生效的尴尬时间陷入困境……在一系列意外的紧急开支之后,我已经无法按时拿出必要的钱了。"那位母亲设置了2500美元的筹款目标,并贴了一张她的儿子——13个月大的塞巴斯蒂安(Sebastian)在日托中心戴着围兜的可爱照片。她最终筹集到了2286美元。我忍不住想,塞巴斯蒂安的母亲要靠别人捐款才能获得这样基本的服务,这是一件多么奇怪的事情。

在日托费用的压力之外,还有极不合理的工作安排为劳动者及其家庭带来的内在压力。我采访过一位在圣何塞(San Jose)的麦当劳工作的妈妈。她早上7点30分就要上班,当整个城市才刚刚醒来的时候,她就已经把小儿子送到了日托中心。到了7点45分,她已经在给麦满分汉堡煎鸡蛋或者擦桌子了。八个多小时后,她结束了一天的工作,但依旧无法休息片刻。下午4点,她要赶到日托中心接4岁的小儿子,然后还要到学校接 12 岁的二儿子。

如果这位妈妈接小儿子迟到了,按照日托中心的规定,每过一分钟要收一美元(她说他们最近警告她,如果再迟到,就真的要交钱了)。如果她去学校接二儿子去得太晚,就会影响他完成家庭作业。二儿子在学校图书馆等着她来接,但那里没有人帮助或者监督他完成作业。因此,在吃完一顿很晚的晚餐之后,他的妈妈还得在睡前挤出时间给他辅导作业。她无法准时下班,因为经理会在轮班结束后给她安排额外的任务,导致作为单身妈妈的她经常在接孩子时迟到。还有一些事情在不断增加她的压力:她每周大概工作 35 小时,但依然入不敷出,而孩子的父亲根本不把他们放在心上,从来不给抚养费。他们一家人住在一个车库里,孩子们在长大,地方越来越不够用了。她 15 岁的大儿子想要自己的房间,远离两个弟弟。而她频繁迟到,也对二儿子造成了影响:他的学习成绩正在直线下降。

为了完成一个关于太阳系的课题作业,她的儿子需要一些材料:颜料和代表行星的泡沫塑料球。但是老板更改了她的工作安排,她又一次回家晚了。因为工作时间不稳定,且负担不起一家过得去的日托中心的费用,她通常没办法帮助二儿子完成作业。而由于交不上作业,他得的 A 和 B 也越来越少了。

还有一个群体因为国家对日托缺乏支持而苦不堪言,无奈承受着新的 24 小时工作制带来的冲击,那就是日托工作人员。我们一直习惯于忽视这些人的需求,部分原因就在于我们的文化对"日托"这一概念的抗拒。人们普遍认为,由于美国不支持建立国有的保育服务系统，日托服务应该完全由私营机构运营。（这么说来，日托服务就和医保系统差不多，是一个因社会反对其国有化而流于失败的私营服务体系。）就像纽约大学（New York University）社会学教授凯瑟琳·格尔森（Kathleen Gerson）在接受我的采访时所问的："我们把保育服务视为一种纯粹的私人事务，而不是更广泛的社区性的事务。我们为什么会有这么奇怪的观念？"

日托本身也时常被污名化，这是对20世纪80年代保守派反对女性外出工作的观念的一种延续，那时日托被视为各种社会弊端的替罪羊。就像理查德·贝克（Richard Beck）在《我们相信孩子：20世纪80年代的道德恐慌》（*We Believe the Children: A Moral Panic in the 1980s*）中提到的，那个年代针对日托工作人员提起的性侵指控，一方面源自对犯罪行为的普遍恐惧，一方面也源自对女性主义和女性外出工作（以及随之而来的日托服务需求）的反动式恐慌。日托成为替罪羊，还因为所谓的传统家庭——放学时母亲等在校门口，晚上6点父亲到家，直接坐到餐桌主位——的崩溃，引发了人们的不安。

保育服务还面临一个更为现实的批评，一些人已经注意到了这一职业造成的心理伤害。学者阿莉·霍克希尔德（Arlie Hochschild）曾经写过像霍根夫妇这样的日托服务人员，指出他们为了微薄的收入，必须出卖自己最深层次的情感去假装微笑和拥抱，并对其潜在伤害感到担忧。她在《我们如何捍卫私人生活》（*The Outsourced Self*）一书中描述了这段变化史：无论是爱还是抚养孩子,都曾经是私人生活的一部分,而现在都被外包了。

但是,保育服务行业及其工作人员受到轻视,还有一个更广泛的原因。理论家杰里米·里夫金(Jeremy Rifkin)写得一针见血:我们对保育服务的不屑是由"超级资本主义"(hypercapitalism),也就是疯狂且不受管制的自由市场造成的。里夫金之言道出了我的看法和担忧,我们用市场交易代替了人与人之间本来应有的互动。"当大部分关系都变成了商业关系……非商业性质的关系还剩下些什么呢?"里夫金问道。[14] 在美国的商业化生活中,人际关系只是"通过合同和金融工具绑在一起",而"源于思慕、爱和奉献"的相互关系已经变质了,这在一定程度上可以称为"情感商品化"。出卖最亲密的关系可能会令我们受到情感上(和金钱上)的损害。一方面,我们会开始混淆爱和金钱;另一方面,我们也可能落入严重低薪的境地,就像保姆、护士和日托服务人员一样。他们以关怀他人为生,结果反而沦为"情感囚徒现象"(prisoner of love phenomenon)的受害者。

"情感囚徒"理论认为,雇主之所以给保育服务人员低薪,部分原因是他们知道自己可以利用这些人关心照顾他人的本能。市场经济不断扩张,现在已经占据了我们生活的所有角落,对儿童和老人的关怀变得更加不值一提。这种变化的根本原因,除了日托服务本身的交易性质,还因为性别歧视将其视为"女性的工作",因此也就显得相对不重要和没有价值,毕竟过去传统的全职母亲"不要钱"就能完成这些工作。

在我看来，如果把对保育工作的轻视放在更广泛的维度上去看，那么从宗教到美国人的成功观，每件事中都可以找到其根源。这种轻视的历史根源在于：保育工作长期以来一直与慈善和虔诚联系在一起；保育工作人员要么没有报酬，要么从善款中获得报酬。定期发放的工资会使保育工作变得不再像过去一样具有自我牺牲的精神价值。

至于为何不承认保育工作的价值，我们美国人似乎认为，当人们去爱、去关怀他人的时候，就已经在某种程度上踏出了商业领域，因此也就谈不上有什么实效、价值和智力要求了。这些工作人员薪水不高的原因部分就在于此。事实上，他们被迫为自己的理想主义和超脱世俗付出了代价。在某种意义上，低薪、缺乏尊重就是他们以照顾美国最脆弱的人群为生所换来的。

但若是我们把关怀和金钱结合起来呢？在这个"爱与金钱"的体系下，市场与真心的关怀并不总是处在对立面。普林斯顿大学的学者维维安娜·泽利泽（Viviana Zelizer）认为，我们首先要明白，亲密关系与市场产生联系，并不会使它们受到玷污。最理想的状态是将"亲密关系和市场活动"结合起来……"协商并构建一种'互联的生活'（connected live）"。[15] 给孩子找日托服务的父母，可能会将保育和其他事业分开看待，一方面担心经济和金钱上的考量会玷污或矮化爱，尤其是对孩子的爱；另一方面，他们在商业性质的工作场所中又会给情感穿上铠甲，认为应该尽量不流露情绪。但我们为何不把这两者统一起来呢？这样的话，美国人也许就能给保育工作人员提高一点待遇了。

我在爱与金钱的关系方面形成这样的看法,与我和女儿的亲身经历是分不开的。跟许多父母一样,在找到一个可信的保姆之前我无法放心回去上班。于是我去了保姆网站。在这些网站上跟女性会面跟约会应用程序的流程并无二致。有一回,感觉终于对了:我在网站上看到一位年轻女士,她并没有对着镜头展现阳光的笑容,而是一副沉思的表情。她素面朝天,留着简洁的波波头。她叫悉妮(Sydney)。伴随着我 iPhone 里传出的 20 世纪 60 年代小众音乐,悉妮很快就让我的女儿在婴儿床上跳起了舞。我付出金钱换取了自由。但离开女儿也让我付出了情感的代价——我们已经亲密得就像连体婴一般了,一跟她分开,我都不太确定少了"另一半"的我到底是谁。

在那一年里,我的女儿深深爱上了悉妮和她的复古独立摇滚,还有无穷无尽的奇怪的躲猫猫游戏。在亲密关系与经济学的罕见碰撞中,我因为知道她正在接受一种比我所能给予的更有活力、更自由的照顾,才得以放心回归工作。我可以离开家,到一家非营利机构去做自由编辑,同时仍然坚持泵奶。这样做也会感到有点被疏远,但的确是一种解放。在悉妮拿到教师资格,不再当保姆之后,我们决定把女儿送到日托中心去。那家日托中心的墙上挂着用相框装起来的橙色和蓝色儿童画。同其他许多人一样,每个月支付这个小伊甸园的费用并不是一件容易的事情。

关于我们的小困难,还有这样一段历史。今天的中产阶级和劳工阶级家庭所面对的日托问题在过去就曾被提出过。第一次是在 1971 年，我出生的前一年。第二次是在 20 世纪 70 年代后期，一周五天、朝九晚五的工作时间已经开始走样和延长；我们的工作场所也变得需求无度，把它们的期望强加到我们身上。妇女儿童权利的捍卫者并非没有努力试图改变这种工作环境。事实上，他们曾经获得过可以改变历史的胜利——让国会通过了 1971 年的《儿童全面发展法案》（Comprehensive Child Development Act），作为《经济机会法案修正案》（Economic Opportunity Amendments）的一部分。这项法案认可了随着女性外出工作而上升的日托需求，并承诺提升日托服务的教育质量，年龄跨度从婴幼儿时期到青春期早期。它还会为劳工阶级的母亲提供日托补贴，甚至可能惠及一部分中产阶级。但是，理查德·尼克松（Richard Nixon）总统在那一年的晚些时候否决了这项法案。实现家庭的真正平等的梦想败给了冰冷的现实。早些时候，在 1970 年，众议院投票同意为美国的穷人设定年收入的最低标准，作为尼克松家庭援助计划（Family Assistance Plan）的一部分。因为早在 20 世纪 70 年代，制造业的工作岗位就已经开始被计算机取代，人们在努力面对终将失去工作的危机。

我在迪伊日托园待了很长一段时间，有时一直持续到深夜，甚至第二天早上。之后我开始为这个畸形的儿童保育问题寻找解决方案。

最显而易见的办法是通过补贴，让大家都能够负担得起儿童保育服务，但是政界对此长期而坚定地持反对意见，提倡和推动这一方案几近缘木求鱼。而税收减免和返还（共和党税收计划中的固定菜式）也不可能起到什么作用。对于艰难度日的劳工阶级来说，可获得的减免金额很少，无法满足他们对儿童保育等基本服务的需求。假设一个家庭每年要支付2万美元，或者将他们收入的30%用于儿童保育（这种情况并不罕见），减税对他们能起到多大作用呢？对于贫困人群，这种计划就更加无用了。有一项税收返还计划，一年可以向需要日托服务的低收入家庭返还1200美元，但这对于大多数家庭的实际日托支出来说只是杯水车薪。

联邦政府对儿童保育缺乏足够的支持，反映了保育工作在美国的贬值，这令保育工作人员，以及需要依靠他们的廉价服务才能出去赚钱养家的中产阶级工作者都不堪重负。

世界上其他国家的人都有日托服务可以依靠，并将其视为一种公共利益。在法国，政府提供了价格合理的日托服务，并对父母中有一位全职在家或雇用了保姆的家庭给予税收优惠，还开办了接收3岁以上儿童的普惠性幼儿园。我的一些朋友离开我们居住的城市，带着年幼的孩子搬到了法国，只是为了享受这些政策和crèches（在法语中是托儿所的意思）。还有一些搬去了德国，因为那里能够提供更优质、更易获得的日托服务。德国后来还通过了一项法律，保证每个一周岁以上的孩子都能享受到日托服务，希望它能帮助扭转其位列欧洲最低水平的出生率。

在芬兰，所有7岁以下的儿童都有上幼儿园的权利。[16] 在加拿大，魁北克省为年龄在4岁或以下的儿童提供普惠性的、政府补贴的日托服务,每天的价格在 7.3 美元至 20 美元之间。[17] 有一天晚上,我跟住在蒙特利尔的两位 20 多岁的学者聊天,得知了他们城市令人震惊的日托价格,也理解了这对没有全职工作的年轻人怎么会已经有两个孩子了。

既然我们尚未为美国保育危机找到一个顺理成章的解决方案,抛开基于税收的措施,我们也许可以考虑让现有的选择变得更易获得。毕竟,大多数父母光是找到一个日托的位子就已经很困难了。我们能否建立一个全国数据库,在上面列出通过认证的日托机构,并标明价格和剩余名额?一些地方已经设立了类似的地方性注册管理机构。例如,湾区有一个 NurtureList 网站,免费为父母提供特定区域有空余名额的日托机构清单。NurtureList 还会对日托中心的设施等方面进行详尽的介绍。除了按地理位置推送新开业的日托中心,这家网站还会着力推荐新的学校和特色课程,比如组织大量优质户外活动的幼儿园。

佐耶·汉森(Zoe Hanson)是 NurtureList 网站的一名用户。她和丈夫刚刚带着孩子搬到旧金山。他们在一栋残破的房子里租了一间公寓,月租 3000 美元,贵得令人难以承受。她没有工作,也不知道找工作的时候能把孩子放在哪里。用她的话说,她的新社区似乎"有 6000 个孩子,却只有 3000 个日托席位"。汉森的困境很典型,背后是一个全国性的问题。截至 2014 年,科罗拉多州的持证日托机构只能满足全州四分之一幼儿的需求。[18] 在明尼苏达州的三个郡,家庭儿童保育人员的数量在 2011 年至 2016 年间陡然下降了 17%。[19]

结论不言自明：日托危机从根本上说是一个结构性问题。政府的缺位造成了保育服务费用居高不下。我们根本没有足够的负担得起的儿童保育机构。

"因为找不到日托，我甚至没办法工作。"汉森开始使用NurtureList时告诉我。她所需要的只是一家日托中心，离家不远，每月费用不超过 2000 美元即可。跟本书提到的其他众多父母一样，她光是给孩子找个日托就非常困难了。但像 NurtureList 数据库这样的资源就很有用。在数据库里找到可供选择的机构之后，汉森把女儿送进了一家温暖的双语日托中心。不久之后，她就在一家建筑设计事务所找到了一份设计与市场协调专员的工作。当然，和本书中许多中产阶级家庭的经历一样，生活的风险总在看不到的地方如影随形。过了大概一年之后，汉森的命运再次发生了改变。"我现在没有工作了。"她说。她一度从事全职工作，在转做兼职之后，她的儿童保育费用降到了每月 1200 美元。然而，她在 2017 年 6 月生下第二个孩子之后就完全没有工作了。无论这个新潮的网站让找日托变得多么方便，她都再也承受不起日托费用了。"在女儿上小学预科（kindergarten）*之前，我都没有办法再回去工作了，因为我付不起两个孩子的

---

* 美国的公立基础教育一般称为 K-12 教育，其中 K 指 kindergarten，12 指 12 年级。Kindergarten 的入学年龄为 5—6 岁，事实上已经属于小学教育，是小学（elementry school）的第一年，故此译为小学预科。前文提到的幼儿园（preschool）则不属于公立教育体系，一般从 3 岁开始上。下一段所述学前班（pre-K）是小学预科的前一年，招收 4—5 岁的儿童。

日托。过几个星期,等我的加州育儿假结束,我就再去找个餐厅服务员的工作。"

解决日托资源有限的重大举措之一是推行国家层面的普惠性学前班政策。全国已有几个不同城市在地方层面实行了公立的学前班教育。纽约的"全员学前班"(Pre-K for All)是成效最为显著的项目之一,令肩负重重压力的父母受益良多。这是纽约市长比尔·德·白思豪(Bill de Blasio)的首要政绩。事实上,它的规模正是其成功的原因之一:2014年,全日制免费学前班席位只有2000个,两年以后就增长到了7000个。达娜·戈尔茨坦(Dana Goldstein)在《大西洋月刊》(*The Atlantic*)中称赞道:"在华盛顿陷入僵局之时,白思豪迅速在这座全国最大的城市推出了一项新的福利政策:在K-12教育体系的基础上,额外增加了一年免费的、教学严谨的公立教育与儿童保育服务……这项政策非常受欢迎,以至于周边城市的议员已经开始要求州政府拨款为他们的选民提供同样的福利了。"[20]

"我们很清楚学前班为什么重要——一是它对儿童发展有长期影响,二是它会给支付幼儿园费用的父母带来的短期经济影响。"这项政策的设计者之一,理查德·比尔里(Richard Buery)告诉我:"如果一个家庭在儿童保育方面能够获得稳定的支持呢?他们的压力就会减轻了。"

比尔里告诉我,"全员学前班"成功的原因之一就是不要"守株待兔"。这点值得其他城市和州效仿:这个项目并没有抱着"酒香不怕巷子深"的想法,而是非常主动地开展了招生工作。

我自己就曾多次接到预录电话和电子邮件，询问我女儿是否要参加，宣传攻势密集得让我感觉像是走进了电影《大亨游戏》（Glengarry Glen Ross）。事实上，这是他们特意为之的。市长把自己的仕途押在了保育问题上，仅仅因为没有孩子报名而导致项目失败，是他和比尔里绝对不可能接受的。当提到"那些不认为4岁孩子应该上学的父母"时，比尔里表示"我们正在努力克服语言障碍和文化障碍"。

这一切带给我们的经验是，要在前期投入人力和物力，去努力争取那些可能会参与到这个项目的人；要在当地进行积极的宣传，而不只是做广告。纽约没有让普惠性的学前班政策落得像低收入家庭福利优惠（Earned Income Tax Credit，EITC）一样的下场。这项税收政策对低收入家庭大有好处，但多年来却没有得到充分利用，原因仅仅是大家根本不知道有这回事。

我去参观了位于我们社区的一个纽约公立学前班教室，眼前的景象令我非常惊讶。这所学校因为招收了大量低收入家庭的儿童而受到特殊经济资助。孩子们在一位退休老师的看护下一起平静地玩耍。那位老师白发苍苍、穿着木屐，看上去像母亲一样慈祥。课间休息结束后，他们鱼贯进入学前班教室，开始学习ABC，学习气氛意外地活跃。我知道其中很多孩子都住在我家附近的公共住宅，这个新项目让他们的母亲在繁重的工作中至少获得了一丝安慰。

然而，在本书撰写期间，学前班在全国范围内依然是可遇而不可求。赫金杰研究所（Hechinger Institute）在2016年发布了一份报告，其中引用国家早期教育研究所（National Institute for Early Education Research）的数据，指出州立学前班的学位数量在每个州大不相同：得克萨斯州48.7%的4岁儿童能获得学位，密苏里州却只有2%，俄勒冈州大概是10%。[21]

当然，即使是在纽约，学前班项目也无法与年轻父母需要面对的漫长育儿岁月相提并论，特别是遇到在风雪天又没有人帮忙这种情况的时候。如果你正身处其中，照顾4岁以下孩子的日子似乎永远看不到尽头。我们没有任何办法能够帮助那些带着年幼的孩子、想要回归工作的父母。这一事实让我们看到了体制忽视家庭所造成的严重恶果。

我们渴望的改变很可能永远不会到来，而美国职场父母永不停歇的工作时钟还在继续转动。那台24小时不停转的时钟和不规律的工作时间，以及供不应求的价格合理的日托服务，令许多人继续过着困难的生活。倡议者们告诉我，如今工作时间不稳定的问题比低薪更加严重。然而，乔舒亚·弗里曼对此依然乐观。他相信，若争取家庭假和提高最低薪资标准的斗争能够获得成功，争取合理工作日安排的斗争也能重复前者的路径。工作时间不稳定是一个"苹果派"问题*：如果在这种问题上表错了态，别人会觉得这家公司很刻薄（也可能它确实很

---

* 苹果派（apple pie）在美国是一种很有象征意义的食物。如果有人声称不喜欢苹果派，别人可能会觉得他不够随和，甚至上升到"不爱国"。

刻薄)。

为了重新调整这台永不停歇的时钟,一项争取稳定工作时间的全国性运动正在开展。这项运动在全国的 Gap 服装连锁店推行了一个试点项目:试图逐步淘汰随叫随到的工作制度——当然,这离为劳动者安排稳定的工作时间还有一段距离。各州、各城市的人们都展开行动,劝说企业放弃即时工作制。他们不畏艰难,努力为美国劳动者家庭争取稳定的生活。这对那些无法准时下班回家辅导孩子写作业,有时甚至来不及哄孩子睡觉的父母将大有帮助。如果企业和机构能够实行稳定合理的工作安排,那对麦当劳的工作人员和兼职教授来说都会是一个至关重要的进步。

"十年前我们只做朝九晚五的日托,"迪伊日托园的负责人德洛里丝·霍根说,"但现在商店都开到晚上 12 点,甚至 24 小时营业,他们需要我们。我们只能这样做。"

再过一段时间,即使不是德洛里丝·霍根,也会有其他人开始提供凌晨 3 点 30 分接送孩子的日托服务。拿迪伊日托园的孩子卡登来说,他的母亲是单身妈妈,在 Costco 上班,每晚 10 点 30 分下班。2 岁的卡登非常乖,在煮他的玩具食物之前,都会在日托园玩具厨房的水槽假装洗手。有很多天都是卡登的阿姨到另一家日托中心去接他,然后再把他送到迪伊:即使是小卡登,也在跟随永不停歇的时钟生活。

单亲家庭的崛起是时钟永不停歇的原因之一。2013 年,28% 的儿童生活在单亲家庭,而其中 77% 的家长是母亲。[22] 即使是得到家人和朋友支持的母亲，也可能把这些关系推到崩溃的边缘。学者研究发现，如果单身父母只能勉强度日，他们很大程度上需要依赖最为亲近的亲朋好友的支持——程度远远超过那些富裕的单身父母。虽然这种依赖可以让关系更亲密，但太过于依赖亲朋好友（据跟我讨论过单身父母问题的一位学者，这个比例可能达到 30%）也可能适得其反。一个过度依赖邻居或姐妹的单身母亲无法给对方什么回报，通常会令关系变得紧张。

每招收一个有补助资质家庭的孩子，州政府每周会付给霍根夫妇 250 美元。有些家庭能够全额支付这笔费用，但据帕特里克·霍根所说，大多数人每天只需要支付 1 美元到 5 美元，剩下的费用都由州政府提供。跟社会福利系统打交道并不容易，那是特权阶级和贫困大众的文化战场，时时处在社会压力和风险之中。

在某一次到访时，我看到门前的围栏上挂着又大又鼓的铅笔和泰迪熊气球，孩子们在一个充气房子里蹦跳着，给这里带来了一点狂欢节的气息。黄昏时分，两个孩子帮助德洛里丝给黄瓜和蜜瓜浇水，同时还留意着有没有浣熊过来抢瓜。教育不是迪伊的工作重心。霍根夫妇也会教一些上幼儿园的孩子字母和数字，但孩子们在那里主要是玩娃娃和给它们穿衣服，扔或者踢塑料球，一起唱歌，或者跟着 R&B 金曲或《恰恰滑步》（"Cha Cha Slide"）跳舞。

这些上 24 小时日托的孩子们看上去挺好的，至少目前如此，他们通常也很知足。一天晚上,玛丽索尔的8岁女儿戴安娜向我表演怎么才能挤出一段和广告里一样完美的牙膏。她4岁的妹妹艾薇特则很自觉地自己刷完了牙。我几乎没有在他们身上看到人们想象中的忧伤和孤独,但我的确也发现了一些不安和无助的涟漪。其中几个孩子看上去确实有"父母化"(parentified)的倾向(借用这个有用又奇怪的心理学术语),他们的懂事似乎超出年龄,被迫比我们期待的更早长大了,学会了做自己的父母。

过了一会儿,霍根夫妇开始给他们放电影《鬼妈妈》(Coraline)。这部黑暗奇幻片讲的是一个小女孩,她真正的母亲在平行世界被一个假妈妈替代了,那个假妈妈要给她换上纽扣做的眼睛。其中一个比我女儿大两岁的女孩转过来对我说:"为什么孩子会以为爸爸妈妈会来救他们?"她停顿了一下,又说:"那也太傻了。"

第4章

阶级下跌：身处顶层的底层人

从表面上看，肖恩·坦纳（Shaun Tanner）不是需要拯救的人。

38岁的坦纳年收入刚刚过了六位数，从各方面看，生活都该过得不错。他每月要还3000美元的房贷，不到月薪的一半。2016年，他为了支付医疗保险和全家的开销，做了三份工作：在一家叫Weather Underground的天气网站做气象分析师；做独立的合同雇工；在圣何塞州立大学（San Jose State University）担任讲师。换句话说，他并没有像开24小时日托中心的霍根夫妇，或者把孩子送到日托中心的那些焦头烂额的家长一样经济拮据、终日奔忙。

然而，坦纳依然感到焦虑。生活在科技行业的阴影之下，对于他和他的一些朋友来说并不是好事。他们中的大多数都不在"天方夜谭"一般的科技岗位，而生活成本的差异会带来截然不同的感受。

坦纳工作勤勤恳恳，但也达不到他的科技同行们那样令人咋舌的收入水平。他的工作通勤需要一小时，单程，从位于加州圣何塞的家到阿拉梅达（Alameda）。他努力工作是为了给三个孩子支付课后培训班和日托的费用。他们中最年长的也才10岁。

"别人看到我在科技行业工作，以为我是个千万富翁。"坦纳解释说。他并不是。"旧金山周围的情况越来越糟。我是不是应该放弃？我该怎么办？生活在湾区，你时不时会问自己：'我是不是过得和邻居一样好？'"

我觉得像坦纳这样的人也值得我关注，他们显然属于中上阶层，但仍然需要奋力奔跑才能维持现状。我关注他们，是因为我知道这个国家极端的收入不平等也在情感上和经济上（较小程度地）刺痛了他们。坦纳谈起自己的生活，表示每周到了周五，他"都还是手头拮据，什么也没有剩下"。

条件相对优越的群体发出的抱怨容易引起公愤。他们遇到的问题似乎只是记忆训练、专业夏令营，或者家庭手作果酱等中产特有的、心理上的问题。这些半特权阶级（quasi-privileged）因收入悬殊而感受到的压力，看上去不像许多人所承受的那样真实。但对他们来说，那就是真实的，而且也反映了美国某些城市财富的高度集中，以及最上层的1%的人与其他所有人之间的鸿沟。

今天的美国中上阶层的生活建立在脆弱的根基之上。心理学和社会科学研究表明，即使你有相对较高的工资，跟财富阶级生活在一起也有损心理健康。2010年，华威大学（The

University of Warwick）和卡迪夫大学（Cardiff University）的研究人员发现，金钱只有在能够提高人们的社会地位时才能给人带来幸福。[1] 换句话说，仅仅高薪是不够的：人们希望看到生活水平的提高，感受到阶级的上升，并且能够对身边的人和自己展现这种上升。格伦·法尔博（Glenn Firebaugh）和马修·施罗德（Matthew Schroeder）在一篇名为《邻居的收入能否影响你的幸福？》（"Does Your Neighbor's Income Affect Your Happiness?"）的论文中也讨论过这一问题。他们写道："关于收入和幸福，最为重要的是，一个人与他的收入参照群体相比能挣多少钱。"[2] 个人的满足感是相对的，它取决于你在与"真正的"同伴比较时如何看待自己。

埃米（Amy）在不同科技公司从事人力资源工作超过18年。别人都以为，像她和坦纳这样在硅谷及其周边地区工作的人，收入"都应该有六位数"。但并非如此。埃米和丈夫的年收入加起来有15万美元，她承认这听起来很多，并补充说："在国内别的任何地方，这都是很大一笔钱了。"但他们月收入的一半以上都交了房贷，儿童保育又吞掉了另外的30%。埃米也要花很长时间通勤，因为公司附近的房子她都住不起。"我真的是早上6点就开车带着孩子们出门了，7点把他们送到日托，8点30分到办公室，下午5点或6点接他们，然后回家，再洗澡、吃饭、睡觉。我每天花15分钟陪他们放松一下。"如她所言，"我挣得不够多，没办法像我的同事那样雇清洁工和厨师。他们没有时间打扫卫生或做饭，但他们确实有钱。"

学者们现在通过研究人们的需求，来了解各个地方对于财富、贫穷和地位的看法，以及它会对埃米这样的人造成什么影响。例如，智库"数据与社会"（Data & Society）的创始人达娜·博伊德（danah boyd，她喜欢用小写字母写名字）认为社会地位可能是地域性的，她指出："人们对于成功的理解，是由他们身边所能看到的事物塑造的。"[3]

虽然美国人的生活水平整体上可能比中世纪贵族所能想象的更加美好，但是当商业大亨就住在你家隔壁，当着你的面炫耀他的豪宅时，这些一点意义都没有。如果按照全国平均水平，你已经处于中上阶层，但却住在这个国家的超富裕（hyper-wealthy）地区（拜不平等所赐），你可能并不会有什么优越感。

在采访中，我感受到了这些父母深深的孤立感。我忍不住想，他们的这种感受至少部分来自父母之间的竞争。随着社交媒体成为窥视他人生活的渠道——看看Facebook充满自我吹嘘的界面——这种孤立感只会不断增加。

我在自己的生活中也能体会到这些父母的阶级孤立感。生活在富裕的城市，人们会觉得富人主宰了自己的生活。当我写下"主宰"这个卑劣的词时，并不是指身体上的支配，也不是说在这里工作不安全。我们在面对比自己拥有更多金融资本的人时会产生这种感觉；在出生长大的城市因收入和财产有限被赶到某个角落时，也会有这种感觉。这种感觉还体现在，我每次出门喝杯咖啡或者散会儿步时，都觉得自己是在交"租金"——不再有任何公共空间可以让你坐下来，连出门"闲逛"都离不开高消费：又一次，我不得不再买一杯并不想要的高价香料茶，或者拿出一堆零钱，好让我女儿能在室内游乐场玩一个小时。

这些都是我的中产阶级日常生活在一个物价高昂的大都市中出现的轻微降级。单独来看，这些小麻烦都是可以承受的，但加在一起，就像是这个城市在小声对我和我的亲人说：**这个地方不再属于你们这些人了**。我和我丈夫也考察过其他消费水平低一些的城市，比如得克萨斯州的奥斯汀和俄勒冈州的波特兰。我们希望能够在一个那样的地方轻松开始新生活，收集覆盖着孔雀羽毛的古董衣物，挣的钱将将喝得起氮气冷萃咖啡。但最终我们退缩了，还是选择留在原地——这个物价凶猛的城市才有新闻行业的工作岗位。与此同时，我开始看到我们社区的那些商店开业之后又很快停业，因为小店主承担不起租金，他们被价格赶出了自己的商店。我家附近的街区很快变成了这座帝国一般的城市中一个小小的鬼镇。事实上，跟旧金山的坦纳情况类似，我的城市、我的空间、我小时候上的学校，都遭到了超级富豪的入侵，而这也是租金何以如此高昂的原因之一。如果普通中产阶级拒绝承认中上阶层也深受其害，就等于拒绝了另一个可以团结的群体。不管程度多么轻微，这个群体的确也受到了不平等的伤害。

根据 2014 年的另一项研究，你的收入与周围人群的对比情况，比你的收入本身更能影响你的满意度（包括心理的和生理的）。斯特林大学（University of Stirling）行为科学副教授迈克尔·达利（Michael Daly）和同事们认为，他们的研究

"证明金钱对于人类健康的影响基于社会地位而非物质条件"。[4]在这项研究中，一个人的收入和财富等级，而不是其绝对值，更能够预测这个人的总体健康状况，包括肥胖和慢性疾病。同时，拥有较高的社会地位能给健康带来实际的益处。从社会阶层上看，身处经济底层的顶端，或者中间阶层的顶端，要比处在顶层的底端好得多。身处顶层的底端似乎会侵害人的身体健康。

表面看来，很多处于顶层底端的人士经济情况都很不错，但他们仍然感到不堪重负。甚至一些从事专业工作，经济上看起来很稳定的人也产生了情绪问题。

我必须重申，中上阶层承受的心理负担当然不像之前提到的那些支付能力较差的家庭所面对的那么危险、那么令人焦虑。但是像坦纳这样的人，像埃米这样的人力资源工作者，他们所居住或曾经居住的城市已经被最富有的1%占领了，他们也有自己的痛苦。我也能感受到这种痛苦。我回想起金钱涌入之前的纽约，在已经消逝的20世纪七八十年代，人群中流行的是一种反野心（anti-ambition）的姿态。想起这座城市在房地产价格暴涨之前的时光，我的内心涌起一种我称之为阴暗的怀旧（dirty nostalgia）的感觉。那个时候，我认识和喜爱的大人们都住着邋遢的小房子，这些房子连成一排，就像一串沾满污垢的珠链。如今我家附近的住户是真正的有钱人，他们花几百万美元买下褐石住宅*——小说家伊迪丝·沃顿（Edith Wharton）曾轻蔑地

---

* 褐石住宅（brownstone），美国新英格兰地区的历史建筑，用褐色的砂石砌成，多建于19世纪末至20世纪初。

将其称为涂满了"冷掉的巧克力酱"的房子。[5] 我看到这些房主背着巨大的价值四位数的设计师品牌手袋、装饰搭扣叮当作响,还经常见到他们的保姆到日托中心和学校接孩子。这些孩子穿着白色的牛仔裤和一尘不染的球鞋,并且经常穿成这样就(不合时宜地)跑到操场上玩。他们的整洁以及对昂贵消耗品的喜爱经常令我感到紧张。他们的衣服就像白色的旗帜,昭示着看似无限的赚钱能力(绝大部分是通过金融活动获得的,几乎肯定会加剧不平等)。他们在崭新的大理石公寓里为孩子举办的奢华生日派对,有时还会有几位派对策划师和日托服务人员在场,看上去就像一场超现实主义的仪式。

过去,那些处于中上阶层的人并不都想要追上最富有的1%或者名人。他们很可能拥有一份专业工作,工作带来的稳定可以在一定程度上弥补他们相比之下略低的社会地位。而现在世道变了。

在新闻网站上发表评论的读者和挑衅者都在批评那些抱怨这类事情的中上阶层,谴责他们拥有相对的舒适和特权。我说的就是你,尼尔·加布勒(Neal Gabler)。加布勒2016年因为在《大西洋月刊》发表了一篇文章引起众怒。他在文章里描述了自己所谓的经济困境,其中包括住在富裕的纽约度假胜地汉普顿,以及从退休金账户中取钱出来为女儿办婚礼的悲惨故事。[6] 作为回应,作家埃莱纳·奥伦(Helaine Olen)这样描述这类"悲伤、破产的文学人士":"一位成功的、备受尊敬的白人男性作家站出来将他的经济困境广而告之,讲述一个拼命追赶上流社会,私下里却过得捉襟见肘的故事。不管作者含蓄或直率地表示,自己是在为我们所有人说话……但很多时候,这种叙述只是特权的一种伪装。"[7]

当然,这些评论者(和我)可能被看作小资产阶级的抱怨鬼。每天进出你所在城市众所周知的"穷门"(poor door,在不同收入群体混合居住的区域,为收入有限者单独设置的入口)是会受到精神伤害的。再一次,这种伤害被隐藏起来了,毕竟在类似旧金山这样两房公寓的租金中位数高达每月 4430 美元的高物价城市,那些经济条件优越的人对别人还有自己的状况,都清楚得很。

我从居住在扭曲的富裕阶级周围的中上阶层人士那里听来了很多故事,其中一个是这样的:在马里兰州郊区,一支中产阶级高中的校棒球队正与一支来自附近更富裕地区的队伍对阵。在相对不那么富裕的球队中,一位球员的母亲正高兴地为儿子和他的队友们加油,却听到了对方球队的"加油声",发声的既有成年人,也有孩子:"低收入!低收入!"然后就是,"你们的父母养得起你们吗?需要我们打电话给儿童保护机构吗?"这就是最富有的 1% 开的玩笑,而说这些话的人都还是孩子。

迈克尔·马莫特爵士(Sir Michael Marmot)从 1967 年开始对英国男性公务员开展的一系列"白厅研究"*进一步表明,收

---

* 白厅研究(Whitehall Studies)中的"白厅"是英国伦敦市内的一条街。它连接议会大厦和唐宁街,国防部、外交部、内政部、海军部等一些政府机关都设在这里,因此白厅常作为英国行政部门的代称。

入不平等有损身心健康，即使地位仅次于最高长官的行政官员也不例外。[8] 研究发现，身处上层阶级底端的人比他们的老板死亡率更高。当然，随着官阶下降，到了承受最大压力的底层员工，死亡率只会越来越高。但是，最上层与上层底端之间的鸿沟依然令人震惊。这样的鸿沟是社会全面不平等的产物。各类研究已经表明，即使工资水平在全美前10%的人如今都觉得自己被排除在了美国的权力与财富之外。其中，2014年的布鲁金斯报告（Brookings Report）发现，三分之一的美国人挣的钱刚够花，而其中三分之二的人都可以被视为经济条件良好。研究报告的作者将他们称为"挣的钱刚够花的富人"。这个群体拥有令人嫉妒的固定资产，例如房产和退休金账户，但依然认为自己经济困难。[9]

中上阶层家庭每天也在进行着加州大学伯克利分校（University of California, Berkeley）和芝加哥大学的经济学家所称的"涓滴*消费"——花钱聘请老师帮助他们的孩子与富裕阶级的孩子竞争。[10] 而富裕阶级为了让孩子在学业和运动方面具有竞争力，花钱更是毫不手软，例如，聘请数学老师的费用可以从每小时65美元至120美元，一直上升到每小时500美元。

这些情绪反应是收入不平等造成的，但压力和令人反感的攀比并不是神经质的特权阶级在庸人自扰。为什么？因为一系列作为中产阶级根基的专业领域正在凋零，比如法律。

---

* 经济学上的"涓滴理论"（trickle-down theory）认为，由富裕阶层或地区通过消费、就业等方面惠及贫困阶层或地区，可以带动其发展致富，而不必给予贫困阶层、弱势群体或贫困地区特别优待。

这几年来，我已经见过很多因未充分就业而惶恐不安的律师，还有程序员、专业图书馆员和人力资源工作者。当我问起为什么会陷入不稳定的经济状况时，他们都热切地想要回答，就好像一直在等待别人来倾听他们的心声。但矛盾的是，他们都希望保持匿名。我想也许是因为谈论自己为何选择了一条直线向上、竞争激烈的专业道路却无法顺利走下去，对他们来说也是一种耻辱。而且万一他们的事业有了起色，却有人从书上读到他们曾承认自己失败呢？

例如，我采访过一位在南加州的私人执业律师，他的主要工作领域是人身伤害案件和民事诉讼。这位 30 多岁的律师每天工作时间很长，但他和妻子却不得不为了节省租金而跟岳父母住在一起。他的移民父母急切盼望着抱孙子，但他说自己养不起孩子。他和妻子赚的钱不够，而他读法学院欠下的债务也没还清。

这样的故事随处可见。安斯莉·斯泰普尔顿（Ainsley Stapleton）是一名 40 岁的会计师，有三个孩子，住在弗吉尼亚州阿灵顿，她认为自己属于中产阶级。我第一次见她时，她的三个孩子都在上幼儿园或日托，她计算照顾他们的花费占了她税后收入的 87.6%。

"这让我有点想哭。"斯泰普尔顿在办公室给我打电话时这样说。过去，她曾和做公务员的丈夫讨论过应该他辞职还是她辞职，但他们都喜欢工作。

一年后，当我再次与斯泰普尔顿谈话时，情况有所改善。

然而，一些意想不到的，但从全国来看则很典型的压力仍然存在。由于两个孩子进了公立小学，只剩一个孩子在上日托，家庭总开支得以下降（她的第三个孩子在 2017 年 9 月进了幼儿园）。但现在，两个较大的孩子又需要额外的夏令营和课后托管费用。她大部分时候都不可能在下午 3 点前下班，暑期也基本不能放假。也就是说，如果她想正常工作，就得把孩子们送进夏令营或者日托中心。她抱怨说，北弗吉尼亚州的夏令营可不便宜。其实也有便宜一些的夏令营，但她估计均价可能也要 350 美元左右；她的孩子们参加的夏令营价格是每人每周 425 至 450 美元。除了这些不期而至的新支出，他们每年还要支出 2.1 万美元的儿童保育费用。

这些在家庭税后收入中占据较大比例的支出具有很大的地域差异。根据经济政策研究所为一个四口之家设定的基本预算门槛，2015 年，这样的家庭如果生活在华盛顿，需要挣够 106,493 美元；而在田纳西州的莫里斯敦（Morristown），则只需要 49,114 美元。经济政策研究所对 618 个美国社区进行调查之后还发现，在其中 500 个社区，拥有一个 4 岁孩子和一个 8 岁孩子的家庭所需要的儿童保育支出已经超过了当地的房租均价。[11]

从表面上看，斯泰普尔顿一家并非不幸福。他们有一栋按揭贷款的房子，天气好的周末会到公园里待上几个小时。但孩子们的童年和她在费城郊区度过的童年已经不一样了。那时，她的母亲在家全职照顾她，她甚至能去上私立学校；而现在，斯泰普尔顿清楚，这些额外的东西在他们家的能力范围之外。

外出度假也是如此。斯泰普尔顿是一名注册会计师,用她的话说,她"每天的工作就是帮别人算账",所以我对她无法随口说出具体的家庭开支感到奇怪。她坦言不想给自己算账,因为她无法正视那样的结果。

在与其他许多承认自己在经济上更为不稳定的中产阶级人士聊过之后,我在想,他们的失望、甚至是悲哀,在多大程度上要归咎于他们自己呢?这似乎既是个人问题,同时也涉及更重要的外部因素,例如年龄歧视。以密西西比州的律师安妮(Anne)为例,她直白地表示自己的生活"不算幸福"。59岁的她已经在一家专门从事税法业务的事务所工作了20多年。她说自己在2010年得了偏头痛,休了三个月病假,但后来就被雇主"赶了出去"。她在因慢性头痛而卧床不起的时间里,花光了所有积蓄。而在病假期间,她还要支付儿子的大学学费。后果是很严峻的。"到了这样的年纪,这样的生活跟我的期待可以说是天壤之别,"她告诉我,"六位数的工资和福利早就已经没有了。"接下来便是一些关于法学院和烦人的律所的尖刻嘲讽,这些话现在听上去已经很熟悉了(至少对我而言)。还有一位曼哈顿的女士,也在努力使自己看上去过得很好——有合适的地位,表现得跟同伴差不多。例如,其中一个办法就是在小处奢侈:"点一杯葡萄酒,而不是喝水;更频繁地刷信用卡染头发。"她又补充道:"我觉得自己是**贫穷的小资产阶级**。"

引言中介绍过的专业图书馆员米歇尔·贝尔蒙特,曾待在学校里攻读一个与其职业无关的硕士学位,只是因为这样可以推迟偿还学生贷款。当时是 2014 年，她刷美国运通卡偿还 VISA 卡，再刷万事达卡偿还美国运通卡。"我觉得我们很穷，但我们本该是中产阶级。"贝尔蒙特说。她试图弄明白这意味着什么，以及自己为什么无法在如今的市场上生存。她几乎无法负担儿子每周 245 美元的日托费用，那是她能找到的最便宜的。再一次，像其他不堪重负的父母们一样，她埋怨自己，而不是更广泛的社会体制。贝尔蒙特想："如果没有这些债务，我也许可以成为中上阶层？"她 18 岁的时候就有了信用卡，多年以来债务缠身，而且是在她看来不必要的债务。"这样做太蠢了。"她说。

我还与另一位经营着一家小企业，几乎要破产的母亲进行了谈话。她的孩子拿着近乎全额的奖学金，在一所私立学校读书（她要求匿名，似乎是为了保护孩子的身份）。她无法为女儿购买其他孩子拥有的基本物品，比如昂贵的校服毛衣。而且她有时会缺席家长会，因为会议一直安排在工作日；当她承担不起额外的保姆费用时，甚至连一些晚上的会议也无法参加。

"我告诉我的女儿，有些人很有钱却没有爱，有些人没有钱但充满了爱，"她说，"我被迫提早进行这样的谈话。但在富裕而不平等的地区，这必须尽早进行。你必须通过这种方式让孩子保持坚强和自信。"

这个母亲的话听起来像是沉痛的教训，但我发现，如果你的孩子在纽约长大，这几乎是不可避免的对话，因为那些富裕得不像话的人会时常出现在他们身边。这些极端情况也可以从数据上得到证明。正如加州大学伯克利分校的经济学家埃马纽埃尔·赛斯（Emmanuel Saez）所写的，2009年至2015年间，52%的实际收入增长都落入了最富有的1%的人手中。[12]机会平等计划发现，即使只是略微地纠正我们国家财富分配的不平等，也能帮助更多的孩子复制自己父母的成功。[13]

我还采访过佛罗里达州的一个被学生贷款困扰的中年专业人士家庭。罗伯特·马拉（Robert Mara）进入法学院的时候，以为自己接受的专业训练能够保证自己在稳定的中上阶层占有一席之地。从营利性的佛罗里达滨海法学院（Florida Coastal School of Law）毕业十年以后，他和在滨海法学院认识的妻子温迪（Wendy）有了两个孩子、一栋贷款买的房子，并取得了五个学位，其中三个是研究生学位。罗伯特在进法学院之前，曾在部队服过役，还从事过超市管理的工作。他的妻子现在50多岁，在代托纳比奇（Daytona Beach）附近经营自己的律师事务所。罗伯特与她共同工作过一段时间，但后来就厌倦了法律工作：他不喜欢奔波忙碌，而这个工作在经济方面也不符合他的期望。因此，他进入了第三个领域——金融，并把维持律所业务的艰辛留给了温迪。罗伯特在40岁出头的时候还领着一年3.6万美元的基础岗位工资。马拉夫妇还因为读大学背上了40万美元的债务。温迪说，他们永远也不可能还清，这让她想哭。

这些律师对于经济压力的抱怨本应属于个例，属于反证规律的例外，但事实并非如此。法律这个曾经很安稳的专业已经在走下坡路了。2008年经济衰退之后，律师事务所和公司减少了律师岗位。此外还有学生贷款的问题，2010年至2014年，法学院的学生贷款均值从9.5万美元上升到了大概11.2万美元。据明尼阿波利斯的律师兼作家马特·莱希特尔（Matt Leichter）所言，在某些州，法律行业的失业状况也在加剧：在阿拉斯加，56.7%的法律学位持有者没有做律师。[14] 与因法律小说家约翰·格里森姆*的作品而深入人心的南方勤劳律师形象相反，在田纳西州，只有53.6%的法律学位持有者在从事律师工作；在密苏里州是50.8%，在马里兰州是50.3%。与此同时，莱希特尔通过计算得出，除三个州外，其他地区（每万居民）都存在"多余的"律师。莱希特尔在经营一家网站，并给它起了个充满希望的名字：最后的X世代†美国人（The Last Gen X American）。他指出，这样可以"更好地利用我的时间，而不是整天听着车库摇滚‡玩俄罗斯方块"。

这种状况不符合我和其他许多人对法律专业的期望。一个多世纪以来，"律师"不仅意味着"权势集团"，也是保障的代名词。例如，在20世纪70年代的畅销书《复制娇妻》（*The Stepford Wives*）中，家庭主妇乔安娜（Joanna）嫁给了沃尔特

---

* 约翰·格里森姆（John Grisham），美国畅销书作家，作品以法律惊险小说为主，代表作有《失控的陪审团》《鹈鹕案卷》等。

† X世代（Generation X）是美国世俗文化对特定的一代人所使用的名称，指出生在婴儿潮世代（baby boomers）和千禧世代（Millennials）之间的一代人。对于其出生年份没有清晰的界限，大概在20世纪60年代早期到20世纪80年代早期。

‡ 车库摇滚（Garage rock）是早期摇滚乐的一种风格，其创作未经太多的加工和修饰，充满激情和活力，简单粗糙却更显纯粹，20世纪60年代开始风靡美国和加拿大。

（Walter），一个极度"无聊的律师"，并且住在郊区。这就是当时的律师形象——一个从事沉闷但是安全可靠、可以预测、报酬丰厚的工作的人，一个像《复制娇妻》的作者艾拉·雷文（Ira Levin）和菲利普·罗斯（Philip Roth）这样的文学人士很可能不会喜欢的人。而现在，将律师视为乏味而可靠的摇钱树的观念已经过时了。

据《纽约时报》报道，在毕业十个月之后，2014届法学院毕业生中只有60%找到了具有长期发展前景的全职工作。数据显示，律师事务所和政府机构的招聘人数出现了下降。[15] 跟本书提到过的其他一些中产阶级职业情况相似，成千上万法学院近期的毕业生正好撞上了这次衰退。更何况，仅仅是接受法律教育就已经让律师们负债累累——不堪重负的美国通常也是负债累累的美国。在过去的十年中，由学费产生的债务已经翻了四倍。自1978年以来，大学学费已上涨超过1000%，美国大学生的欠债总额已经超过了1.3万亿美元。更有甚者，负债的不仅仅是大学生自己，他们的父母也承担了债务。[16]

仿佛是一种巧合，不断上升的债务水平和越来越渺茫的机会，是与高等教育的大众化（研究生教育的程度相对较轻）同时发生的。但这一矛盾在我看来并非偶然。

这些成了"文凭工厂"的营利性高校让我想起了迪迪埃·埃里蓬（Didier Eribon）在2009年出版的回忆录《回到兰斯》（*Returning to Reims*）中的洞见。身为一个在法国巴黎之外的贫穷人家长大的孩子，埃里蓬本来不太可能去上大学，更不用说成为知名的学者了。但他聪明而又雄心勃勃,用他自己的话说,就像其他"来自不那么优越的阶级"的年轻人一样,没有认识到教育机构的"等级性"。这些有抱负的年轻人,埃里蓬写道,进入了可能对他们几乎毫无实际用处的高等院校。他们进入相关专业,相信"他们获得了过去无法获得的机会,然而事实上,这些机会一旦由他们获得,就变得几乎毫无意义了。因为体制升级了,重要而有价值的领域转移到了其他地方"。[17] 换句话说,这些法国劳工阶层和中下阶层的学生像他们的美国同伴一样,进入了对他们没什么用处的研究生院或法学院,而他们的富裕同学却进入了能真正对自己有所助益的学校。这种现象并不是偶然的。富裕家庭出身的人更明白教育是一种策略。他们知道不应该去读一所声名狼藉的学校,他们也绝对不会选择一个已经进入下坡路的专业领域。在此,埃里蓬点出了一个在我看来非常真实和可怕的现象——过去由男性主宰的行业如果开始充满女性的身影,它的吸引力就下降了。一旦开始女性化,这个行业的薪酬就会停滞不前。

对于那些不具备专有社会信息的人群来说,这个体制还以另一种方式操纵他们。最好的、最值得选择的学校或工作是处于变化之中的,研究生们需要知道下一步的最佳选择是什么,而这要依赖社会资本的竞争。那些无法获得这类信息的人将会满盘皆输。

在就读营利性的佛罗里达滨海法学院时,罗伯特·马拉就体会到了对于不同专业及其职业发展前景缺乏了解所带来的影响。"法律行业的工作机会紧缺,现实非常残酷,"他告诉我,"特别是在你不是班上顶尖的学生,或者上的法学院不对的情况下。现在律师实在是太多了,我上的法学院就是一家文凭工厂。"马拉描述了人头攒动的课堂,还有以非常低的 LSAT* 分数入学的学生。他们就是未来"多余的律师"中的一分子,前途不受自己掌握。

50 岁的基基·格罗斯曼(Kiki Grossman)以前在一家会计师事务所从事行政工作,然后在奔四的年龄进入了佛罗里达滨海法学院,她的经历也证实了这一点。法律行业的工作机会短缺,使她至今无车无房,跟丈夫一起住在她母亲的家里。2014年,她仍然深陷学生贷款的泥潭,结果又遭遇失业,于是依据《美国破产法》(Bankruptcy Code)第 13 章申请了个人破产†。(2017 年,她找到了一份新工作,在瓦伦西亚学院和平与司法研究所[Valencia College Peace and Justice Institute]的法学教育行动项目[Legal Education Action Project]做协调员。学生贷款仍然困扰着她。)然而,格罗斯曼并没有将自己的不幸归咎于营利性的法学院。她在给我的电邮中写道,法律行业的"形势"变化了,"这不是法学院的错"。

---

* LSAT(Law School Admission Test),法学院入学考试,由美国法学院入学委员会(Law School Admission Council)负责主办。几乎所有的北美法学院都要求申请人参加 LSAT 考试。

† 《美国破产法》第 13 章允许有正常收入的个人提出破产,以在一定时期内保全个人财产并延期清偿债务,通常为三至五年。

"我觉得学校做得不好的地方在于财务咨询。"格罗斯曼说。她当时不知道自己可以申请联邦贷款,包括生活费贷款。"摆在我面前的唯一选择就是私人贷款。"

在所有法学院中,格罗斯曼的学校是LSAT中位分数最低的学校之一,只有144分,那里的学费高达46,068美元,在本书撰写之时,该校毕业生从事律师工作的比例也非常低,只有61.9%。她猜测那里的学生很多都无法通过律师资格考试。法学高等教育评论家保罗·坎波斯(Paul Campos)在《大西洋月刊》中这样评论滨海法学院:"这些学生何以落入比断供的房主更为不堪的境地,原因是很明显的。"[18]

这里每一个关于受挫律师的"法律案例"看上去似乎都只是八卦轶事,或者甚至更糟,是那些把个人责任推给社会的受害群体编造出来的。**我失败了都是国家的错!**但是在深入研究之后,我发现,根据法律新闻网站"法律之上"(Above the Law)的编辑乔·帕特里斯(Joe Patrice)的看法,律师的收入可能确实只有2008年以前的四分之一。"如果不是一开始就因为上学欠了债,这也还能算得上是一份体面的工资,"帕特里斯若有所思地说,"何况他们的薪水也陷入停滞了。"

当然,其中一个问题在于,法律行业没有工会。帕特里斯指出,这是一个高度个人化的职业。正如其他许多中产阶级职业和劳工阶级工作一样,缺乏团结也会带来损失。此外,法律行业也在面对不断逼近的自动化的威胁,助理律师和法律助理的工作岗位将来被电脑取代的概率高达94%。

和前文提到的艰难度日的学术界人士一样，律师的困境让我们看得更清楚，即使追求的是一些最"受人尊敬的"职业，也可能面临事业发展停滞的前景，成为不稳定的中产阶级的一员。

我们可以责怪那些未能充分就业的律师，但我们也能看到，他们成了美国统治阶级和被统治阶级的最新分界线。正如社会学家埃里蓬所言，特权阶级和非特权阶级之间的关系是通过改变位置而不断再复制的。这就是为什么在某些职业或学校中，例如法律，所谓的"大众化"实际上只是用一种新的权力划分方式取代了原来的划分。不平等的表现形式变得更为精妙。埃里蓬认为，正是这种不易察觉的取代过程，使不平等的体系得以岿然不动。

这种现象也引起了推动法学院"改革与透明"的活动家凯尔·麦肯蒂（Kyle McEntee）等人的愤慨。麦肯蒂是一位30岁出头的法学院毕业生，也是一家叫作"法学院透明化"（Law School Transparency）的非营利机构的联合创始人。他认为自己为律师的复杂困境找到了新的还击手段。"读法学院是一个非常非常不幸的选择。"他在我们初次谈话的一开始就这样说。法学院并不总会披露就业和工资的全面信息。一些就业数据是美国律师协会（American Bar Association）要求提供的，虽然部分学校会主动提供要求之外的就业和工资信息，但很多学校都不会这样做。最重要的是，虽然最便宜的法学院每年费用刚过1万美元，但绝大多数法学院的学费都在4万美元以上。[19]"法学院透明化"的官方使命是提供信息、帮助人们做出明智的决定,可以说是对消费者的一种保护。麦肯蒂说,他设法提高准备进入法学院的学生的经济自主权,这样他们会更明白未来需要面对什么。未来的学生至少应该把他们的学费谈得低一些,麦肯蒂声称自己就是这样做的,并且拿到他所说的"学费折扣"的可能性其实很大。这些都是"法学院透明化"项目的一部分,旨在让法学院认识到,他们招收和录取的学生很有可能因为学生贷款而负债终生。

为了推进这个项目,麦肯蒂在2016年帮助俄亥俄州立大学(Ohio State University)法学教授德博拉·梅里特(Deborah Merritt)进行了一项研究。研究发现,虽然女性已经几乎占到了全美法学院学生人数的一半(鉴于这个专业过去是由男性主宰的),但是女性进入排名较低的法学院的可能性依然高于男性,因此也就更加难以获得可持续的、高薪的法律工作。这项研究有了一个尖锐的名字:"女性进入法律行业的'管漏现象'"*(The Leaky Pipeline for Women Entering the Legal Profession)。[20]

虽然麦肯蒂可能是法律界的一个异类,但他的行动正在打破错误的观念。他试图重塑法学院,甚至是"律师"的形象。这种观念上的转变可以进一步拓展,引发我们对高等教育本身作用的思考,毕竟越来越多的人已经开始质疑其投入产出比。

---

* 管漏现象(leaky pipeline)是指女性人才在专业性较强的领域(尤其是科技领域),在各种社会因素的作用之下,随着时间而不断流失的现象。

一个相关的解决方案是将法学院的学制从标准的三年缩短为两年（奥巴马总统也提出过这一建议），并且将训练集中在更为实用的方面，例如合同。

麦肯蒂为自己在法学院的经历感到愤怒。从那里毕业后，他买不起房，并且认为自己结不起婚、养不起孩子。事实上，他的学生贷款使他推迟了各种各样的决定。"法学院把我们吃得只剩骨头。"几年前我第一次联系他时，他这样说，"我们本该成为带领国家前进的领导者，所谓的成功人士，但事实是我在吃拉面。"（2017年，他表示仍然很难买房，但随后就不愿意再谈论自己的个人情况了。）法学院曾经意味着通往权力之路，现在对于一些人来说依然如此，但如果你去了"错的"法学院，或者去了"错的"州生活和工作，这条路就行不通了。对于白领女巫来说，用一个学位和在该领域的多年辛劳混合熬制的汤剂，再也无法沸腾起泡，变出传统意义上的成功和地位了。那些相信这一切的人现在可能要为童话的破碎而痛心了。

毫不意外的是，对于心怀不满甚至厌恶的律师来说，还有另一个解决方案：自助与专业咨询。旧金山的律师可以从一家名字带有讽刺式希望的机构"离开法律"（Leave Law Behind）获得心理辅导。"有一种更加简单，不那么痛苦，不那么有压力，回报更丰厚的赚钱方式。"该机构的网站宣称。"离开法律"机构的凯西·伯曼（Casey Berman）40多岁，曾经是律师，告诉我他认为自己的使命是"激励"破产或（和）严重受挫的前律师在生活中找些别的事情做。

一个基本的事实是，和本书中其他在夹缝中生存的家庭一样，和所有社会群体一样，眼前的这些中上阶层正在努力再生产自己的地位。从马克思开始发展的关于社会阶层的理论认为，人们一生都在试图为孩子复制自己的社会地位，并巩固自己的阶级遗产。然而，社会阶级是很容易下跌的，尤其是今天。

正如记者蒂姆·诺厄（Tim Noah）所言，在美国，最上层的10%"还算富有"，最上层的1%是"富有"，而0.1%则是"富贵熏天"。[21]作为社会上一个微小的群体，最上层的0.1%获得的辉煌成功只表明当今的社会体制使中产阶级——甚至是属于最上层的10%的中上阶层——处处受困，停滞不前，却又无能为力。我采访的那些"多余的律师"无法在孩子的身上复制自己的社会阶级地位；而那些生活在最富裕的城市、摆脱不了危机感的中上阶层，虽然身处富得流油的环境，却在诸如买房之类的事情上屡屡受挫。

有些人认为，职业和阶级认同可能只是游戏。但它们是我们无法获胜，或者无法保证获胜的游戏，至少现在和以后都是如此。科技公司的气象分析师肖恩·坦纳想要放弃这个游戏。他渴望逃离主宰他的生活、给他巨大压力的中上阶层身份及社区。也许做个极简主义者？搬到森林里去？像他说的那样"靠天吃饭"？我也有这样的愿望。我也怀念过去的纽约、旧金山和洛杉矶，那时这些地方更左派、更波希米亚，还没有被最上层的1%占据，那时这些地方还是知识分子的避风港。但我要怎么做才能离开我的繁华都市？毕竟，矛盾的是，只有像纽约这样的城市才能提供科技、媒体和法律的工作岗位。从事这些中产阶级典型职业的机会,在东西海岸之外的地方已经很渺茫了。

正因如此,一小部分美国人被卡在了中间,努力让别人,也让自己,觉得自己看上去很好。至少,只要我们还能做得到。

第5章

保姆的挣扎

布兰卡（Blanca）在充满金属气息的机场大厅等着吉多（Guido）。他什么时候才到呢？一个小时过去了。又是一个小时。布兰卡三次跑到到达信息显示屏前，一条一条地看着航班信息。她反复查看手机短信。她的儿子到了吗？她用西班牙语给她最好的朋友格洛丽亚（Gloria）发了一条短信，正是她陪着吉多从巴拉圭坐14个小时飞机过来的。没有回复。

布兰卡只能等待，但她已经习惯了。如今，距离她在巴拉圭和吉多一起生活的日子已经过去十年，吉多已经11岁了。离开他的时候，布兰卡才30出头。从那时起，她就来到美国当保姆，挣钱寄回家给她的儿子和年迈的母亲。那时吉多还很小，就像她在曼哈顿照顾的那个胖嘟嘟的、一双腿像藕节一样的小宝宝。

"Estoy nerviosa。"布兰卡说。**我很紧张**。终于，一条短信打破了这种紧张。他们降落了。"也就是说他们在入境处。很近了，非常近了。"布兰卡说。

布兰卡不是唯一一个因为工作和孩子相隔地球两端的母亲。学者们把这种现象称为"全球保育链"（global care chain）。[1] 链条的另一端是一位发达国家的女性——她要工作，无法全职照顾自己的孩子，于是从海外雇用了一名低薪的保姆，然后，这些移民保姆又以更低的薪酬在她们的家乡请人照顾孩子。从发达国家到发展中国家，女性的劳动价值顺着链条逐级递减。整个链条的运行建立在把挣钱养家的人和他们的家人分开的基础上。研究洛杉矶拉丁裔移民群体的大学研究人员估计，24%的钟点工和82%的住家保姆都没有把孩子带在身边。与之前讲述的各类在夹缝中生存的父母相比，布兰卡的处境更为隐蔽。与那些无奈将孩子送进极限日托的父母，或者为了他们而过度工作的日托服务人员不同，无论作为父母还是日托服务人员，布兰卡**都**是最不堪重负的，以至于她不得不把自己的儿子留在家乡，在长达十年的时间里缺席了他的成长。

如今布兰卡还需要做出另一个艰难的选择：是否为了要把儿子带在身边，就让他放弃巴拉圭的中产阶级生活，在美国成为贫穷的劳工一族。

并非一直以来都只有这唯一的选择。哥伦比亚大学历史学家、《劳动不息的女性》（*Women Have Always Worked*）一书的作者艾丽丝·凯斯勒-哈里斯（Alice Kessler-Harris）表示，在上个世纪之交，以及20世纪的几个不同时期，美国确实是一片充满机会的热土。移民向来艰难，但也可以成为通往成功之路。

而现在，凯斯勒-哈里斯说，美国的社会流动性低于大多数工业化国家。据研究，在美国实现向上的社会流动可能跟在英国一样困难，而英国以社会阶级结构森严著称。当然，这跟我们的直觉不符。我们一直以为美国是一个灵活流动的社会，尤其是从 20 世纪 50 年代开始，薪资水平普遍上升。但如今，工资几乎不再增长，像布兰卡这样试图以一份收入来养活孩子的劳动者可能会陷入困境，凯斯勒-哈里斯说，因为两份收入是今天中产阶级实现成功的必备条件。

美国社会流动性的缺乏，在密西西比河三角洲体现得淋漓尽致。[2] 从数据上看，那里的社会流动性在整个发达国家中都是最低的（当然，因为密西西比州拥有全美比例最高的黑人公民，人们也可以说这种流动性的缺乏并不完全是出于经济原因，还有种族歧视的加成）。那些可以被归为劳工阶级或中下阶层的儿童，向上攀升进入最上层五分之一的可能性已经显著下降了。正如政治理论家迈克尔·哈林顿（Michael Harrington）说的，只是生错了家庭，或者生"错"了种族，穷人就依然是穷人，因为向上流动的期待和可能性在更多情况下都属于白人。[3] 但在中产阶级这个美国最大的劳动者群体眼中，停滞不前就意味着巨大损失，意味着我们失去了曾在父母的生活中看到的流动性和灵活性。这种流动性在很大程度上是"美国"二字背后的承诺，失去它就仿佛受到了一种深刻的背叛。

在她的祖国巴拉圭，布兰卡是亚松森（Asunción）的一名护士，但在这里，阶级的门槛将她排除在外了。而如果布兰卡这样的合法公民都过得如此艰难，就更不用说那些非法移民了。

为了给自己和儿子创造更好的机会，布兰卡工作很努力。她渴望进入中产阶级，而做到这一点很难。布兰卡的故事跟获得有关。在许多事项中，作为中产阶级意味着能够获得某些商品和服务。这不仅意味着你能买得起房子和车子，这种状态更加细碎，与各种精细化的知识和信息有关：中产阶级知道在哪里买食物或找房子，送孩子上什么学校，在哪里获得医疗服务、儿童保育服务、职业咨询或培训，诸如此类。而最重要的是，阶级地位意味着你能意识到要开始了解这些事情。这就再次回到了"文化资本"（cultural capital）这个话题。

说到"文化资本"，我想起了读研究生时我最喜欢的理论家，皮埃尔·布尔迪厄（Pierre Bourdieu）。布尔迪厄的理论认为，资本超越了经济的范畴，还包括资历、技能和品位。经济资本是可以转化的，拥有它就可以通过教育增加文化资本。反过来，如果你拥有文化资本，也可以通过合适的社会关系将其转化为更多的经济资本。一些文化资本很容易为人所见，例如你收藏的老式黑胶唱片、衣橱里的十个路易威登包包、开的丰田普锐斯；文化资本也体现在硕博学位，或者像布兰卡的例子，体现在你能够为自己的孩子选择并让他进入一所"好"学校。凯斯勒-哈里斯表示，对于布兰卡这样的人，文化资本已经不像20世纪10年代或20世纪50年代那样容易获得了。"如果布兰卡是在20世纪50年代移民过来，她的儿子可能会有更好的条件，"她指出，"那时大家对公立学校更有信心，一个孩子会比自己的移民父母享有更大的流动性。他可以通过打工供自己上完大学,给予父母帮助和支持。"

更有甚者,相比 20 世纪 50 年代和 20 世纪 60 年代,旧金山和纽约及其周边郊区如今已基本处于阶级隔离状态。

布兰卡的故事展现了渴望进入中产阶级的人所面临的重重障碍,以及体制在相应的服务和支持方面的空白。她的故事也不可避免地展现了阶级特权是无处不在的。

我们看到了因怀孕或养育婴儿而不堪重负的父母,也了解了父母的工作时间如何挤压他们与孩子相处的时间,以及日托服务费用如何迫使他们更长时间、更努力地工作。而通过布兰卡,我们可以看到,想要复制历史上的中产阶级——那些努力工作、向上流动的中产阶级移民,这一想法无论在文化上还是经济上都已难以成功了。这些父母已经很难实现进入中产阶级的美国梦了。

在纽约这个富贵繁华地,满眼都是玻璃幕墙的摩天大楼和色彩斑斓的商店,而布兰卡就居住在这个城市的阴暗角落里。她当时薪水微薄,每年实际所得只有 3 万美元,还要自己支付医疗保险。她把自己当保姆挣来的大部分钱,以及周末给人打扫卫生挣的大概每天 100 美元,都通过西联汇款(Western Union)寄回家里。

"赚钱养家让我感到快乐,"布兰卡在一个寒冷冬夜下班后告诉我,"我永远都想着我的儿子、我的父亲、我的母亲,不会考虑自己。"虽然布兰卡睡在一间只有两扇小窗户的冰冷公寓,只要一失业就会立刻陷入贫困，但她能够让儿子在巴拉圭上每月 200 美元的私立学校。她渴望把吉多抱在怀里，但她所做的是供他去上游泳课，而这正是地位优越的标志。她把钱寄回家，让母亲买音乐会的门票，并陪她的儿子去游泳池。

　　社会活动人士正在努力提升公众对于家政劳动的认识，但像布兰卡这样的女性依然被忽视，尽管她们在争取更高的薪酬，尽管她们是美国经济增长最快的一个部分的主要参与者。美国有数百万保姆，但因为移民身份，他们可能谨慎地生活在人们的关注之外。劳工统计局的数据显示，2011 年全美受雇的儿童保育工作者共有 126 万 600 名，但有 820 万 5 岁以下的儿童是由父母之外的人照顾的，例如朋友、家人，或者启智计划*。[4] 显然，很多儿童保育工作者是没有被记录在案的。这个快速发展的行业把布兰卡每天都在与之搏斗的境况推到了一个显著的位置：如果美国需要越来越多的保姆，就会有越来越多的家庭，越来越多的父母和孩子分隔千里，这会带来什么样的后果呢？

　　布兰卡在巴拉圭的时候没有经历过这样的家庭分离。在那里，她的家庭和许多人的生活密切交织在一起。然而，家乡的那种亲密关系是因为要共克难关才建立起来的。布兰卡的成长环境非常贫穷，她 9 岁才收到第一份圣诞礼物，多年来一直自己用玉米皮做娃娃，因为没人能给她买一个。

---

*　启智计划（Head Start programs）是美国卫生与人类服务部（U. S. Department of Health and Human Services）针对低收入家庭的低龄儿童提供的涉及教育、医疗、营养和家长指导的综合性援助项目。

晚上，母亲会让她和弟弟躺在床上，等着她给他们找吃的。这是一无所有的母亲想出的"诡计"——在等待并不存在的食物的过程中，他们就睡着了。从 8 岁起，布兰卡就开始帮助母亲完成工作，给其他人家打扫或做饭。成年之后，她坠入爱河，然后生下了吉多。当她发现吉多的父亲出轨之后，便离开了他。

成为单身母亲之后，布兰卡意识到她需要用在医院当护士的工资来养活儿子和母亲（据她描述，吉多的父亲在儿子的生活中不常出现）。这是不可能的。布兰卡说，在公立医院，护士要做所有的事情，有时连热水和电灯都没有，收入却很低。生活难以为继，布兰卡便到迈阿密找了一份保姆的工作。雇主不给她放假，支付的薪水也极低。用家政服务行业的术语来说，她是"住家"保姆。"我像牲口一样地工作，在迈阿密带三个孩子，做饭、熨衣服、打扫卫生、收拾房屋。"布兰卡说。后来她又搬到了纽约，在那里找到了时薪 15 美元的保姆工作，获得了公民身份，并且多找了一份周末打扫房屋的工作，这样可以多挣一点儿。

2014 年的冬天，我在纽约采访了许多像布兰卡这样的保育工作者。其中一位是在肯尼亚长大的埃丝特·西米尤（Esther Simiyu），她当天晚上还要到曼哈顿的上东区，在孩子母亲睡觉时照顾一个新生儿一整晚。2014 年，埃丝特的丈夫带着他们 15 岁的女儿和 11 岁的儿子住在内罗毕（Nairobi）。她是在九年前持学生签证来到美国，这是她第一次离开他们。她最初的几个月都在哭泣、睡不着觉。埃丝特的工作是婴儿护士和睡眠训练师，时薪 20 至 25 美元，这让她可以供得起孩子们在肯尼亚上寄宿学校。"现在我的女儿到青春期了。我们用 Skype 聊天，她说：'妈妈，我想问你一个问题。'我想给她一个拥抱，但我做不到。"分离对于母女俩来说是痛苦的。"但我这样做很重要。"埃丝特说着，拍了一下桌子。她的薪水养着家里的八口人，包括她的两个孩子。她寄回家的支票金额时有不同，有时高达 1000 美元。她也会到曼哈顿的时代广场或者布朗克斯的福德姆路（Fordham Road）给他们买礼物。丈夫也在工作，她说，但是不知何故，正如许多类似的讲述中提到的，压力还是落在了她这个母亲的肩上。

对于这些新来的保育人员，让孩子跟自己一起留在这座城市需要克服严峻的经济困难。根据 2012 年的一项研究，70% 参与调查的家政服务人员时薪低于 13 美元。[5] 即使获得了合理的薪酬，儿童保育费用也让他们不可能把孩子带在身边。[6]

白玛（Pema）是一位来自中国西藏、在曼哈顿工作的保姆，2014 年 4 月，因为无法承担在纽约的日托费用，她正准备把 2 岁的儿子送回家乡去。白玛说，作为一名保姆，她经常需要上午 8 点到岗上班，而她儿子上的日托也是上午 8 点才开始接收孩子。

"安排时间太难了。"白玛告诉我。她的困境来自另一种人们还没有充分意识到的阶级特权：雇主有权决定雇员的家庭生活方式，而保姆的孩子通常被视为潜在的累赘。有孩子的保姆在灵活性上不如没有孩子的保姆。保姆市场上的这种歧视，跟

第一章提到的企业对孕妇的不耐烦一样充满恶意。"如果告诉他们自己有孩子,大多数本来可能想雇用我的妈妈就会转头选择没有孩子的保姆。"白玛说。[7]

在吉多 9 岁的时候,布兰卡曾尝试带他来纽约,但是他非常不喜欢这里的生活,所以最终还是回老家了。布兰卡为了工作经常到处奔波,她不在家时,就只好让他跟朋友待在一起。吉多也不喜欢上学,别的孩子会取笑他。他想念外婆,毕竟外婆才是抚养他长大的人。布兰卡的工作安排也让她无法跟儿子一起共度时光。吉多回到巴拉圭后,他和布兰卡开始频繁地通电话,有时一天能打十个电话。

2013 年 12 月底,我遇到布兰卡的时候,正是吉多到来之前的两个多月。那时她正在照顾雇主 19 个月大的孩子。看得出来她很喜欢他。小孩坐在他的 UPPAbaby 婴儿车*里,一边吃着橙色盒子里的小金鱼(Goldfish)饼干,一边玩着手里的棒冰棍。每隔一会儿他就会说"我好热"或者"水",并从他的鸭嘴杯中喝水。

布兰卡喜欢这个孩子。她为他学会说话欢呼,给他唱《你是我的阳光》(*You are My Sunshine*),只要别人表现出哪怕很轻微的兴趣,她就会骄傲地展示他在雪地里玩耍的照片。

---

* 婴儿车中的中高档品牌,颇受上层人士和社会名流的青睐,被戏称为"婴儿车中的劳斯莱斯"。价格在 600 美元至 900 美元左右。——编者注

"赚钱很难，而且我总是在照顾婴儿，"布兰卡告诉我，"也许是因为儿子不在身边。我照顾孩子，是因为我想他。我错过了他的童年。"

30年前，做保姆的大多数是加勒比地区的女性。她们自己的孩子有个绰号叫作"包裹儿童"（barrel children），因为他们不时收到巨大的包裹，里面装满了来自跨国妈妈的礼物和衣服。保姆研究著作《抚养布鲁克林》（Raising Brooklyn）的作者、社会学家塔玛拉·莫斯·布朗（Tamara Mose Brown）说，如今越来越多的保姆来自拉丁美洲或者菲律宾等地区。当我在布鲁克林的一家中国藏式餐厅与布朗会面时，她告诉我，保姆们有时会将收入的60%寄给家人。这些汇款不仅为家人提供了重要支持，也稳定了本国的经济。布朗指出："这些钱给孩子们提供了学费和更好的食物，也促进了物质商品的消费。"

但是，当这些家庭渴望团圆的时候，情况又会如何呢？美国每年收到的移民申请和颁发的签证，大部分都是出于人们与孩子、配偶或父母团聚的诉求。为父母已成为美国公民的儿童颁发签证是没有配额限制的。理论上，这些孩子的签证申请可以很快批下来。但事实上，大量的申请积压令处理过程变得非常漫长。鉴于特朗普政府的反移民立场，形势变得更为严峻。特朗普政府甚至将那些以为自己是美国公民的海外被领养者驱逐出境，而这通常是虚假材料惹的祸。如果唐纳德·特朗普继续掌权，这种令人震惊的做法可能会变得更为普遍。这一困境暴露了全球化的一个主要矛盾，也就是全球劳动力相互关联的方式。一些持反移民立场的富人的态度，在特朗普时代表现得更为明显：他们可能很乐意让移民劳工给他们做家务、带孩子，但是让这些劳工的家人到美国来生活，那是**绝对不可以的**。

一旦来到这里，这些劳工可能也就失去了帮助他们照顾孩子的公共或家庭支持。在家乡，国家缺失的服务自有家庭顶上。正如来自肯尼亚的婴儿护士埃丝特所说："我来自集体主义的文化，而你们这些人（美国人）都是个人主义者。我挣钱养活我姨妈，供家里所有的大学生上学。"而反过来，这些亲戚会在她不在时悉心照顾她的孩子们。

出于个人原因，布兰卡和埃丝特的挣扎让我感到不安。我是努力奋斗的波兰移民和俄罗斯移民的后裔，我的祖父母和外祖父母来到美国时都年纪轻轻，还不会说英语。他们忍痛告别家人，有的甚至只有十几岁，因为他们（正确地）相信，努力工作能够带来阶级的提升，他们会成为美国中产阶级，而他们的孩子当然也会实现他们最大的期望。这样的理想再也实现不了了。我的祖父母曾经历尽艰辛，他们遇到过一些如今已不复存在的障碍，或者说这些阻碍存在的形式已经不同了。例如，我的祖母虽然英语学得很好，却找不到一份教师工作，因为她说话带着波兰口音。尽管如此，我的祖父母似乎还是全心相信机会就在前方。如今，像布兰卡这样的人不再像这般确信，究竟是什么发生了变化呢？

布兰卡和许多像她一样的女性丢下自己的孩子，远渡重洋来照顾美国中产阶级的孩子。这些孩子的父母有时自己也不堪重负。她们让我们看到了一种全新的美国父母。至少在过去150年里,来自劳工阶级或移民的新生力量不断进入中产阶级,使这一群体焕发出新的活力。但许多指标显示,像布兰卡这样的底层人士想要进入中产阶级越来越困难。如果美国中产阶级继续保持这么低迷的更新率(如果确实还有更新的话),是无法存续下去的。

布兰卡在巴拉圭时曾是一名护士,拥有研究生学位,但这一资质在美国不被承认。布兰卡所在的社会阶级链条中存在一些漏洞,像她这样的移民经常陷入其中。为了进入美国中产阶级,布兰卡必须做出一些努力,比如成为护士,但她要参加必要的培训才能获得相应资格。然而,这些培训于她遥不可及,因为她负担不起。她没有时间去上课,英语也不够好,所以只能继续出卖劳力以维持生计。

布兰卡的情况表明,移民如今正面临一个他们在20世纪50年代无须担心的问题——进入任何类型的高等教育机构都可能带来巨额债务。相比之下,20世纪初时,我的祖父母可以在纽约市立学院(The City College of New York)之类的地方获得大量免费或价格合理的高等教育资源。我的一位祖父就是在纽约市立学院上了夜校。纽约市立学院在当时被称为"无产阶级的哈佛",被新教精英大学拒之门外的犹太移民学生只需花很少的钱就能在那里接受教育。

当然,中产阶级的存续和不断开创,是通过打破阶级链条实现的。许多移民年纪轻轻就独自离开祖国,而留在家里的父母和兄弟姐妹则继续承受饥饿和失业之苦，甚至受到侵扰、杀害。移民们需要大家族成员或者邻里间的社会网络来填补在美国本土建立的新家庭的成员空白。但是现在，最有可能给布兰卡这样渴望进入中产阶级的劳工阶级移民提供帮助的人不太容易进入美国，即使他们进来了，很有可能也无法留下来。

新移民父母在美国并非一直因受困于移民身份而无法上升。我的移民祖父母在布朗克斯开了一家小鞋店，我小时候就在鞋店的地板上玩鞋油、鞋拔子和鞋撑。我十几岁时，奶奶在纽约下东区给帽子装羽毛。21世纪初的东村（East Village），处处都能听见上千家专卖店和精品店的票据打印机发出的蜂鸣声。在我心里，20世纪初此地那些工作室的画面像幽灵一般挥之不去。我想起我的母亲靠在百货公司打工上完了大学，而我在进步主义学校*成为一朵奇葩，因为她下定决心，要让我的生活充满诗歌朗诵和五彩缤纷的算术木块（据说叫作古氏积木［Cuisenaire rods］）。这是第一代移民实现的转型，如今变得更难以实现了。

在不平等现象以及美国家庭何以承受如此重压的问题上，移民也占有一席之地。事实上，移民身份通常会限制你的流动，对于非法移民——或者甚至是新入籍的美国公民——现实可能更为不堪。情况并非一直如此。正如凯斯勒-哈里斯告诉我的：

---

* 指遵循进步主义教育（progressive education）方式的学校。进步主义教育是20世纪初流行于美国的一种教育运动，对当时已沦为形式主义的教育提出了反对，主张以学生为中心、以实际生活经验为主、注重学生的全方位发展、视学生为独立的个体。——编者注

"身为移民,我受益于 20 世纪 50 年代的教育扩张和当时大量的就业机会。人们对公立教育系统很有信心。只要你接受了教育,就可以向上流动。这是可以实现的。在 1910 年,如果你到美国当保姆,也许会找到一个男性伴侣,和他一起提升自己的阶级。但现在再也不可能了,甚至连父母双全的双薪家庭都做不到了。"

凯斯勒-哈里斯逐一说明了为何这个国家的许多人不再能实现美国梦,这与移民群体过去的经历有何不同,以及为何通往中产阶级的道路再也走不通了。其中一个原因是移民本身变得越发困难:2017 年对于想要移民美国的人来说是残酷的一年,超过 100 万份出于家庭原因的移民申请处于积压之中,其中一些已经拖延了好几年。[8]（在特朗普执政时期,这个数字必然只会持续增长。）此外,并非每个雇主都会正视员工所面临的艰难障碍。"我的老板现在非常好——她会问:'吉多怎么样啊?你这一周过得如何啊?'"在特朗普竞选总统之前,布兰卡是这样和我说的。在他参选之后,她的话就变成了:"有些人并不在意吉多的死活。"她的话现在变成了现实。

为了让雇主对像布兰卡这样的劳动者给予更多的关注,一些人做出了新的努力。手拉手（Hand in Hand）组织致力于改善家政服务人员的工作条件,办法包括制定薪酬和休假标准,以及帮助雇主了解他们请进家门的保姆的生活。例如,不要拖延薪酬发放,因为他们的雇员要把钱寄回家给孩子,孩子们可能正等着这笔钱来购买课本。除了对雇主的指导,手拉手组织还鼓励保姆在工作期间小小地享受一把,比如在雇主的厨房里给自己做一顿午餐。该组织的一位拥护者盖尔·基尔申鲍姆（Gayle Kirschenbaum）告诉我，她一开始是个"困惑的保姆雇主——我没有足够的能力做一名理想的雇主"。她还补充说，对于保育人员，他们的"家也是一种工作场所"。

当我 2014 年 1 月再次见到布兰卡时，她认为她和儿子的境况即将发生改变。她想在 3 月时把他接过来，不管后果如何，因为她的母亲已经年迈，没法再照顾外孙了。"他在美国的生活不会轻松。"布兰卡说。虽然重新团圆对家庭来说似乎是件好事，但也会带来一些困难。吉多只会几句英语，而布兰卡的工作安排使她无法在晚上 7 点 15 分之前到家。她可以减少工作时间吗？毕竟她周末也在额外做一些儿童保育和打扫卫生的工作。如果吉多生病了怎么办？她说："我需要能够在家陪着他。"

布兰卡在 2014 年 2 月再次给我打了电话。在一个机票价格下降的短暂时段，她给吉多买了一张单程票。他三天之后就要到了。布兰卡最好的朋友格洛丽亚会陪着他过来。尽管格洛丽亚自己也靠做保姆过活，但为了朋友，还是自费购买了巴拉圭的往返机票。布兰卡自己负担不起多买一张往返机票，也没有办法为了一次长途飞行放下几天的工作。

为了迎接吉多的到来，布兰卡的准备工作可不轻松。他将要住的房间很冷，没有窗户，地板还没有弄好。布兰卡的朋友会在我们谈话那天帮她解决这些问题。她专门打扫了房屋——扫地，然后拿一把自己用棍子和破布做成的拖把拖地。她一年来为无数人家做过这些事情,这一次是为自己的家做。她指给我看一个陶瓷花盆里细长而茂盛的常春藤,花盆放在公寓仅有的两个小窗户之一的窗台上。"自从我搬来这里,这盆植物就一直陪着我,它是我最好的朋友。"她说完笑了起来。

还有一个问题是,她已经两年没有见过吉多了,在给他买要穿的新衣服时会感到有些困难。"他长得比我高了。"布兰卡说。因为上不了网,吉多没有跟她用Skype聊过天,所以她有时想不起来他的样子。她给吉多买了短裤、袜子和爱心图案的睡衣,但不知道他的尺码,而且如她所言,"他是很典型的男孩子,所以我不知道他会不会喜欢这些爱心"。在吉多为旅途做准备的时候,布兰卡给他打了电话,用西班牙语跟他讨论要带的衣服。吉多告诉她,他正在收拾夏装,她笑了。纽约已经又在下雪了。

"我为我的妈妈感到难过,"布兰卡说,"我知道他离开是最好的选择,但有时我觉得所有事情都没有绝对的好坏。我伤害了我的母亲。我伤害了吉多。而现在,我要让他去哪所学校?我没有主意。我去问了附近的学校,但没有人讲西班牙语。我不知道怎么样更保险。他在巴拉圭的生活要保险得多。"

吉多2岁之后就没有和她连续在一起生活超过几个月的时间。布兰卡距离他长大的城市有数千千米。她在一个寒冷的城市,那里的人比他整个国家的人都多。"我只想着你,我想再见到你。"吉多在电话里对他的母亲这样说。

到机场与儿子重逢的那天,布兰卡精神高度紧张。在长途驾车前往皇后区的路上，以及在机场大厅等待的时间里，布兰卡向我讲述了她在巴拉圭当儿科急诊护士的往事。在那里，医院连基本设备都不齐全。她告诉我，有一次其他护士和医生都认为一名6个月大的婴儿已经死了，而她用氧气挽救了孩子的生命。我想到了她是如何从技术工作转而从事保姆这种不太正式的工作的——正如学者卡伦·布罗德金（Karen Brodkin）和全国家政工作者联盟（National Domestic Workers Alliance）所指出的，保姆是移民女性劳动者常见的职业轨道。

布兰卡在回忆这些或喜或悲的往事的间隙，反复查看是否有吉多到达的信息。

"最近，我弄丢了钥匙，忘记了Facebook的密码，还忘记了我朋友的生日，"她说，"吉多，我的母亲，他们都不知道我有多担心。"

等待的时间由几分钟变成了几个小时。每当有人从入境处走出，布兰卡都会激动地张望。在航班预计抵达时间的两个小时之后，她看到了儿子和格洛丽亚。她顿时笑逐颜开。"喂！吉多！吉多！"她喊起来。尽管飞机如期降落，入境处的官员却把他们俩留下了许久。他们不住地询问，吉多连英语都不会，怎么会是美国公民。

"¡Mi amorcito lindo！"*布兰卡一边说，一边亲吻着吉多。她的儿子看上去有些拘谨，但很开心。他说话不多。他来了，

---

* 西班牙语，意为"我可爱的小家伙"。

吉多说，"Estar con mi mamá."*

布兰卡从包里拿出她给吉多买的深蓝色外套。吉多说，这不是他喜欢的红色，而且他也不太想穿。但是外面很冷啊，布兰卡告诉他。吉多只带了一个行李箱，里面装着两条牛仔裤和一双球鞋。

"吉多，把外套穿上。可怜的孩子，入境处的人对他也太过分了。"布兰卡用西班牙语说着。

"No tengo frío."吉多说，他不冷。而且，这件新外套的尺码也不合适。

"不敢相信他都长这么大了！"布兰卡说，"我得把这衣服退了。"

他们都需要缓解一下寒冷，但出租车里的温暖持续不了多长时间。他们要去吉多的新家。

到了3月，布兰卡已经把吉多送进了莱昂纳多·达·芬奇中学（Leonardo da Vinci Intermediate School）。这所新建的初中有2270名学生，位于皇后区北部的劳工阶级社区科罗纳（Corona），离布兰卡住的公寓只有几个街区。达·芬奇中学是纽约五个行政区里最大的初中，因为学生群体的贫困程度很高，

---

* 西班牙语，意为"和妈妈在一起"。

它获得了联邦的"第一条资助"*。走廊上挤满了去往各个方向的学生,老师们推着装满课本的手推车穿梭其中。学校将上层阶级的志向与低收入学生群体结合起来,校园的各个部分被命名为普林斯顿、斯坦福、耶鲁和哈佛。它们既是贵族教育的象征,也预示了对卓越的追求。

布兰卡和其他像她一样的人为吉多上学的社区和其他类似社区的复兴做出了贡献,但是房租也随之水涨船高。现在移民们住的地方往往远离他们工作的城市中心。科技、银行和投资公司如今都集中到了特定区域,但正如加州大学圣地亚哥分校(University of California, San Diego)历史学家、《有房者的世界》(*A World of Homeowners*)一书的作者南希·郭(Nancy Kwak)所言,这些行业将大量企业和富裕人口吸引到了城市中心区域,提高了土地价格。那些在行业下游工作的人(例如前台或保姆)同样有在这些区域居住的需求,可是他们却住不起。

护理工作的价值被贬抑,是布兰卡所做的家政工作无法为未来提供保障的原因之一。打扫吸尘、将温热的瓶子递到孩子手里、充满爱意或责备的目光——护理工作中这些方面的价值一贯被贬低,通常换不回合理的薪酬,甚至根本没有薪酬。几

---

* "第一条(Title 1)资助"是美国联邦政府根据《中小学教育法案》(Elementary and Secondary Education Act)第一条以及后来的《让所有学生走向成功法案》(Every Student Succeeds Act),对学生贫困水平达到标准的中小学提供的资助,其工作重点在于加强落后学生的阅读和数学能力,使之达到所在州的学业标准水平。

个世纪以来,在世界各地,女性的家务劳动通常都得不到补偿。一种根深蒂固的观念认为女性"天然地"应该免费为他人提供服务。如学者葆拉·英格兰(Paula England)所写,一种对于关怀工作的普遍观点认为:"关怀工作之所以回报低廉,是因为关怀与女性相关,而且往往是有色人种的女性。"英格兰指出:"这种价值贬抑体系向我们凸显了,文化偏见既限制了关怀工作的薪酬,也限制了政府对其的支持。如今,大部分的无偿的工作依然由母亲承担。"[9] 2015年麦肯锡的一份报告估计:"当今女性承担的无偿工作,其价值高达每年10万亿美元,大概相当于全球GDP的13%。"[10]

据估计,美国父母每年花在家务和儿童保育上的时间为1183小时,但有一半的美国女性天天做家务,而男性只有20%。[11] 每年,职场母亲要比她们的男性伴侣多花十天左右的时间进行繁重的家务劳动,在儿童保育方面花的时间是男性的两倍,而身处庞大的单身母亲群体之中的职场母亲则要承担全部。根据2013年皮尤研究中心的一项调查,每七个美国人中就有一人需要同时照顾父母和孩子。此项调查还显示,母亲每年比父亲多承担了15天的保育工作(而且这里的一天是指24小时)。[12]

劳工统计局的美国人时间使用调查(American Time Use Survey)发现,从2003年至今,女性花在做饭和打理家务上的时间并无太大变化。2016年,女性每天要在这些事情上花费2.24小时。[13]

母亲和女性从事保育工作的历史是用数据写就的,与此同时,其间也充斥着尿布别针和护臀霜。对于母亲所受的压迫,一些人做出了更具创造性的反应。美国艺术家米耶尔勒·拉德曼·尤克尔斯(Mierle Laderman Ukeles)在1969年发表的宣言中写道:"文化赋予以下事物非常糟糕的地位:维持生活的工作=最低薪酬,家庭主妇=义务劳动(擦桌子、洗碗、拖地、洗衣服、洗脚、换尿布、写报告、改错字、修栅栏、让顾客高兴)。"[14]尤克尔斯因自己和周围人的劳动不受重视而感到疲惫和沮丧,并将此转化成了诗歌和行为艺术。

在20世纪70年代,家务有偿运动(Wages for Housework)将尤克尔斯的艺术冲动放大成了一场毫无保留的运动。家务有偿运动认为,照顾自己的孩子、打扫自己的屋子也应该得到补偿,并在政治上和情感上获得认可。意大利裔的西尔维娅·费代里奇(Silvia Federici)曾是该运动的核心人物之一。费代里奇如今是一位温文尔雅的教授,73岁,住在纽约的公园坡(Park Slope)。她与我说话时带着迷人的音调,对于将女性从繁重家务之中解脱出来,以及持续存在的对家政服务工作的价值贬抑,她依旧满怀执着。在我们的对话中,她指出,女性所做的烹饪、打扫等无偿工作,保持微笑,以及经常性地在社交场合、工作场所和亲密关系之中迁就迎合,最终让女性损失了一部分赚钱能力。她轻声表示,女性在家庭中承受的家务和情绪劳动*,可以

---

* 情绪劳动(emotional labor)这一概念最早由加州大学伯克利分校的学者阿莉·霍克希尔德于1983年提出,指既定职业人群为对外维持和展现积极向上的情绪而付出的劳动。

被视为一种家庭暴力。

这听起来很极端。但女性所承担的那些被忽视的家务、保育和情绪劳动,往往只能换来微薄的薪酬,她们难道不应该获得更大的回报吗?如今的主流文化中充斥着"向前一步"*的概念,以及其他类似的女性在企业中掌权的事迹。我非常高兴能够听到一个与之截然不同的观点——"这些想法太肤浅了,我都没放在心上,"带着一丝不屑,费代里奇这样说道,"'什么都要'(having it all)是一种扭曲的世界观。女性缺乏的是自主权和属于自己的钱。她们早就彻底地累坏了。"

一开始,在皇后区的新生活对吉多来说困难重重。他想念外婆,她已经92岁了。他们仍旧每天通话,吉多在手机里存着她的照片。他最喜欢的一张,是外婆穿着家居便服坐在那里,充满慈爱地看着镜头。

布兰卡说,他有时会感到绝望。每天放学后,吉多走路回到空荡荡的公寓。公寓所在的那栋楼,每一层都住满了移民来的租户,他们在那里做饭、聊天。他就在那里看着时间一分一秒地流逝,听着薄墙外面的喧嚣,直到他的母亲回家。

情况逐渐好转。布兰卡给吉多买了一只小狗。那是一只昂贵的纯种西施,它的娇贵似乎代表了布兰卡心目中的美国式成

---

* 此概念出自 Facebook 首席运营官谢丽尔·桑德伯格(Sheryl Sandberg)的自传《向前一步》(*Lean In*),她在书中鼓励女性"向前一步",勇敢追求目标,实现事业与家庭的完美平衡。

功。吉多开始交到朋友了。他长得又高又帅,有一头浓密的卷发。他足球也踢得不错,这是能让一个孩子在移民学校中出类拔萃的宝贵特长。有一天,我到学校看吉多,看见他和朋友们聚在一起,看着他在球场上踢球,阻挡对手。他穿着一件 Polo 衫,一条棉布休闲裤,一双新的红色耐克鞋。他个子最高,在人群中很显眼。负责课间看护的酷老师肖恩(Shone)(梳着两侧剃短的发型)告诉我,吉多最受女生欢迎。他的两位朋友,来自哥伦比亚的迪朗(Dilan)和来自多米尼加共和国的胡安(Juan),在社会问题上明显听从他的判断。

到了八年级,同学之间聊天时便开始关注高中了。高中会是什么样的?大家要去哪里上高中呢?在吉多的一节课上,一个涂着青绿色指甲、一丝不苟按照网上教的打扮自己的女孩,靠在一个正在涂唇彩的朋友身上。"林山高中、法拉盛(Flushing)高中,"她们窃窃私语,"这是我妈发现的。那是我表哥说的。"比起吉多最终可能要去的学校,这两所高中更靠近郊区,更受人们关注。两个女孩子无意中瞥了吉多一眼,他正规规矩矩地坐在桌前。

同一天的数学课上,吉多认真地记着笔记。他不时把老师的话翻译成西班牙语,讲给比他晚来的移民朋友听。吉多的数学老师萨曼莎·霍耶尔(Samantha Heuer)很有活力,穿一双蜥蜴皮纹的靴子,染了一头时髦的渐变色头发。霍耶尔正在教一次方程,她用明亮而有力的声音说道,关键在于确定的变量和不确定的变量。"在胡安的这个方程中,"她说,"Y 变量是不确定的，而 X 变量是确定的。"

霍耶尔让吉多到黑板上来解一道题，他轻松地解了出来。吉多是霍耶尔很看好的学生，他会在下课后请教她怎么提高学习成绩。数学是吉多最擅长的科目。但是尽管很努力，他的学习成绩还是很普通，最多也就拿个 B-，而且在刚刚的科学考试中才得了 54 分。

吉多的生活本身就像一个一次方程，有确定因素和不确定因素，Y 和 X 变量，跟数学课上说的一样。好的确定因素包括他天生优雅的外表、母亲和外婆的爱，坏的确定因素包括语言障碍，还有一个近乎贫困的破碎家庭。而不确定因素就是运气。

像布兰卡和吉多这样的贫困劳工阶级想挤进纽约最受欢迎的学校，通常要和中产阶级竞争。这样的竞争从一开始就是不公平的。

想要跨入这道门槛的人需要面对诸多挑战。即使是在最多元的城市，在市区的学校里找一位双语的工作人员也很困难。中产阶级的标准之一不仅是有足够的英语水平，还要能用这种语言找到和获得各种服务。美国的公共部门似乎无意告诉别人自己是怎么运转的，除非你本来就已经设法知道了。所以那些不了解教育、医疗和儿童保育系统如何运转，不知道如何跟它们打交道的人，可能就无法获得一些中产阶级不费吹灰之力就能得到的东西。这变得像一场大型游戏："如果你不知道，我就不告诉你。"于是，问题再次回到了文化资本——厘清复杂社会体系的运作所必需的知识和关系网络。

条件最为优越的父母可以为孩子聘请老师，送孩子去参加昂贵的预备课程。其他人则会聘请那些以帮助父母选择公立学校为业的顾问。我曾见过一位母亲缠着一位校长，坚持要求对方对她所在学区的所有公立学校进行排名。她不顾后面排队等待的其他父母，强行霸占对方的时间。此时，我的脑中浮现出一个词，哲学中"权力意志"（will to power）的变体——"教育意志"（will to education）。

我认识的大多数父母（是的，基本都可归类为中上阶层）都花了大量时间来解读学校的各种数据。从考试成绩到缺勤率，他们什么都研究，力图找出能反映学校实力的指标。我曾在字里行间努力分辨，两所学校到底哪所更适合我的女儿；也曾在学校网站和家长论坛四处搜寻。家长论坛有时会让我感到震惊，我在那里看到父母们互相列出当地公立学校的缺点，或者半炫耀地说着自家的七年级学生为了在纽约公立高中的申请中提升竞争力，都准备了什么"加分项"。这些"加分项"包括"细胞复制"和学习中文之类的活动。所有这些都需要对社会和体制的充分认识和大量的时间。特权阶级父母有丰富得多的经验，他们知道需要了解哪些问题，也知道如何找到答案。仅凭他们的身份，就更有可能找到通往最好的学校的阳关大道。

我很好奇中产阶级会如何解决布兰卡遇到的障碍，于是我追踪采访了纽约最著名的公立学校顾问之一，乔伊丝·苏弗利塔（Joyce Szuflita），讨论两者的不同。2015年的一个夏日，我问她：那些有资本择校的人是怎么做的呢？

苏弗利塔是一位性情欢快的女士,她56岁了,一头金发已经开始发白,脖子上戴着一串很有分量的亮色珠链。作为公立学校的顾问,她提供令人宽心的信息、快速的判断,并带领父母精准地通过这座城市错综复杂的公共系统"迷宫"。这个领域的问题多种多样:录取是按学区划分还是抽签?常规公立学校好还是特许学校*好?哪些学校生源的家庭情况和我们一样?哪些学校有名额给学区之外的学生?怎样才能最高效地让孩子从候补名单进入录取名单?有些父母接受她的一对一服务,有些参加她经常举办的公开讲座,他们都对她言听计从,就好像她是什么邪教头目似的。我参加了她在布鲁克林的一次晚餐会,一对客户夫妇——一位学者和一位公共卫生研究员——约她一起讨论他们面临的两难境地。他们当时正准备从马萨诸塞州的剑桥搬到纽约,担心两个孩子(一个2岁,一个还没出生)的上学问题。他们知道,想要在布鲁克林人们梦寐以求的几所优质小学锁定一个学位是出了名的困难。苏弗利塔的绝大部分客户都是像这对夫妇一样受过高等教育的专业人士,他们既要考虑孩子的未来,又要面对在全美最昂贵的城市生活带来的挑战,两者之间需要平衡(苏弗利塔也提供私立学校的咨询)。我参加的这样一场由冰咖啡、马铃薯饼和一沓地区地图组成的晚餐,要价可以达到400美元至550美元。她提供的价格最低的服务

---

* 特许学校(charter school)是指由政府承担教育经费,但独立运营的公立学校,其教学具有更强的灵活性和创造性,被称为"公立的私立学校"。

是 15 分钟的电话咨询，需要 50 美元。

像苏弗利塔这样的顾问倍受追捧，既说明了教育系统与学生和家长之间的沟通是断裂的，也体现了特权阶级父母对孩子的期望。公立学校顾问的工作之繁忙，证明了令人费解的教育系统正在逐步被种族和阶级所割裂，并且蕴含着明显和隐蔽的不平等。

"这所学校更加保险，"苏弗利塔向与她会面的那对父母解释，她让他们看桌上摊开的彩色宣传单，然后指着另外一页一所按学区招生的学校说，"那里的父母都是被仔细筛选出来，因为他们都是为了上这所学校才选择搬到这个学区的。"苏弗利塔说："如果你去了那里，就不用再参加天才项目了。"也就是说，她觉得家长群体富裕而又重视教育的常规学校，完全比得上纽约的天才学校。

像苏弗利塔这样的公立学校顾问通常为洛杉矶、纽约、芝加哥和旧金山等大城市的中上阶层父母服务。我看到了苏弗利塔提供给那些父母的信息是多么有价值。

但是，这些有用的知识、文化资本和支持，能否以低得多的价格提供给那些经济状况不稳定的人呢？那些对考试日期、申请日期和众多公立学校的相对优势知之甚少（从别人那里得知的更少）的劳工阶级和贫困父母是否可以在教育部门的资助下向苏弗利塔这样的顾问寻求帮助呢？如果苏弗利塔这样的学校顾问可以在全额资助下广泛地向不太富裕的家庭开放，那些学生是否就能更好地成长？而最重要的是，公立教育系统能否获得充足的资金,不再像现在这样两极分化(有些学校真的很好,而有些就真的很差)?如果学校和阶级能够像这样公平,苏弗利塔这样的职业就可以淘汰了。

在纽约等地,学前班的招生主要根据学区划分,也结合抽签和志愿选择的方式。受欢迎的学校可能很难进得去,班级规模不断扩大,一些学校甚至有了候补名单。天才和特色项目(例如双语课程)只招收少量学生。此外,在"好的"公立学校,家长教师联合会(PTA)每年筹款可以达到100万美元,它与一所"普通的"公立学校之间的差距,会体现在诸如代课老师等最基本的方面。在富裕的公立学校,曾经是基本要素的东西如今似乎被当成了增值的卖点。

公立学校顾问这样的人所掌握的信息,是那些茫然无措的父母永远没有时间去了解的。一个相对简单的实现学校招生公平的方法,是通过全额或者较大比例的补贴,为家长了解公立教育系统提供帮助。毕竟,很多小学的学生并不能直升附近的中学。家长可能不知道学区的变化,或者根本不知道学校出勤率的重要性——例如,较高的缺勤率(30%左右或以上)说明这所学校的很多学生都在"混日子"。

表面上看,公立学校似乎是推崇平等主义的,特别是他们的网站上还突出了"联结""社区"和"选择"等词汇。然而,尽管有这些象征民主的词汇,真正起巨大作用的还是金钱。一些孩子在公立教育之外还享有昂贵的教育服务——额外的美术课、击剑课、音乐课,还有数学和考试辅导——这个清单越来越长，现在甚至还包括了择校顾问和考试预备课程。此外，还有一些全职在家的父母可以辅导家庭作业。

在纽约，整个教育系统存在严重的种族和阶级隔离，程度甚至超过城市本身：根据一些统计数据，纽约教育系统的隔离程度是全美最高的。加州大学洛杉矶分校（University of California，Los Angeles）近期发布的一份报告称，2010 年，在纽约的 32 个学区中，有 19 个学区的公立学校白人学生比例不超过 10%，也就是说大部分白人父母选择了完全退出公立教育系统。[15]

有时，学校顾问会通过唤起家长的优越感来缓解他们的焦虑。"参加入学考试的学生有 2.8 万之多，但大部分从来没有参加过预备课程。"苏弗利塔对一群家长说道。他们冒着暴风雪齐聚在布鲁克林，听她介绍高中的招生情况，许多人都穿了粗花毛衣和时髦的做旧牛仔裤。"他们以为自己很聪明，但是到中途就撑不下去了。他们不是你们的孩子，你们的孩子都准备得很完美！"

"我的工作是让中产阶级和中上阶层留在公立学校。"苏弗利塔在电话中告诉我。那时正是 10 月，"疯狂的"学校申请季。她的意思是，通过缓解人们在入学问题上的担忧，她和其他像她一样的人至少帮忙把那些可能放弃公立教育系统的家庭留了下来。多项研究表明，保持生源在经济水平上的多样性对公立学校是有好处的。[16] 而在这个城市，最上层的 5% 年收入将近 90 万美元，是最底层 20% 家庭收入中位数的 88 倍。将一部分富裕家庭留在公立学校也可以说是出于政治考虑。另一方面，毫不意外地，富裕家庭最终进入的学校往往阶级和种族差异最小，也是获得最多家长支持和付出的。

苏弗利塔承认这个问题。"我只给能够付得起钱的家庭提供咨询服务，"她说，"我很清楚有些人负担不起，无法利用我的服务，但我的家人也要吃饭，我也在努力赚钱养家。所以我为像我一样的家庭服务。"苏弗利塔的客户丹尼尔·詹曾（Daniel Janzen）热情洋溢地谈起她，但也提到了类似的担忧："我们在物色顶级的学校，但为什么不是每一所公立学校都能成为优质选择呢？"

苏弗利塔的世界和布兰卡的世界相隔遥远。2015年年末的一个晚上，布兰卡所在社区的街道灯光昏暗，最明亮的灯光来自理发店和摆放着颜色鲜艳的巨型生日蛋糕的面包店。这些住宅街区主要由单栋多户的楼房组成，有些是新建的，多数建于20世纪20年代。吉多和布兰卡的家位于一家NSA超市*和一个停车场中间。吉多正准备将他想申请的高中列一张清单。

布兰卡要到晚上才能下班。不过，她会定期"查岗"，在回家的火车上给吉多打电话，告诉他自己到哪里了，看他是在做作业，还是在发信息或者玩《使命召唤》(Call of Duty)之类的电子游戏。布兰卡到家时，用导游的经典手势朝昏暗却整洁的

---

* NSA超市指加入美国超市协会（National Supermarket Association，NSA）的独立超市。

公寓指了一圈。"欢迎光临我的豪宅。"她对我说。

不到十分钟,她就已经坐在了小厨房的桌子上,开始检查吉多的作业。她看着数学卷子,与其说是在检查作业质量,不如说是确认他做完了(布兰卡已经多年没有碰过数学了)。她想知道他花了多少时间在这上面。布兰卡烦躁地小声对我说,吉多只花了一个小时就完成了所有作业。她是在一个截然不同的国家和时代接受的教育,除了让吉多像她当年一样勤奋,她不知道还能教育他什么。

近期的研究质疑,是否有切实证据表明自 1979 年以来不平等现象加剧之后,社会流动性就降低了。当时发生的部分情况是最上层的 1% 收入急剧增长——1979 年至 2007 年间,最具特权的人群,其收入增长速度是底层 90% 人群的十倍。[17] 拉里·萨默斯(Larry Summers)2015 年在《金融时报》(*Financial Times*)一篇标题乐观的小文《全球中产阶级或将迎来新的春天》("It Can Be Morning Again for the World's Middle Class")中计算得出,如果美国现在的收入差距还和 1979 年一致,那么底层 80% 的家庭平均年收入应该比现在多 1.1 万美元,而最上层的 1% 应该比现在少 75 万美元。[18] 换句话说,如今阶级之间的距离越发遥远,上升的阶梯也越发难以攀爬。

布兰卡把她带回家的比萨拿去加热,那是从雇主处带回来的薄皮美味剩菜。她把比萨一片一片地放进烤箱,因为烤箱放不下一整个。吉多已经脱下了整洁光鲜的校服,那是达·芬奇中学要求穿的。他换上了一件"愤怒的小鸟"T 恤,正在飞快地发着信息。

晚饭后，布兰卡拿出了《纽约公立高中指南》(*Directory of NYCPublic High School*)——她几乎是恭敬地把它称为"那本书"。她和吉多简单翻了翻这本巨著，然后就把它合上了。他们似乎看不太懂。州教育局发的志愿表再过几周就要交了，吉多只是根据自己对商业的兴趣，写了几所名字听起来很好的学校。在纽约，有不同的学校为不同兴趣的青少年提供教育，但是他选择学校时全凭对名字的印象，就像新手下注赌马一样。他的第一志愿是经济与金融高中（High School of Economics and Finance），接下来是艺术与商业高中（High School for Arts and Business）。我问吉多觉得拉瓜迪亚（LaGuardia）、法拉盛和林山怎么样，但我后来意识到他可能根本不在那些学校的学区范围内。我转向布兰卡，她告诉我，她也不知道要推荐哪个学校。

像布兰卡这样的移民如何才能理解学校网站上隐晦或不那么隐晦的信息？因为没有足够的翻译材料，布兰卡和其他不太能看懂英语的父母深受困扰，跟学校的工作人员说话也令她感到不舒服。我想起大概一年多以前的一个晚上，我们在一家意大利餐厅庆祝吉多的到来。那晚她告诉了我她对吉多上学的事情有多操心。现在，吉多的英语已经比布兰卡要好一些了。

受限于工作没有什么灵活性，布兰卡无法挤出时间去和老师、学校顾问或公务人员会面，参访备选学校，或者去恳请学校接收吉多。她对许多可用的教育服务也不甚了解，其中一些分配学校和择校指导方面的服务本来能对她有所帮助。

2015年3月，布兰卡在短信中告诉了我她的近况。她并不开心。我很快了解到，吉多被他的第一志愿，经济与金融高中录取了。但布兰卡没有意识到学校位于曼哈顿市中心，距离他们家将近14千米，而布兰卡工作的地方则在另一个方向的11千米之外。尽管吉多可以乘坐公共交通工具去上学，那也需要将近一个小时。布兰卡担心他还不能每天单独花这么长时间走这么远的路程。布兰卡很可能会明智地放弃离她太远的学校，尽管很多父母在上课时间离他们的孩子甚至更远。她说话的声音大了起来，她在着急的时候经常如此。

我告诉布兰卡，有一个交流会是专为不满意学校安排，想要重新分配的孩子举办的，问他们要不要去一下。

在3月中旬一个阴沉沉的雨天，吉多、布兰卡和我在一家星巴克会面，一起去曼哈顿参加第二轮高中交流会。"我真是蠢，居然一开始就让吉多报了这个学校，"她对我说，"太蠢了！"我给她买了一杯拿铁，那是她的最爱之一。那天正好是她的45岁生日。不久之后，我们穿过林肯中心。吉多从未见过宏伟的剧院和广场，他和布兰卡偷偷看着壮观的剧院里巨大的枝形吊灯，以及那些不愁钱的歌剧爱好者。

到达第65大道和阿姆斯特丹大街（Amsterdam Avenue）路口的马丁·路德·金高中（Martin Luther King Jr. High School）时，我们发现跟布兰卡和吉多有共同诉求的人很多。孩子们和他们的父母在街区周围排起了长龙，等待进入会场更改填错的学校志愿。我们在雨中站了20分钟，耳边充斥着西班牙语、俄语、法语、汉语和英语的对话,然后终于得以进入。一些彩色箭头被用来指引学生找到所在区域的学校,在一名翻译的帮助下,吉多和布兰卡找到了皇后区的楼层。学校代表的桌子周围已经聚集了一大群学生和家长。

一名年轻男子将我们带到另外一层楼,好获得学校顾问的帮助。顾问们坐在礼堂,里面挂着红色、橙色和紫色的气球,桌子上铺着颜色相配的塑料桌布,整个布置看上去像一场舞会。考虑到布兰卡和吉多此时正倍感苦恼,这种节日一般的气氛有点令人尴尬。一位顾问声称会讲西班牙语,但当正为不能完全理解英语而沮丧的布兰卡开始噼里啪啦地说起母语时,她却听得很吃力。尽管布兰卡会说英语,但有时她还是无法表达一些细微差别。她的脸涨得通红。她说,她觉得头晕,想要喝水。她担心吉多的教育要完蛋了。

布兰卡能否就学校安排提出申诉?顾问告诉我们是可以的,但申诉的截止日期很快就要到了。这是布兰卡第一次知道还有这样的程序。然后,顾问向我们介绍了一所叫作"新移民"(Newcomers)的高中。它只录取皇后区的学生,或者入学时在美国居住不超过一年的居民。那里有吉多想要参加的足球队,有一家媒体中心,而且距离他们的公寓非常近。"这个好像还不错?"布兰卡说。她的话仍是一个悬而未决的问题,而涉及学校的说法也是如此。

随后顾问又提醒我们,新移民高中的代表可能没来参会。"这是为新美国人开办的学校,"她说,"而新美国人通常不知道这些学校展会。"

我们又被带着穿过成群的学生和家长,回到皇后区学校所在的楼层。顾问说得没错,新移民高中的人似乎没在现场。我们发现长岛的一所学校可能还有空位,但布兰卡对其质量感到担忧。尽管对方告诉她可以在某天到学校参观,但她知道自己没法提前下班过去。

布兰卡和吉多遇到的情况在许多方面都很常见。截至2015年,超过37%的纽约居民是在海外出生的,而且许多人经济都不宽裕。[19] 布兰卡和吉多的生活在纽约的普遍性也掩盖了这种生活给所有新移民带来的重大影响。"从各方面来看,移民都是一个家庭可能经历的压力最大的事件之一。"卡萝拉·苏亚雷斯-奥罗斯科(Carola Suárez-Orozco)和马塞洛·苏亚雷斯-奥罗斯科(Marcelo Suárez-Orozco)在《移民儿童》(*Children of Immigration*)一书中写道。[20]

吉多喜欢美国的生活,但布兰卡还是很担心。来到这里十多年后,她逐渐了解了(有时也接触了)美国中上阶层生活中的某些有形的奢侈品——无论她是否负担得起——例如好的咖啡和可丽饼、全食超市*,以及她买给吉多的1200美元的纯种狗(大概相当于她当时周薪的两倍)。然而,中产阶级生活中的一些无形之物,比如获取最佳教育资源所需要的知识和技能,依然让她摸不着头脑。

---

* 全食超市(Whole Foods)是美国一家专门销售有机食品的连锁超市。

苏亚雷斯-奥罗斯科认为，将移民儿童纳入公立学校的第一步，应该是让择校流程变得更容易理解。来到美国的移民普遍"认为美国的学校是全世界最好的，他们怀着基本的信任和对教育权威的预期，而这些预期并不完全符合现状"。她在我的采访中说。学校需要"开辟更为透明的教育通道"，苏亚雷斯-奥罗斯科补充道，"这样就不会只有象棋大师才能下好让孩子上学这盘棋"。然而，需要通过择校流程的并非只有移民。像布兰卡和吉多这样的家长和学生，本该像那些特权家庭一样在公立教育系统游刃有余。后者知道如何向学校争取，让孩子进入屋顶上有农田的进步主义公立学校，或者学区范围位于富人区的"最好的"（也是最富裕的）公立学校。

这些教育方面的障碍，与前几代美国移民面临的并不相同——今天的障碍来自全面的不平等，问题往往在于文化资本之类的无形障碍。学校顾问很重要，对于那些想要在公共领域维持"好的"地位的特权人士来说，顾问的服务不可或缺。毕竟，学校顾问本身就是一种文化资本。

20世纪初，公立学校开始为女孩子提供办公室工作培训。在1917年一项关于职业培训的法案通过之后，公立学校的秘书培训迅速流行开来。护士培训通常是基于医院开展的学徒制项目，学生一边在医院工作，一边学习如何做一名护士。培训有时甚至是免费的。这些项目使人们向上进入中产阶级比今天更容易。这是另一个关于夹缝生存的故事——进入中产阶级的所有门槛都太高了。

在这种情况下，布兰卡和吉多，以及其他像他们一样的人，往往需要依赖运气这个不确定因素。2015 年的一个晚上，布兰卡发信息告诉我她的最新情况：吉多被位于阿斯托里亚（Astoria）的威廉·卡伦·布赖恩特高中（William Cullen Bryant High School）录取了。这是一所不错的学校，离他们家大概 5000 米，那里有运动队和 AP 课程*。到了 2017 年，布兰卡和吉多又经历了很多其他事情。吉多的外婆去世了。他依然在上学，但课后也在特里贝卡（TriBeCa）的一家餐馆打工。布兰卡在给一个家庭做住家保姆，通过更长时间的工作挣了更多的钱。她觉得自己过上了来美国时所想象的生活，而我只能相信她所说的。我采访的其他保姆在与家人分离多年之后，最终也获得了美好的结局，比如婴儿护士埃丝特告诉我，她终于在 2017 年晚些时候与她的孩子在美国重新团聚了。

其他许多人可能没有布兰卡和吉多，还有与孩子长期分离的婴儿护士埃丝特那么幸运。但就目前而言，他们还是过得挺开心的。对于布兰卡和吉多，运气这个不确定因素似乎发挥了作用。

---

* AP 课程是指由美国大学理事会（College Board）赞助和授权，在高中开设的大学预科课程（Advanced Placement Courses），通过考试后可以获得相应的美国大学学分。目前全球众多国家，包括中国，都有高中开设了 AP 课程。

第6章

开优步的爸爸：零工经济中的劳动者

马特·巴里（Matt Barry）是加州圣何塞郊区公立学校莱夫奥克高中（Live Oak High School）的历史老师。32岁的他从事这份工作已经九年了。每周五天，他面对35名11年级和12年级的学生，教授AP课程"美国历史和经济"。但是，巴里的生活还有不为人知的一面，而这在美国中小学教师中已经越来越普遍了——为了多赚些钱，为第一个孩子的出生打好经济基础，他利用课余时间和周末做起了优步（Uber）司机。

巴里和妻子妮科尔（Nicole）都是教师，年薪都是6.9万美元。这个收入本应是中产阶级地位的坚实保证。如果不是硅谷的物价涨到了惊人的地步，他们的工资已经算不错了。但是，科技热潮带来的财富暴涨大大提高了湾区的居住成本，远远超出了长居于此的劳工阶级和中产阶级的能力范围。在巴里居住的吉尔罗伊（Gilroy）社区，一间约140平方米的"起步房"（starter home）售价是 68 万美元。在他工作的城镇，起步房售价高达 150 万美元，这意味着那些每天给莱夫奥克的学生上课的人，永远不可能住到他们的学生附近。2016 年 9 月我采访他时，他的妻子已经怀孕 14 周，等孩子出生之后，他们每年还要在医疗保险上多花 6000 美元。

巴里的优步乘客总以为老师可以在他们的社区生活得很轻松。当他载着他们经过学校所在地：繁华的摩根希尔（Morgan Hill）附近，告诉他们自己的正式工作是什么时，他们都很震惊。他在等待接单的时候批改作业。在老师中，他甚至并不是经济条件最差的——他和妮科尔有两份收入，而且有自己的房子。即便如此，他们的经济也很紧张。"做老师真的很辛苦，"他说，"我本来不应该工作日晚上 8 点还在开优步。我只是避免去考虑精神上的痛苦了，在接单的间隙改作业，想象如果我不用开车应该在做什么——比如备课。"

巴里去开优步并不是偶然的。在过去两年中，这家公司推出了一系列鼓励教师兼职司机的活动，每年每个城市的活动各不相同。2014 年，它的口号是令人尴尬的"教师：带我们驶向未来"（Teachers: Driving Our Future）。2015 年，优步在芝加哥有一个季节性活动：为教师提供暑期工作。为了促进这座城市的业务，优步在那个暑期为所有在某个日期前注册并完成十张单的教师发放 250 美元的奖金。2016 年，优步在波特兰都会区（Portland metropolitan area）推出了一个活动，当司机是教师时，乘客会在 APP 上收到提示。[1] 优步还吹嘘每一单费用的

3%都回到了教室,并且会为拥有最多司机或者累积最多里程的学校提供5000美元的奖励。优步把它的教师司机活动宣传成了一种"苹果派"式的利他主义行为,是通过私营部门弥补公共领域不足的完美药方。这家公司还用一系列的教师司机博客文章来支持他们的宣传。一位注册名为"林赛"(Lindsey)的优步老师洋洋洒洒地写道:"老师们每天都被要求用更少的资源做更多的事情,不断面对新的挑战和有限的资源。优步让我们看到了更多可能性,为我们服务的社区带来了有意义的影响。"

在这种良好的自我感觉之下是一个令人沮丧的现实。像马特·巴里这样的父亲"被要求用更少的资源做更多的事情",不是因为资源莫名其妙地紧缺,而是因为公众和代表我们的政客不够重视教师和其他类似劳动者的价值,没有给他们开更高的工资。

自这个国家的现代教育体系出现以来,情况就一直如此,但最近在硅谷这样的繁荣地区,形势变得极其严峻,教师工资与当地居住成本之间的脱节变得越来越明显。在这些地方,富裕的居民很乐意为带游泳池和"超级地下室"的定制住房一掷千金,却很少愿意多缴点税,让他们的老师能够付得起房租。

结果就是,像巴里这样的老师为了维持生计,实质上不得不为学生的家庭提供个人服务。优步将这种安排称为老师们的"机会"——在从事教学工作"致力于塑造学生的未来"的同时还能提高个人收入的机会。教师开优步赚外快被认为是如火如荼的"共享经济"的最佳例证。然而,揭开"仁慈"的假面,优步的教师司机活动也参与构建了一个更加扭曲的硅谷幻梦：低税收，好学校，与风险投资人共进可以报销的晚餐之后，还有老师开车送你回家！

这些庞大的企业集团依靠"独立的"合同雇工提供短期、廉价的服务。他们通过跨平台的劳动力交易获得了巨大成功，而平台上的劳动者却几乎没有发言权。

在这首黑暗的硅谷幻想曲中，也存在着性别的音符。我2016年采访的十几位优步和Lyft司机老师大部分都已为人父母，而且几乎都是男性（当然，这一类服务行业的劳动者通常都是男性）。

我想知道男性是不是有时更愿意为了维持阶级地位而加倍努力。整个美国社会都时常忘记养家的成本有多高，这也对他们产生了影响。如今父母双方通常都需要工作更长时间，或者多打一份工和接受不正常的工作时间，甚至同时承受以上所有。对于关怀工作的贬抑不仅伤害了前文述及的那些女性，也伤害了家里的男性。

失去工作或者社会阶级地位等外在的失败可能会令人们失去作为人民和公民的认同感，这一影响在男性身上可能比女性体现得更为明显。根据社会心理学家所提到的"岌岌可危的男性气质"（precarious manhood）理论，男性气质是需要付出努力去维持的。[2] 正如男性研究学者迈克尔·基梅尔（Michael Kimmel）所述，男性被培养成为对社会阶级特权有所期盼的人，并内化了自己作为家庭主要经济来源的责任，但"他们在等待永远不会到来的稳定性。这些男人相信，只要他们打好手里的每一张牌，就能获得他们的父母曾经拥有的东西，实现中下阶层版本的美国梦"，基梅尔向我解释道，"而他们输掉了牌局"。[3]

我能够理解这些司机老师，无论男女，他们都不惜一切代价想要抓住中产阶级的身份，比如在住房或收入方面。毕竟，对于一些人来说，失去这一身份就意味着失去了未来的希望和信念。不仅他们自己，连他们的孩子的发展前景都会受到阻碍。正如芭芭拉·艾伦瑞克（Barbara Ehrenreich）在《下跌的恐惧》（*Fear of Falling*）一书中所言，中产阶级的主要焦虑在于我们害怕自己没有足够的能力为孩子重建我们自己的阶级地位。上层阶级，或者"有产"阶级可以轻松找到解决办法：遗产和土地。而对于下层阶级，他们长期以来被迫接受另一个答案：他们一生都只能勉强维持生计，而他们的孩子也将如此。

开优步的教师父亲只是我反复见证的一个更广泛的当代痼疾的一小部分。如果你不能让孩子拥有跟自己成长时一样的生活水平，可能就会觉得自己生活的这片土地跟自己已经不再有任何关联。

教师一直是一个薪资过低的职业，尤其是考虑到其学历要求和肩负的重大责任。根据宾夕法尼亚大学（University of Pennsylvania）教育学与社会学教授理查德·英格索尔（Richard Ingersoll）的说法，教师工资低的一个历史性原因在于从前教师被视为是女性的工作，对于家庭来说仅仅是次要的第二份收入。

当然，教师已经不再是以女性为主、只为家庭提供次要收入的职业了，但是低薪资却作为早期性别歧视的余毒保留了下来。为了弥补这一不足，教师长久以来都在暑期从事额外的工作，尽管他们大部分都领 12 个月的工资。与过去不同的是他们绝望的程度。在俄克拉何马州等地，教师长期忍受着低工资，除了多打一份工之外，还不得不依赖赈济和食品券过活。在北达科他州的曼丹（Mandan），我与丽贝卡·马洛尼（Rebecca Maloney）取得了联系。她是一名小学老师，也是带着三个孩子的单身母亲。她连参加当地大学开办的 1000 美元的职业发展课程，都需要到众筹网站 GoFundMe 去筹款。我采访的另一位北达科他州的老师在放学铃响后还要赶去给人打扫房屋，这样她才付得起房租。由于 21 世纪初的石油开发热潮，该州的生活成本急剧上升，而教师工作第一年的工资还停留在 3 万至 3.2 万美元左右。与此同时，在物价持续上升的旧金山和芝加哥等地，教师迫于生存，也开始加入零工经济或从事其他兼职工作，例如酒吧侍者。

2016 年，除了巴里之外，我还采访了很多做优步司机的中小学教师。约翰·丹尼尔斯（John Daniels）是加州东圣何塞詹姆斯利克高中（James Lick High School）的一名历史老师。他在周四和周五晚上开着他的丰田 4Runner 出去接优步的单。安东尼·阿林瓦恩（Anthony Arinwine）是旧金山马尔科姆 X 学校（Malcolm X Academy）的一年级老师，他从去年夏天开始为优步这家零工经济公司工作。他开一辆日产 Altima，每周花

20 个小时接送乘客，有时直到深夜。旧金山联合学区的教师每年平均工资为 65,240 美元。[4] 事实上，他们有幸在加州 821 个学区中排名第 528 位的薪资最低学区工作。与此同时，旧金山是该州房租最高的地区之一：一居室公寓的平均月租要 3500 美元，而全州范围的平均月租是 1750 美元，这已经不便宜了。

"我的房租在涨——水电油气等费用在上升，"阿林瓦恩解释道，"与前几年相比，我的正常工资能剩下的不多了。"他眼看着自己在东湾（East Bay）住的一居室公寓租金开始上涨，然后越来越高，从 1300 美元到 1500 美元，最后涨到 2000 美元。于是他开始给优步开车，经常开到深夜，只为了能够继续住在那间房子里。但是他告诉我，就算兼职开优步，他最终还是不得不放弃那间公寓。现在他在一个好朋友的房子里租了一个房间。"我买不起房子。我可能得搬到一个物价低一些的州去，除非我结婚，并且两个人都有收入。"46 岁的阿林瓦恩说。他的父母一位是军队的文职人员，一位是警察局的职员，用他的话说，只上过"一点专科学校"。然而他说，比起住在湾区的他，住在奥兰治县（Orange County）的父母在经济上更加宽裕。

对于优步来说，像安东尼·阿林瓦恩这样经济困难的教师代表着双重机会：既是营销利器，又是现成的劳动力。近年来，优步一直努力向顾客塑造一种形象，即他们雇用了陷入绝境的中产阶级。2010 年，时任 CEO 的特拉维斯·卡拉尼克（Travis Kalanick）开办这家公司时，优步采取的营销策略不同于今。他们声称为公司开车可以成为一份全职工作，司机的年收入可以高达10万美元。但优步司机的收入清单显示,这与事实相差甚远,他们的收入远不及此。

约翰·库普曼(John Koopman)曾经是一名记者,现在是一名优步司机。库普曼身上有一股勇敢的劲头。他做了25年记者,后面13年在《旧金山纪事报》(*San Francisco Chronicle*)工作,并且报道了美国入侵伊拉克,曾被提名普利策奖。但他也是众多从事专业工作却被卷入零工经济,并为此感到烦恼甚至愤怒的中产阶级父亲之一。我第一次采访他时,他在家乡旧金山不间断地外出接单,每年能赚4.3万美元(如今他不经常开车了)。出于失去职业和地位的愤懑,他刚开始开车时有"路怒"倾向。后来他发现了一种令人消沉的新"禅道"——用他的话说就是身为优步司机的虚无感。这是从虚无主义的顺应天命中产生的一种平衡。

"我有新闻学的硕士学位,我去过巴格达,我采访过少校和下士。"这位拥有一个21岁儿子的59岁父亲告诉我,"在我被解雇后,我对什么都不在乎了。我太固执或者说太愚蠢了。"所以他也没有去见咨询师或者采取其他自助手段。"我到脱衣舞俱乐部工作过,而现在我做了优步司机。别人问我:'你难道不想回来做新闻吗?'我回答说:'不太想。谁在乎呢?你们不在乎。'没有人在意我还能不能当记者。唯一重要的是我有没有足够的钱来支付账单。"

起初,他担心年轻的儿子以及他的母亲会难以接受他转行去做脱衣舞俱乐部经理。我与库普曼见面是在纽约的一家咖啡厅——已经搬到特拉华州的他，用开优步的车沿着东海岸开了过来。在交谈过程中，我想到了我这一代人是如何被蒙蔽的，我们盲目地相信我们的生活会越来越好。库普曼也是如此。他的母亲是一名护士，父亲是一名卡车司机。他是家里第一个进入研究生院的人。但在我们的谈话中，他列举了一连串跟他一样的前中产阶级父母，他们迫于湾区的高昂生活成本，现在在开优步，或者在爱彼迎（Airbnb）上把他们的公寓或房屋租了出去，只留一个房间给自己住。

为了继续支付账单，库普曼还在做一些额外的奇怪工作，其中包括把脱衣舞俱乐部的醉酒顾客拖出跳舞区，还有将嗑药过量的脱衣舞女抱上救护车。库普曼对我强调，如今没有什么教育能够保证一个人维持其选择的职业身份，或者甚至是一个与之相符的身份。他在一定程度上也感到羞耻，而羞耻来自一个人的别无选择。伊曼纽尔·列维纳斯（Emmanuel Levinas）写道，羞耻就是被困于自我的存在之中，从字面意义和哲学意义上被困于我们自己的皮肤之下。[5]

"优步非常聪明地相中了教师之类的职业——他们说这是你的邻居在开车赚外快。"《经济奇点：共享经济、创造性破坏与未来社会》（*Raw Deal: How the "Uber Economy" and Runaway Capitalism Are Screwing American Workers*）一书的作者史蒂文·希尔（Steven Hill）如是说。"这是优步公关活动的一部分，"他告诉我，"是这家公司的新话术。"[6]

我采访过优步的新闻发言人迈克尔·阿莫德奥（Michael

Amodeo），希望能进一步了解该公司推行中产阶级兼职项目的意图。当时他正在遛狗。因为太忙，他愉快地指引我去看戴维·普卢夫（David Plouffe）的一篇文章。文章发表在 Medium 网站，与希尔对优步公关策略的评价遥相呼应，但相比之下更具公民意识色彩。普卢夫曾是奥巴马的竞选经理，在 2015 年之前担任优步的高级副总裁，就在那时，该公司决定开始着重塑造其不堪重负的中产阶级的拯救者形象。优步平台，普卢夫写道，致力于"让他们（司机）获得在本职工作中无法获得的加薪"。增加工作时间当然不是"加薪"——和这家"零工强盗"的许多典型表述一样，普卢夫的言辞令人愤怒，是轻率的奥威尔式胡言乱语[*]。

优步通过招募中产阶级成为司机，轻松建立了可靠、共享的形象。在美国各大城市，生活成本和工资收入之间都存在巨大的鸿沟，尤其是在华盛顿特区、纽约和洛杉矶等最富有的地区。阿莫德奥后来通过邮件回答了我关于教师司机的问题："我们了解到的是，教师和教育工作者将优步看作用自己的车来挣钱的一种灵活方式。"但是和护士及其他中等危险阶级成员一样，这些教师的压力已经大到崩溃边缘，而打第二份工的做法现在已经非常普遍。就像得克萨斯州的一些教师告诉我的，他们收入实在太低，只好兼职送比萨。

---

[*] 奥威尔式的（Orwellian）胡言乱语是指乔治·奥威尔（George Orwell）在小说《1984》中描述的，当权者自说自话的语言，或可引申为为达政治、商业目的而创造的宣传话术。

尽管教师从历史上看似乎属于中产阶级，但他们很少享有我们惯常认为属于这一阶级的优势（例如，公共广播节目会选择父母都是教师的家庭来表现一种健康、低调的中产阶级生活）。教师可能付不起房贷或者孩子的日托，而且通常也承担不起这一阶级曾经的标签——暑期度假、每个成年人都有一辆车、医疗和退休储蓄、孩子的大学教育，还有健身房会员。他们同样也承担不起专业援助（他们本该寻求这些援助，聊一聊他们未付的账单）。事实上，一些教师有时还必须求助于补充营养援助项目的福利（食品券）及其他联邦福利。

我们该如何帮助这些必须兼职开优步的教师父亲呢？我得到的许多解决办法看上去都只是权宜之计。它们可以解决短期的问题，但无法带来联邦或州层面的必要改变。例如，一个慷慨的体制可以补贴他们照顾孩子的费用，但是还需要有更加全面而立体的援助方式。

一些中产阶级在房租和房贷方面遇到的困难是这样的：获得平价房屋的资格是根据当地的家庭中位收入划定的，也就是说，一个家庭挣的钱必须等于或低于当地中位收入的50%，才有资格获得租房补贴（这个数字在艾奥瓦城和在旧金山简直是天壤之别）。

近年来，若干地方政府（主要是城市）开始对高昂的住房成本采取措施。比如说，一些地方已经推出了住房援助项目，用以吸引类似前文述及的那些教师[7]，以及消防员、警察和其他公务人员。举个例子，芝加哥最近就启动了一个帮助公共安全领域工作人员买房的项目。在洛杉矶、密尔沃基和北卡罗来纳州的赫特福德（Hertford）等地，学区投资了教师住房，以帮助教师在这些原本令他们望而却步的地区买得起房子。2013年，新泽西州的纽瓦克开设了教师村（Teachers Village）——一个拥有六栋楼的综合建筑群，其中包括向中小学教师出售的住宅。

但是，当一张强有力的安全网似乎遥不可及时，我们该怎么办呢？我们可以推动一些在知识分子看来能够让优步等零工经济公司更加公平对待教师司机及其他人的改变。例如，一个新的令人兴奋的数字现象——"平台合作主义"（platform cooperativism），就是一个理想化的方案。这一术语目前在学术界很流行，指的是采用传统营利性互联网平台的手段，但让它们服务于更具合作性和民主性的目的。

虽然现在的覆盖范围还很小，但这些基于APP的新的互联网合作社也雇用了中产阶级劳动者，未来还可能会吸引更多人来从事他们能够掌控的工作。例如，Stocksy是一家成功的摄影图库，它确保摄影师能够通过作品获得收入；旧金山的合作社Loconomics希望能够与"自由劳动力"公司TaskRabbit竞争（当宜家收购TaskRabbit时，我不得不怀疑其最终目的是聚集一批焦虑的廉价劳动力，来帮助顾客组装他们的瑞典胶合板家具，实现拎包入住）。Stocksy和Loconomics让我们开始想象一种新的组织方式，能够帮助零工经济的劳动者解决他们目前的诸多困境。我们的梦想是拥有技术头脑的合作社能够提高劳动者的自主权,否则,劳动者可能会被去人格化,像比萨一样被人随意订购。

今天,从优步司机这样的合同雇工,到文件审查律师,再到零售业雇员,都深受不规律工作时间、不稳定工作岗位和低薪资之害。平台合作主义开始被更多的政客提起,其中就包括英国工党的杰里米·科尔宾(Jeremy Corbyn),他称赞"数字平台的合作产权"(cooperative ownership)代表着这个剥削时代的一个进步方向。

"如果我们都在创造价值,"平台合作主义APP开发人员肖恩·安萨内利(Sean Ansanelli)道出了背后的逻辑,"那为什么不能共享这个价值带来的好处?"

由员工共同运营和享有的保姆和清洁工合作社平台也已经出现了,位于纽约布鲁克林的"不止关怀"儿童保育合作社(Beyond Care Childcare Cooperative)就是由其中的保姆成员自己运营的,家庭生活中心(Center for Family Life,CFL)旗下非营利性的合作社发展计划(Cooperative Development Program)为他们提供了指导。截至写作之时,这家合作社共有38名雇员,他们同时也是"所有者",有31个客户。社员们共同发布广告,承担运营费用;作为回报,他们共同拥有这家合作社,从而获得更多的工作保护和更高的凝聚力。我发现,这样的团体是美国更广泛的劳动合作社运动的一部分:据工作民主促进会(Democracy at Work Institute)披露,自2000年以来,已有150多个新成立的劳动者所有的合作社。"不止关怀"等合作社希望在社会责任方面向零工经济清洁公司提出挑战，例如Handy，一个家政服务平台；或者Care.com，一个帮助百万父母找到保姆，但并非由员工所有和主导的互联网劳动力市场。

新学院（The New School）的学者、平台合作社专家特雷博·肖尔茨（Trebor Scholz）告诉我，他认为在技术支持下出现的合作社运动如同"针对安·兰德*的杀毒软件"。在2008年的经济衰退之后，每三名劳动者中就有一名自由职业者，不可预知的合同雇用工作也成了中产阶级的常态。[8]平台合作主义的倡导者希望他们的运动能给残酷的、无法预期的零工劳动力市场带来一点人性。他们寄希望于消费者——也许是喝公平贸易咖啡的那类人——能够支持合作社，颠覆零工经济一切照旧的局面。一位组织者说，以往的清洁工APP就像是"一只看不到面目的孤立之手，戴着黄色的手套给你打扫房子"。新的APP和平台能够培养消费者不再仅仅追求最便宜的服务和最高的评分，但它们无法做到的是为这些劳动者提供福利之类的东西，这是后者面临的重大困难。

然而，目前使用TaskRabbit或优步的劳动者在打零工支付账单时，考虑的并不是平台合作主义这样的高级概念。例如，马特·巴里主要考虑的是他所生活地区的经济压力。跟其他优步司机一样，他为自己花时间做兼职而不是提高作为教师的知

---

* 安·兰德（Ayn Rand，1905—1982）是俄裔美国哲学家、作家，开创了客观主义（objectivism）哲学运动，著有《源泉》《阿特拉斯耸耸肩》。她的哲学和小说强调个人主义观念，推崇理性的利己主义和彻底的自由资本主义。

识和技能的愧疚感折磨着。他在给学生讲授硅谷地区的经济情况时便想过这个问题,他知道他们中的很多人长大后都无法承担在此地的生活。

"我想当然地认为教师职业能够让我上升到稳定的中产阶级,并且安定下来。"安东尼·阿林瓦恩说。他7万美元的教师工资本该给他一个舒适的中产阶级保障。"我靠这个收入养不起孩子,我买不起房子给他们住,"阿林瓦恩伤心地说,"我是说,我无法想象自己如何才能给他们带来幸福。"

阿林瓦恩告诉我:"我以为我到这个年纪应该不用再为钱操心了。我以为我这时已经可以退休了。"

在优步的教师宣传活动中,几乎听不到这些绝望的声音。相反,优步网站上充斥着通过共享出行赚取额外收入的中产阶级"优步教育工作者"(UberEducators)的简介。网站重点介绍了莫妮克(Monique),一位新奥尔良的教师,拥有"12年教学经验","在2015年的假期"来到优步"提供帮助"。网站推出的另一名司机是一位沮丧的特殊教育教师,她厌倦了做"文书工作",而不是跟孩子们在一起。她还想为家里建一个新的门廊。

这些现身说法,有时还伴随着反映教师司机真实生活经历的鼓舞人心的慢动作视频,完美契合了优步为教育工作者打造的健康向上、勤奋努力的专业人士形象。但它们也传递出另一个有用的信息:优步的司机并没有把共享出行当成一个全职的专业追求,这对他们来说纯粹只是起补充作用的第二份工作。

对于优步来说，这个信息很有用。他们一直努力宣传其40万司机都是合同雇工，而不是公司员工。如果是员工，他们将有权享有最低薪资保障、超时工作补贴、福利，以及基本的工作保护——这将重创优步商业模式的核心，为公司增加数十亿美元的成本。而作为独立的合同雇工，司机们得不到以上任何福利。

优步的驱动力部分来自那些努力养家糊口的人，整体经济环境没有重视他们的劳动价值。共享经济帮助剥夺了参与者基本的劳工权利，或者像爱彼迎那样，通过将公寓转为非法旅馆，在房屋租赁市场制造出更高的稀缺性，形成一个恶性循环。

许多司机和劳工运动领导者并不接受公司把司机归类为独立合同雇工，他们开始走上法庭，表达对公司的质疑。优步已经应付了十几起针对司机归类不当问题的诉讼，其中包括由加利福尼亚州和马萨诸塞州司机提起的一项大型集体诉讼（优步于2016年与上述两州司机达成和解，承诺以1亿美元的价格换取将他们继续归类为合同雇工的权利，但是在当年的晚些时候，法官否决了这一和解协议[9]）。我问优步的阿莫德奥，优步的司机到底是员工还是合同雇工，他用电子邮件发来的回答直截了当："开优步的人都是独立的合同雇工。"然后，他又像一个试图美化不稳定工作的出色文案工作者那样，写道："他们珍视自己的独立性——自主工作而不是打卡上班。"

如今市值已达690亿美元的优步能否继续这样下去，这还有待观察。显而易见的是，在身陷侵犯劳动权利这样严厉指控的情况下，优步的教师司机队伍为公司提供了一个有价值的真诚无私的面具。浏览优步吹捧中产阶级兼职司机的公关宣传材料，让我想起《一个小小的建议》（A Modest Proposal）中的著名"建议"：贫穷的爱尔兰人可以靠把孩子卖给富人当食物生存下来。但优步的公关人员既不是乔纳森·斯威夫特*，也不是尤维纳利斯（Juvenal）†。在优步等科技公司的世界里，教师跟护士和消防员一样，只需要点击几下APP，就可以被用于换取他们"善意"的资本。

通常来说，零工经济的劳动者似乎只存在于抽象的概念中，就好像TaskRabbit的工作人员真的就是LOGO上的那只卡通兔子，而优步司机只是公司名字首字母U旁边的人形附属品。

今天，价值被低估、薪资过低的教师面对的一个更大的问题是，他们攻读硕博学位和辛勤工作的多年时光，更容易被那些试图树立正面形象的公司看在眼里，却得不到那些对教师长期口惠而实不至的政治家的珍视。"老师们不得不在搭载乘客的间隙批改作业，这对我们来说应该是一个警醒，"理查德·英格索尔说着，音量越来越高，"看看那些考试分数很高的亚洲国家，那里的老师上大学时都是班里的佼佼者，工资水平也高。我们怎么能比得上？"

---

* 乔纳森·斯威夫特（Jonathan Swift，1667—1745），爱尔兰作家，讽刺文学大师，《一个小小的建议》一书的作者。他的重要作品还包括《格列佛游记》（Gulliver's Travels）和《一只桶的故事》（A Tale of a Tub）等。
† 尤维纳利斯，生活于1—2世纪之交的古罗马讽刺诗人，其名句为："谁来监督监督者？"（Quis custodiet ipsos custodes？）

从工会力量的式微,到房地产价格的上涨,再到短期零工群体的扩大,很大程度上正是这些隐形的元凶使这些个体陷入困境。然而,这些中等危险阶级的成员却不由自主地责备自己。实际上,我开始怀疑自责正是财务状况不明朗时会出现的症状之一,其中也包括抑郁,在某些情况下还包括攻击性。

今年夏末,我再次与即将要当父亲的历史老师马特·巴里取得联系,他说自己已经不再开车了。"夏天赚不了多少钱,而且这个热潮已经过去了。"他解释道。然而,由于他们夫妻的第一个孩子即将降生,他又找了另一条赚外快的途径——他和妮科尔刚把他们的房子租给了几个高尔夫女子公开赛的球童。换句话说,在一份本该是全职的工作之余,他从优步这份额外的零工转到了另一个方向——在爱彼迎出租自己的房产。所有这些坚定的努力,都只是为了在硅谷财富的阴影之下维持生计而已。

第7章

第二人生产业与从头再来的中年迷思

波士顿正值秋天,在一间教室里,几排学生精心打扮,穿着不同时代的职业装:平底鞋和米色长筒袜、芥末黄的刺绣连衣裙、白色正装衬衫,还戴着老花眼镜。他们并非十几二十岁的学生,已经到了中年。他们上的也不是传统的课程,几位自称"职业指路人"的女性正在向他们传授求职面试的技巧。如果一次面试没有成功,一位穿着铅笔裙、戴着眼镜、脸上挂着露齿的温暖笑容的指路人就会劝说道:"不要自责!"

每一位与会者都交了20美元,来学习这些初听上去似乎显而易见的东西:在领英(LinkedIn)上制作简历,掌握面试技巧,在"战胜负能量"(Battling Negativity)之类的小型工作坊上克服忧郁情绪。在另外的房间里,一位职业摄影师正在给与会者拍摄职业照。他们逐个坐到明亮的反光伞底下,看上去有些拘谨。这些都是人到中年的中产阶级,有白人、亚裔和黑人。大多数人都深受失业或者不充分就业之苦。他们询问职业指路人，如何才能找到并保住一份工作。他们相信自己或许还有从头再来的机会，还能迎来新的开始。他们**必须**另谋生路，否则就会陷入贫困。而且其中许多人都已为人父母，这让他们的需求变得更为紧迫了。

我们所在之处是"重新出发"（RE:Launch）研讨会的现场。举办这次会议的是位于波士顿的非营利机构犹太人职业服务机构（Jewish Vocational Services，JVS）。

你们想要克服的障碍是什么？职业指路人问。

"我已经落后于世界的发展了。"塔玛拉·斯潘塞（Tamara Spencer）回答。她50岁出头，以前是一名航空工程师。跟其他人一样，她穿着一件可以去参加面试的棉质夹克。"我对千禧一代的工程技术已经一窍不通了。"

"我17年没有工作了。"另一位女士尖着嗓门说道，她看着自己的手，"我在照顾家庭，但我是一名训练有素的律师。我已经做好了被雇主拒绝的准备。"一位满头银发、声音轻柔的学前班老师坦陈，她的教职工作总是超不过一年。一位计算机程序员说，他是一个消极的人，内心总有一个声音在喃喃自语：**这是不可能行得通的**（我过去以为程序员是一个绝对安全的职业，但很快就意识到，这是一个迷恋年轻和最新技术，不断把老人推出去的职业）。一位前餐厅总经理兼侍酒师也失业了，他坦白说自己刚刚失去了公寓的租约，现在无家可归。

职业指路人说，她可以帮到他们所有人。"我们保证不会只告诉你开心一点或者保持微笑。"她说。

餐厅总经理依然打扮得优雅得体,身上穿着西装外套,脚上是欧洲设计师品牌的条纹袜子。他让我想起几年前看过的一部法国电影里面的核心角色,那个人原本从事金融工作,被解雇之后瞒着家人,天天假装去上班。[1]我想起这部电影时,这位餐厅总经理正在全班同学面前谈着他的问题。跟这里的许多失业中产阶级求职者不同,他总能找到工作。然后,他也可以预见地会被解雇,通常是在上班仅仅三个月之后。"一旦我安排好了他们的酒水单,他们就会让我走了。"他说。这样老板的钱花得就很值:从一开始,他们就没打算长期雇用他。

其他人坐在白色的塑料课桌前,纷纷摇头。这是2016年9月,导致这一切发生的金融危机已经过去八年了。据说经济已经好转,就业率也上升了,但是大量的新工作岗位并没有落到这场全天会议的与会者头上。JVS的办公室位于波士顿的商业区,它就像经过翻修的"兔子洞",每天挤满了数百名年轻的求职者,其中大部分都在完善他们的简历。

"远离这种消极情绪,你的内在并不像你认为的那样有缺陷。"一位职业指路人说道。她试图让我们建立规律的时间表——没有一份朝九晚五的工作会令人感到沮丧。

许多励志活动都会让求职者感到有点(有时可不止一点)自责,"重新出发"则带来了一些相当与众不同的东西。职业指路人小心翼翼地回避了那些被我视为"失业羞辱"(unemployment-shaming)的言行,取而代之的是强调求职过程中的自我关怀

(self-care)。

"是,都怪我妈。"其中一位求职者用浓重的波士顿口音对自己的困境开起了玩笑。

事实上,许多与会者的困境都是因学生贷款或教育培训债务而起的。这我可以理解。毕竟,在身负学生债务的美国人中,超过30岁的占了60%以上。[2] 尽管一些不负责任的高贵人士会说(正如某位房地产开发商所言),如果千禧一代不再吃牛油果吐司,他们就能买得起房了[3],但2017年纽约联邦储备银行发布的一份报告显示,在奢侈食品之类的事物上挥霍无度的传说并非真实情况。相反,住房拥有率降低的部分原因正在于公立学费和学生贷款的上涨,这令刚开始建立家庭的美国年轻人深受困扰。[4]

截至2015年,总值1.3万亿美元的未偿还学生贷款中,至少有17.5%属于50岁以上的债务人。自2005年以来,中年以上人群持有的债务比例大幅增加,部分原因可能在于回到学校继续进修的人数增加了,但很大程度上也是因为偿还原有大学债务所需的时间变得更长,本科和研究生教育的成本也上升了。这些中年人谈到学生债务的样子让我想起了黑色电影*——学生债务紧追着他们不放,这些来自真实生活的例子体现了一种被操纵的叙事,仿佛映在墙上的邪恶阴影。正如我采访的一位有

---

* 黑色电影(法语:film noir)多指20世纪40年代至50年代的好莱坞侦探片。这类电影通常将背景放在犯罪舞弊丛生的底层社会,强调善恶划分不明确的道德观。

抱负的中年护士母亲所经历的，讨债公司对从前的学生穷追不舍，效果堪比恐怖片。有些讨债公司甚至会威胁这些中年债务人：他们可能已经四面楚歌了。然而，这里的敌人并不是人，而是一个抽象的概念：用几十年时间累积起来的财务支出数字。

在人们试着开启"第二人生"时，任何高明的话术或者专门的伪装都无法掩盖年龄的重要性。年龄越大，情况就越糟糕：根据圣路易斯联邦储备银行一项关于长期失业的研究，如果你在超过55岁时失业，找工作的难度要高于30岁的时候。[5]公平就业机会委员会在过去20年里收到的关于年龄歧视的投诉显著增加，与20世纪90年代后期相比，最近几年每年收到的投诉要多出大约5000份。[6]根据劳工统计局2014年的一份报告，55岁以上人群的长期失业率大概是年轻人的两倍。[7]年龄歧视的存在显然是不可否认的。我们中的一些人如果想要继续成为劳动者，就不得不在某种程度上否认身体的存在——会变老、要生育的身体。

在"重新出发"研讨会上，人们展开老花眼镜，打开笔记本电脑，仿佛这是开学的第一天，而不得不到这所学校上学是他们从来没有想过的事情。如果是在另一个时代，他们中的一些人应该已经退休了，而不是还在找工作；又或者，如果他们的工作没有被机器取代，没有被裁减，他们也可以继续他们一直以来都在从事的工作。

"我们经济的大背景就是，人们需要面对越来越不稳定的局面，所以他们**不得不开启第二人生或者第三人生**，中上阶层也不例外。"马萨诸塞大学阿默斯特分校的社会学家、职业转变协会（Institute for Career Transitions）的联合创始人奥弗·沙龙（Ofer Sharone）说，"如今的就业市场对于年纪大的劳动者和没有工作的人来说是无比艰难的"。

在美国，我们相信从头再来——再来，再来。但是现在，随着中产阶级也开始成为合同雇工，我们必须重新审视这些关于代价高昂的第二人生的故事。营利性的大学、认证课程，还有加入这一新潮流的教练——他们都在提供"帮助"，有偿提供。它们一起构成了一个更大的、有时令人担忧的奇特产物，我将其称为"第二人生产业"（second act industry）。

营造第二人生虚幻信念的并非只有那些贪婪的营利性法学院：它们不断引诱那些甚至不够格的中年学生举债入学。一系列的小型网站、专题项目、自助书籍和专业导师也在兜售这一观念。劳动者要像推销商品一样去推销自己（看，美国人就是热爱自我推销！）是这一观念的内在要求。

"职业变道者"的导师在对他们鼓吹人类的潜能，而他们如果生活在之前的时代，可能已经在计划退休了。我花了几个小时浏览这些鼓舞人心的报道，它们敦促我们这个年龄的人要从沙发上站起来，开始做自己热爱的事情（又是那句老话）。第二人生指导会（Second Act Coaching）的创始人安·兰科维茨（Ann Rankowitz）承诺："你的第二人生可以成为你生命中最自由、最有力量的时刻。"一些公司对 50 岁以上的专业人士进行第二人生指导，教他们如何对新雇主展示自己，应该朝哪个职业方向"转变"，价格最高可以达到每年2万至9万美元。许多文章鼓动读者在40岁或者50岁之后按下人生的"重启键"。许多网站向我们保证，"通过学习基本方法，聚焦自身的附加价值，你可以把年龄转变为一种优势"。一位导师推出了"工作+生活的自信药方"，甚至还可笑地将"自信"（confidence）称为真正的维生素C。一位导师称自己为"职业设计师"。他们还举办虚拟峰会，例如"重获新生与年龄斗士高端峰会"（Mega Reinvention and Age Busters Power Summit）。

当然，以上许多关于在较大的年纪如何包装宣传自己、建立人脉、进行自我再教育，从而打造最好的第二或第三人生的说教并非毫无根基。在一个人们被教导在面对通常是体制性的问题时只寻求个体解决方案的国家，对这些服务的需求是真实存在的（本书将在后文介绍一些针对此类困境的整体性解决方案）。

职业第二人生概念的走红也源自一种更广泛的、对人类可完善性的信仰：我们对于个性抱有一种改造心态，最终形成了我们今天对人生轨迹所持有的后现代主义观点。在最坏的情况下，充斥于第二人生产业之中的这种改造心态就像是为职业进行的整形手术。但是，换工作或者转行并不像玻尿酸填充物那么可靠，尤其是考虑到不稳定的工作状况和日渐崛起的自动化趋势对白领职业带来的影响。认为只要花足够时间去完善自己就能适应经济环境，这只是一个快乐的幻想，并不总是能成真。

它的前提就站不住脚：就算你受过极好的训练，能够胜任工作，如果没人招聘，你也照样倒霉。

在20世纪中叶，人们的大半辈子甚至整个职业生涯都在同一家公司工作。到了90年代，当我进入处于衰退之中的就业市场时（那时年轻人假装自己个性"懒散"，部分是为了在被日益萧条的职场拒绝之前，先发制人地保护自己），在一家公司工作一辈子已经变得老土了。它成了过时的陈词滥调，就像发给退休人员的金表一样，象征着一种我们已经无法获得的平淡生活。

人们被期望从一家公司跳槽到另一家公司，或者从事自由职业。我很早就认识到了这一点——我甚至记得在研究生院时一位教授给我的解答。那时我正悲伤地不住询问，为什么我无法得到父母那样的安稳生活，而是在做这些奇怪的零工，写一些只有数据库会看的东西。真相是零工和自由职业经济已经开始吞噬其他的工作岗位，能够有机会真正为一家公司工作的员工很快就会变得更少。

第二人生产业就是在这样的幻想中蔓延滋长的。这是一个正能量仙境，向你承诺人至晚年也能有第二次机会。这一产业背后的驱动力在于一些人失去了本该有的上升曲线。如果美国梦能够正常运转，人们可能会获得更加清晰的个人发展轨迹。通常在同一个行业，你的第一份工作能带你进入第二份工作，如果一切顺利，你会一直做这份工作，直到年满65岁退休。然而这条路再也行不通了。美国劳动者，包括本书中我遇到的许多人，不再像他们的父母那样拥有结构清晰的人生轨迹。

关键在于，在夹缝中生存的美国人需要明白，有这样的感觉并不只是他们个人的问题。他们的痛苦是由一个巨大的体制错误造成的。

失业的大龄劳动者准备开始第二人生，但除了责怪自己、尝试解决自身的问题之外，不知道还能怎么办。他们被推销出去，好获得最大收益。沙龙说："他们承诺你能从所有这些培训工作坊、书籍、辅导或者学校获得什么，但这些都是夸大其词。"他们鼓吹的观念是时间永远不会太晚，而你永远不会太老。"这些导师总爱告诉学生，如果他们跟着方案走，"沙龙说，"如果他们完全按照工作坊的建议行事，那么唯一阻挡他们前进的就只有他们自己。"

塔玛拉·斯潘塞，那位50多岁的航空工程师，是在南加州开始工程师工作的。后来她放弃工作，回家养育两个女儿，现在她们都已经20岁出头了。两个女儿都上初中以后，斯潘塞回到了职场。

她说自己根本无法回到工程师岗位，因为早期接受的技术教育已经过时了。由于找工作太困难，她只能无奈地在各个领域浅尝辄止。她身材娇小、一头红发，带着一种辛辣和自嘲式的幽默，向我们展示了她的拼贴式人生画卷。她起初是兼职工程师，之后又做了网站设计师。"私房厨师"似乎是一个好主意，她觉得这个领域门槛较低，所以花了4万美元去读烹饪学校银顶（Silver Top）学院。这所学校"并没有胁迫我"入学，她说，但"这是一所营利性的学院。就跟去二手车行一样,他们会不停地怂恿你,给你各种承诺"。

很快,斯潘塞就和其他许多人一样背上了教育债务,而且还没有找到厨师工作,更别提其他工作了。因为专业烹饪是她的第三或第四职业,不是她一开始学习的东西,而顾客和餐厅倾向于雇用具有多年高级餐饮工作经验的人,她的职位申请也无法获得通过。

斯潘塞的背部也出了问题,需要动手术。最终,她的身体状况也不适合在餐厅工作了。"认为上这所学校是个好主意,这是我的错,而积极促成这笔生意,是烹饪学校的错。我已经努力重塑自我好多次了。说实话,没有用。"

她一边跟我说着这些,一边按她最喜欢的方子做了一个巧克力油醋蛋糕,并把它装到了杯子里。

"给家里带来了债务负担,我觉得非常非常内疚,"她告诉我,"与刚毕业的大学生竞争会对心理造成影响。当我陷入负面情绪的旋涡之中,很难不感到气馁。需要完成的事情有那么多,而我只是个冒牌货。"

她的父母都是教师,但过得比她安稳。她的父亲在周末担任乐队领队,在暑期还会做理发师。他们过着舒适的中上阶层生活,还能去度假。住房和其他开支只占他们工资的四分之一,而且他们还不用交有线电视费。

斯潘塞的父母典型地拥有更长的职业寿命,没有开始第二人生的需要,也就不会沦为第二人生产业的猎物。这一产业中的营利性职业学校和商业化大学是由政府拨款扶持的。虽然职业培训学院被指责通过强势招生剥削退伍军人和非传统（通常是大龄）学生，它们却和传统的非营利性高校一样，依赖自己学生的联邦学生补助（Federal Student Aid）。

我采访过的有色人种中年求职者也怀疑，种族和种族歧视是造成他们无法获得社会承诺的第二人生的重要原因。考特妮·埃德尔哈特（Courtenay Edelhart）以前是一家报社的黑人记者，她告诉我在面临裁员威胁而辞职后，她申请过上百份公关工作，但都没有结果。她认为 50 岁的年龄是部分原因，也许还有种族的原因。"黑人，长得又胖，还是中年人？没有人想请你。"她说。她说的有一定道理。根据西北大学（Northwestern University）、哈佛大学（Harvard University）和挪威的社会研究所（Institute for Social Research）2017 年进行的一项研究，白人求职者收到的雇主回电比同等资历的非裔美国人高 36%。

总体而言，就业歧视从 1990 年至今并未减轻多少。

找不到工作会带来一系列新情况，并造成持续的后果。以埃德尔哈特为例，2015 年，她决定重返校园，到非营利性的峡谷学院（College of the Canyons）攻读副学士（associate）学位，学习做一名律师助理。我们最后一次联系时，她只剩最后一门课了（随后就可以到律师事务所找一份律师助理的工作）。在此期间，她连续遭遇多次意外情况，需要不断透支信用卡——汽车电池坏了、轮胎爆了、床垫除虫——现在也已经债务缠身了。

埃德尔哈特渴望带她的孩子们去度假：他们从来没去过。

尽管她 15 岁的女儿很有运动天赋：她跑步、踢足球、打篮球，埃德尔哈特却没钱送她去参加锦标赛，或者给她请教练，甚至连足球俱乐部的 500 美元注册费都交不起。在俱乐部专门免除了注册费之后，她的女儿终于可以踢足球了，尽管她的主项目是田径。如今她的女儿已经高二，埃德尔哈特正在努力让她在高三各大高校开始招募队员时，能够进入某一支队伍，盼望着女儿的运动成绩可以为她自己赢得奖学金。

"拖她后腿的不是她的天赋，"埃德尔哈特自责地说道，"是我。"她的自责在我看来是错位的。

这让我想要打破记者的角色设定，与她进行争论，提出强烈的反对意见。我想说，不，不只是你。**我们都知道新闻业已经是穷途末路，而人到中年想要在事业上东山再起，也存在非常明显的障碍。**

第二人生产业并不仅仅针对那些绝望的、天真的、心怀不可能实现的梦想的人，但是许多机构确实瞄准了大龄求职者，从他们感受到的绝望和努力实现的梦想之中榨取利润。营利性大学，例如现在已经停办的连锁学校 ITT，有时会对他们的毕业生承诺根本无法实现的教育和职业成效。39 岁的 ITT 毕业生迈诺尔·罗德里格斯（Mynor Rodriguez）住在芝加哥西北部，是四个孩子的父亲。他向我讲述了他上营利性大学的悲惨故事，确实非常非常惨。在去 ITT 之前，罗德里格斯是一名高中学历的平面设计师。他被"引诱"参观了近郊的 ITT 校园，招生工作人员向他承诺会在临近毕业时帮他找到工作，于是他报了名。

最终他获得了一个信息安全系统方面的学士学位,但在此过程中也背上了沉重的债务。他的同学们大部分也都三四十岁了,他说。ITT的工作人员推出这个学位项目主要面向的是大龄学生。

八年过后,如今的他欠债5.9万美元,而他的学校正在接受奥巴马政府的调查。罗德里格斯的负债水平和他因此所受的困扰,也远远不是一个孤立的问题。据了解,清偿学生债务对于有色人种的中产阶级债务人来说尤其困难。2016年,美国进步中心(Center for American Progress)和华盛顿公平发展中心(Washington Center for Equitable Growth)的一份报告解释,在以非裔或拉丁裔美国人为主的社区,学生贷款的拖欠率相对较高。数据进一步显示,在有色人种群体中,那些最难清偿学生债务的并非低收入群体,而是像罗德里格斯这样的中产阶级。部分原因在罗德里格斯的例子中也有体现:在举债上学的有色人种学生中,很大一部分进入了营利性学校,而作为营利性高校的毕业生,他们偿还债务的可能性更低。

在ITT这个糟糕的第二人生起点,肯定还有许多从营利性大学走向终身债务的场景在上演。这所学校在2016年9月6日突然关闭,致使4万名在校学生陷入困境,成千上万毕业生怀疑他们的学位价值几何。[8]

ITT还给罗德里格斯带来了另一个问题。在毕业后的几年里,罗德里格斯申请了许多系统管理和计算机网络方面的工作,其中包括他梦想的芝加哥警察局。但他并不够资格,因为芝加哥警察局不认可ITT作为大学的资质。

"我做这些都是为了家人,为了多赚点钱,做他们的榜样,告诉他们无论什么年龄,你都可以上学。"他告诉我。结果事与愿违。罗德里格斯如今在市政府从事技术工作,年薪 5 万美元,只比去 ITT 之前多了 5000 美元(未考虑通货膨胀因素),而且还有债务要还。"我还是无法实现美国梦。"他说。

美国 2016 年的民选总统也在这些逐利的骗局之中扮演了惊人的重要角色。许多美国中年人花费高达 3.5 万美元入读特朗普大学(Trump University),而这所学校实际上并无大学办学资质,最终也因误导学生陷入无穷的诉讼。这所学校的名字也许是恰当的,毕竟它借以命名的这个人就在年岁增长的过程中不断重塑自己,从失败中继续前进,好像从没失败过一样,直到终于令人震惊地成为总统,获得了绝佳的经济保障。他们让学生以为自己不仅入读了真正的大学,还有机会接触到唐纳德·特朗普本人,而针对欺骗学生的指控则以 2500 万美元的代价和解了。[9] 特朗普大学的事例再一次清晰地表明,这类机构中的一部分已经腐败堕落到了什么程度,而这种特殊形式的腐败又涉及了多么高层的人员。第二次教育机会的迷思比误导更糟糕——对其深信不疑可能会带来灾难性的后果。这一产业是现行体制对不稳定的中产阶级造成损害的又一例证。毕竟,就连美国总统都在这个欺骗性的体系中拥有巨大利益。

并非仅有营利性大学在利用那些寻找第二职业生涯的人。得克萨斯州圣安东尼奥的投资人阿曼多·蒙特隆戈(Armando Montelongo)也参与了此类骗局,他举办各种虚假的"炒房"研讨班。2016 年，164 名人到中年的前"学生"对他提起诉讼，指控这位电视明星骗光了他们一辈子的储蓄，还导致其中一人自杀。[10]

但问题不仅出在这些明显的骗术大师身上，其中有一些专家是合法的，只是并非总能提供帮助。

"职业枢纽"（Career Pivot）的专家马克·米勒（Marc Miller）就是其中一位合法的咨询师，他向我解释了他是如何帮助人们开启第二人生的。他的客户主要是 50 多岁刚被解雇的人。我第一次电话采访他时，米勒告诉我，他做评估的收费是 1500 美元，接下来，对于这些失业或者对职业不满意的客户，还有 3000 美元至 5000 美元的服务套餐（他后来告诉我这些价格是"大概的"）。

米勒宣扬的第二人生不同于许多营利性大学、研究生项目和在线 MBA 项目描绘的职业前景。他告诉客户，攻读硕士学位是浪费时间。提到这类研究生，他声称："他们所做的一切只能带来学生贷款债务！"他更喜欢的是职业证书。

米勒会在一开始给客户做一个人格测试，类似于比克曼（Birkman）行为评估，是一份职业和社交方面的调查问卷。之后他会决定他们是需要被"包装还是重新包装"。接下来米勒会给客户写"品牌故事"——他告诉我，因为"最不适合写你的'品牌故事'的人就是你自己"。

他把自己的一些能力归功于他的性格，说自己是"关系型的人"，可以"比任何人都更好地建立关系"。

他还以自己的亲身经历作为例证：他如今61岁，住着一间没有贷款的公寓，有一个"小七位数的投资组合"，并且希望在不久的将来能把第二人生指导的生意卖个好价钱。他说，在早期从事科技行业的工作之后，这将是他的第五人生了。

第二人生产业兜售的愿景实际上受到了美国社会历史潮流的深刻影响。

19世纪末，失败的概念发生了变化，它变得"现代，如同一阵低沉的蜂鸣，而不是一声巨响。它代表着一地鸡毛的生活，而不必是一败涂地的生活"，历史学家斯科特·桑德奇（Scott Sandage）在历史著作《天生的失败者——从小人物身上汲取失败的教训》（Born losers: A History of Failure in America）中写道。[11]

几十年后，人们对华丽的上升和转身有了新的信念，相信我们美国人有从失败中东山再起的能力。对于这种魔力，F.斯科特·菲茨杰拉德（F. Scott Fitzgerald）有这样的说法："我曾经以为美国人没有第二人生可言，但纽约的繁荣肯定会有它的第二'人生'。"[12]（一个常常被记错的版本是"美国人没有第二人生可言"。）跟其他富有魅力的现代主义者一样，亲身经历过大萧条时代的菲茨杰拉德肯定了第二人生及其隐喻的力量。在讲述失败者疯狂的第二自我和阶级流动的小说中，充满了这种注定要失败的自我重塑：菲茨杰拉德的《了不起的盖茨比》（The Great Gatsby），索尔·贝娄（Saul Bellow）的《奥吉·马奇历险记》(*The Adventures of Augie March*,"我是一个美国人，出生在芝加哥那座灰暗的城市，我为人处世都按自己学来的那一套，我行我素，记录这些经历时我也有自己的方式：第一个敲门，第一个被请进去；有时候敲门是出于天真，有时候则不完全如此"[13])、西奥多·德莱赛（Theodore Dreiser）的《嘉莉妹妹》(*Sister Carrie*)和《金融家》(*The Financier*,"一个真正的男人——金融家——永远不是工具。他利用工具，他是创造者，他是引领者"[14])。20世纪的小说关注的是巨大的转折：人们从一无所有到成为某个"人物"，再成为与众不同的、有时甚至是悲剧性的人物。

到了20世纪50年代，文学将失败定义为停滞不前：人们受出身、收入和工作限制无法前进，而且许多主人公没有自我重塑的能力。例如，阿瑟·米勒（Arthur Miller）的《推销员之死》(*Death of a Salesman*)中的主人公威利·洛曼就象征着美国普通人的失败。[15]

在20世纪60年代，邪教般的自助组织和运动，例如人类潜能运动（Human Potential Movement，HPM），进一步对这个国家的"威利·洛曼"们的自我形象发起责难。HPM的信徒认为，人类的潜能在大多数人身上是休眠的，因为他们没有发展和释放自己的创造力。用芭芭拉·艾伦瑞克和戴尔德丽·英格利希（Deirdre English）的话说，HPM"彻头彻尾的自我中心主义"反映了市场是如何渗透到我们最亲密的私人关系——我们与自我的关系之中去的。[16]

时间从 60 年代来到 70 年代，关于人类潜能的观念变得越来越商业化。那些写给奋斗中的、同时刚好也是沉沦中的专业人士的自助书籍就包含着这一观念的回响。想象这样一个书架，上面放的书是诸如《重新想象生活：在你的生活中发现新的可能》（*Life Reimagined: Discovering Your New Life Possibilities*）（放在上层），《真正的黄铜戒指：从现在起，改变你的生活轨道》（*The Real Brass Ring: Change Your Life Course Now*）和《无边的潜能：从中年往后，改造你的大脑，释放你的才能，重塑你的工作》（*Boundless Potential: Transform Your Brain, Unleash Your Talents, Reinvent Your Work in Midlife and Beyond*）（放在底层的快餐作品）。用一位自助书籍作者在接受采访中的话来说，这些巨著鼓励沮丧的中年读者去学习"毫不费力地重塑人生的具体步骤和方法"。例如，《真正的黄铜戒指》的作者黛安娜·比肖夫·詹姆斯（Dianne Bischoff James）在 38 岁时遇见一位通灵师，从此生活发生了改变，然后兴奋地开始了自己的第二人生。詹姆斯引用那位通灵师的话，对自己写道："戴安娜，你是一个才华横溢的作家、治疗师、教师和表演家。但很遗憾，你的生活正在错误的道路上前进。你的黄铜戒指就要来了，你得尽快抓住它，不然就太晚了。"（也许在将第二人生心态付诸行动的事例中，最极端的就是唐纳德·特朗普当选了总统，为了维系权力和财富，他损害了自己，也损害了身边的每一个人。）

这就是第二人生产业销售口号中旗帜鲜明的警示：行动吧！时不我待！其中也包含了一些羞辱的意味：如果你不行动，那就谁也怨不了，只能怨你自己。警示和羞辱之后，登场的是黄金般的承诺：如果你**真的**行动起来了，想象一下，新的天地和财富指日可待。

"我发现许多针对中年求职者的咨询师教的都是营销。"犹太人职业服务机构的职业咨询师埃米·马祖尔（Amy Mazur）说道。她住在波士顿郊区，一头白发，笑起来满脸皱纹，朴实的衣着和民族风情的项链让我想起了之前见过的一些东北地区的心理治疗师。

在这样的情况下，马祖尔说，求职者需要的不只是他们自己生活上的改变，针对他们的辅导和咨询行业也需要改变。在她看来，他们的问题并不在于自我营销的失败，这些问题更多地关乎生存和政治，而且建立在孤独、年龄歧视或偏见的基础之上。在工作坊中，她耐心劝导求职者对她和其他人说出自己的情绪，包括悲伤。

在中年时期重塑自我会体验到各种复杂的情绪，其中大部分都源于自责。我采访过的大多数第二人生亲历者都倾向于责怪自己，而不是问题的始作俑者：让他们深陷债务的昂贵研究生教育、将他们弃如敝屣的前雇主、对职场母亲和大龄员工的偏见。我在优步教师司机中也看到了这种心态：他们首先将造成困境的责任归于自己，认为自己应该开启自主转型。这些司机也没有指望工会、教会等组织会像过去那样为他们提供帮助。如哥伦比亚大学法学院劳工问题专家马克·巴伦伯格（Mark Barenberg）所写，这一切的部分原因在于美国的工会入会率目前正处于20世纪20年代以来的最低水平——工业工会主义在30年代才开始兴起。他把工会力量的式微称为"危机",并将其归咎于管理层对劳动者集体组织行动的报复和右倾的趋势。[17]放宽对金融商业活动的管制和全球化同样也是罪魁祸首。在我自己所在的领域,我看到像 Gothamist 和 DNAinfo 这样的媒体机构*因为员工试图建立工会而在2017年关闭(我运营的组织甚至创建了一个专门的基金来帮助这些现在失去工作的记者)。

当我采访这些不堪重负的父母时,我看到了这一切给个人造成的影响。我看到了兼职教授布里安娜·博林、护士和零售业工作人员等劳动者权利的退步:更加不稳定的工作时间,更广泛地使用短期雇工合同,依赖更复杂、更长而不是对家庭最好的日托时间,还有不再一以贯之的职业发展道路——人到中年之后就很难保住一份缺乏工会保护的工作了。

正如怀孕的劳动者试图保持低调或者隐瞒怀孕状态,第二人生的亲历者也被要求否认自己的生理特性。

有一项重大举措可以对抗第二人生的迷思,即遏制联邦资金资助营利性学校:例如失败的连锁学校ITT或跟科林西恩学

---

* Gothamist 是一家报道纽约市本地新闻、艺术和活动的网站,DANinfo 是一家专注于纽约市和芝加哥社区新闻的在线报纸。

院公司*相关的学校。他们的学历可能很难让人充分就业，但获取学位所需的费用却与公立大学和社区学院相同，甚至更高。

社会活动组织"债务集合"（Debt Collective）采取了另一种方法。他们策划了一场名为"大赦浪潮"（Rolling Jubilee）的活动，利用从多位捐赠者处募集的款项，以低廉的价格向讨债公司买入学生贷款债务，这一活动已经免除了超过 1.2 万名学生的 1700 万美元欠款。贝尔·戈德曼（Belle Goldman）正是其中一位受益者，她当时回到位于洛杉矶的单身公寓，拍了拍她的猫，然后撕开一个普通的白色信封。她告诉我，通常来说里面装的会是自己不喜欢的东西：像是诈骗邮件或又一张未付的账单。但是相反，里面有一张纸条，上面写着她在珠穆朗玛峰学院的两个月里欠下的约 1500 美元的债务已经被免除。"这听起来美好得令人难以置信。"戈德曼说。

在她看来，这像是一个逆向的庞氏骗局。但是不论是学生债务的可怕经历，还是这种少数令人如释重负的援助，都是真实存在的。

---

* 科林西恩学院公司（Corinthian Colleges Inc.），成立于 1995 年，是北美一家以营利为目的的大型高等教育公司，主要向学生提供职业导向性的文凭和学位课程，旗下共计拥有 111 个学校。下文提及的珠穆朗玛峰学院（Everest College）就是其中一家。

2015 年 4 月 26 日，受到诸多指控和诉讼的科林西恩宣布在美国及其他地方停止运营，随后宣布破产，此举导致超过 1.6 万名学生和员工受到影响，截至 2016 年 9 月，仍有 8 万名左右的学生需要偿还因就读该校所产生的债务。加州总检察长卡玛拉·哈里斯（Kamala Harris）指责科林西恩利用欺诈性营销技术（包括虚假的就业率）来诱使学生参加其计划。——编者注

"债务集合"为那些因为营利性高校而背上巨额债务的人提供了另一种解决方案。在该组织的支持下,曾经的学生们在 2015 年举行了债务"罢工",拒绝向营利性学院科林西恩偿还贷款。2015 年,消费者金融保护局(Consumer Financial Protection Bureau)赢得了一项针对科林西恩的 5 亿美元的诉讼。[18] 这一胜利似乎支持了"罢工"学生们对科林西恩的看法。2016 年,"债务集合"又针对 ITT 组织了一场类似的"罢工"。到 2018 年初,"罢工"为受骗学生赢得了数百万美元的债务免除。(本月起,我的母校布朗大学 [Brown University] 开始在入学前期践行另外一种想法:筹集足够的助学资金,从源头上避免学生进行贷款。)

遏制或尽量减少联邦对无良营利性学校的补贴是对第二人生产业的初步纠正,鼓励对昂贵的证书和导师保持合理怀疑则是另一步。但最终的纠正则需要未充分就业的中年劳动者完成心理和内在的转变。我采访的那些人有时觉得自己被遗忘了,甚至可能是被歧视了。求职援助项目必须注重提高劳动者过低的自我价值感。[19]

我们也可以仔细观察一下,那些成功摆脱困境的人都做对了什么。本书前面介绍的米歇尔·贝尔蒙特,在成为一名专业图书馆员后依旧难以摆脱贫困线,但她因财务状况而产生的痛苦则有所减退。她的核心问题依然是让她饱受辛酸的债务,这些债务大部分来自研究生院。跟我采访的许多中产阶级父母一样:截至 2017 年,贝尔蒙特依然背负着 2 万美元的信用卡债务和 17.5 万美元的学生贷款债务。尽管如此，她还是转变了自己的人生，生活状况大有改善。她们家现在在一个相对便宜的区域租了一栋房子。"也许等我提高了信用评分，大概五年左右，我们就能买点东西了。"她预计（截至 2017 年我们最后一次联系时，她比预期更快地达到了目标，而且正在商谈购买一栋房子）。此外，她儿子的新日托中心也是一个惊喜，"奇迹般地"便宜并且"质量很棒"，她说。

贝尔蒙特能够改变生活的一个原因，是她努力培养了自己的情绪适应力。提升"毅力"是美国心理学会（American Psychological Association，APA）推荐的帮助一个人战胜与金钱相关的痛苦的方法。（在我看来，认为那些经济上岌岌可危的人缺乏适应能力的观点本身就是错误的。同样错误的还有认为他们只需要提高自己的毅力和能力、"自力更生"创造经济保障，而不是需要一份更好的工作或者足够且可负担的儿童日托服务等等。）

在贝尔蒙特的例子中，正如 APA 建议的，她还把注意力集中到了实际事务上：关注现实的目标和"小成就"，例如更新自己的简历，而不是专注于抽象的情绪。同样是听从 APA 的建议，她还采取了"果断的行动"，而不是（用 APA 的话说）完全远离自己的问题。其中一项小而果断的行动是"野心勃勃地"找工作，就像她说的那样，最终她找到一份年薪至少 10 万美元的新的全职工作。她的新工作再加上丈夫的 5.5 万美元收入，令他们的中产阶级地位稳定下来。她的年薪一度只有 3.7 万美元，但当她再次求职时,她发现自己的能力可以更值钱。

"我感到如释重负,不用再为抑郁、焦虑,以及深陷债务旋涡而感到羞耻,"她说,"我偶尔还是需要跟家人借钱买生活用品,但现在总能在一个月之内还给他们。"

贝尔蒙特的故事是第二人生一个相对罕见的成功故事,她认识到了自己的状况不是她或者伴侣的错。这对夫妇在经济上的问题如今已经解决了很多。

她出人意料的结局也证明,情节反转(当代好莱坞编剧精心炮制出来的东西)有时也会发生在现实人物的身上,尽管开心的反转往往更小也更微妙。事情会变糟,但也会变好。反转情节会发生,但它们程度有限,既不会是完全的悲剧,也不会是完全的胜利。

所幸,波士顿的"重新出发"研讨会引导这群失业者变得更加团结,并接纳了自己的脆弱。他们中的一些人不再拥有一个清晰的、有意义的,甚至是能带来合理收益的谋生方式,富足的中产阶级生活对他们中的许多人来说也仍旧遥不可及。但是"职业指路人"没有哄骗他们进行自我营销,也没有像橄榄球教练对球员那样恐吓他们,让他们加倍努力。

在研讨会上,当指路人开始讲解那些"棘手的面试题"时,他们对那些求职者的包容心就显现出来了。"面试时我最害怕有人问我:'你为什么这么长时间没有工作?'"一位失业的参会者说。一个魁梧的大胡子举起了手:"如果他们问我'你为什么没有充分就业',我该怎么说?我要说我有残疾吗?我能告诉他们我被诊断出抑郁症吗?"

指路人建议他,在说到他长年受抑郁困扰时,要强调他"故事"中的其他元素。大胡子说,他发明了一种新的计算机语言,是不是可以提一下这个呢?

"我在寻找你的职业自我,每个人都有一个职业自我。"指路人乐观地说。

指路人还传授了实际的面试技巧。一位来自中国香港,有一个年幼儿子的金融工作者请教指路人如何展示自己。

"不要被面试中的沉默吓倒,"一位指路人说,"你走进去,先用一分半到两分钟介绍一下自己,然后就别说话了。"

"承认你不了解公司的工作文化。"

"我可以在年龄问题上说谎吗?"一位女士笑着喊道。

"这个是没办法说谎的!"一位穿着有大朵粉红月季图案的长袖连衣裙的指路人回答道。然后,三位指路人异口同声地解释,求职者伪造年龄非常容易被识破:现在所有人的情况都有电子记录,因为我们生活在一个热衷监视和编码档案的社会。也许他们应该引导别人注意其他方面——例如,在领英的简历上提到更为日常的"酒店业"和"牙科"等职业时,加上"销售代表"或"专科医生"之类的词。

在一堂"重新出发"研讨课刚开始的时候,一位失业男士告诉大家自己如何将职业上的挫败感发泄到了伴侣身上,而另一位参与者则说她借助暴饮暴食来减压。然而,在活动结束时,他们都说自己感觉好多了，就连那位算是无家可归的前餐厅经理也低声说道："我觉得这些讨论给我鼓足了劲。"

"现在我只有在没被录用的情况下才会感到失落。"他补充道，带着一丝不易觉察的笑容。房间里其他特定年龄段的求职者们都笑了起来，笑声低沉，但带着苦涩的温暖。

第 8 章

拥挤的房屋

一个阳光明媚的秋日午后,在纽约州达奇斯(Dutchess)县一个波希米亚风情的"睡城"*,两个女孩正在家里的客厅玩耍,一个4岁,一个5岁。她们刚刚吃了一顿由冷的意大利面、奶酪棒和自制心形果汁雪糕组成的午餐。现在,她们正轮流到瑜伽秋千上去玩。那是一个引人注目的新奇装置,是用悬挂在天花板上垂下来的布料做成的。不可避免地,她们吵了起来。

"轮到我了,她不让我玩!"一个女孩喊道。

"你可以从秋千上下来吗?"另一个女孩的妈妈玛丽(Mary)轻声对女儿说道。

"不,不,就不!"她的女儿诺娜(Nona)气愤地回答。

---

* 睡城(commuter village),直译为通勤者居住的城镇,指大城市周围承担居住功能的卫星城。

"她说她不喜欢我！"阿丝特拉（Astra）不满地说（出于隐私方面的考虑，这些家庭成员的名字都采用了化名）。

最终，第一个女孩的母亲珍妮弗（Jennifer）开始数数，让女孩们平静下来。然后，她让诺娜从秋千上下来。阿丝特拉得意地爬上秋千，兴致勃勃地来回晃着。另一个女孩开始哭了起来。

于是，两位母亲试图跟女儿们认真谈谈这件事。"你为什么哭了？"玛丽问道。她留着深褐色的波波头，拥有专业瑜伽习练者的平静目光。妈妈们随后提议，让女孩们到门外去一起玩蹦床，并且和好。她们同意分享蹦床，因为她们几乎分享了一切。

这两位女性是"合作家长"（coparent）。这些父母之间没有伴侣或血缘关系，却住在一起共同抚养各自的孩子（它还可以延伸到更传统的情况，例如离婚或分居的父母划分好时间后轮流照顾孩子）。像珍妮弗和玛丽这样的父母合作抚养孩子，部分是为了在房租、房贷和昂贵的儿童保育方面节约开支。对于一些人来说，这个概念本身就包含着个人空间和传统家庭角色方面的问题，可能会因各种原因让人感到不安。但对于另一些人，合作抚养可能是一种终极梦想：这是拥有大家庭的方式之一，不是出于伴侣或血缘关系强加的责任，而是通过有选择的团结走到一起。

玛丽和她的女儿跟36岁的珍妮弗及其丈夫、女儿住在一栋房子里。我第一次见到他们时，这两家人刚刚认识两个月，之后他们便决定开始合作抚养。对于三位父母来说，这一关系并不包含情爱纠葛；相反，它同时建立在理想主义和实用主义的基础之上。尽管合作抚养听起来可能有点像过去的公社（commune），但它与嬉皮士*关系不大，更多是为了经济保障。在过去的五年里，珍妮弗和玛丽所在城镇的房地产价格一路暴涨。珍妮弗偶尔从事平面设计师的工作，她和丈夫以 27 万美元的价格买下了他们这栋近 92 平方米的房子，几乎花光了他们的积蓄，珍妮弗说，因此他们一致决定将地下那层租出去抵消成本。这对夫妇也主张儿童保育的共享。珍妮弗会产生这样的观念，部分是受自己童年经历的影响。她的父母每周工作 60 小时，经常把她丢给保姆，而她不想再继续这种做法。"我现在不能没有另一个家庭了——没有他们，我不知道该怎么过，"她说，"我喜欢生活在群体之中的透明感。没什么可隐藏的，我的事情大家都知道。"

在这座临河的城镇与玛丽进行合作抚养，是珍妮弗和丈夫经历的第三段类似的关系了。他们之前住在附近的一栋公寓式楼房，那里跟公社很像，除他们之外还有三个带孩子的家庭，以及一些单身或成对的成年人。在那里的人际关系最终变得太过复杂之后，他们买了自己的房子。他们有段时间跟最好的朋友合作抚养各自的女儿，但后来朋友一家因工作原因搬到波士顿去了。于是珍妮弗和丈夫在 Craigslist 网站†发布了招募合作家长的广告。

---

* 嬉皮士（hippie），指 20 世纪 60 年代至 70 年代，西方国家反抗传统和政治的年轻人。他们采用公社式和流浪的生活方式，批判中产阶级的传统价值观。

† Craigslist 是美国一家分类广告网站。

这栋房子的地下室可以独立作为一套两居室的公寓,他们挂出去的价格是每月1200美元,如果遇到"对的人"还可以再减(在城镇的其他地方,面积相当的公寓租金在每月1300美元至3000美元不等)。"有些性格的人我合得来,有些合不来。"珍妮弗说,并补充说她在找到玛丽之前还面试了好多人。"我喜欢内向、敏感、容易沟通的人。尊重自己的边界,也要尊重别人的。我们想找一位能够积极投入合作抚养的家长,对方的孩子跟我们的孩子差不多大。"他们最终同意玛丽每个月付1000美元房租,外加电费。除了共享房屋和照顾孩子的责任,两个家庭还一起吃了好多顿饭,一起支付账单,还共享一辆车。尽管租赁关系使两家一开始就是不平等的,但他们在生活安排和共同分担的责任上却尽量做到了公平公正。

玛丽告诉我,对她来说,合作抚养与其说是理念问题,不如说更多是经济问题。进行合作抚养之后,她的生活成本就没那么高了。她在怀孕五个月时离开了阿丝特拉的父亲,她说他是一个"好斗的"人。在女儿出生后,她们一度睡在她母亲家客厅的折叠沙发床上。玛丽在一家特色食品商店当售货员,有时要靠食品券才能填饱肚子。

四年后,玛丽和她的女儿有了截然不同的生活。她们住的地方有极简风格的瑜伽中心,装潢以松木为主,铺着干净的木地板,墙上挂着一把吉他,旁边还有一架古乐器,以及一个她女儿做的抽象磁铁雕塑;透过窗户,可以看到秋天的黄叶,还有邻居家的一棵苹果树。玛丽在一间高档日间水疗中心工作,她认为是合作抚养让她和女儿第一次有了自己的生活空间，一个她真正负担得起的生活空间。

在我认识玛丽和她的女儿，了解到他们复杂的合作抚养关系之后的几年里，我陆续接触了更多类似的家庭，有些规模相近，有些甚至更为庞大。2017年年底，在与玛丽他们相距将近322千米的波士顿及其近郊，我遇到了另外两个家庭，他们也一度生活在这种不同寻常的模式下，后来又慢慢结束了这一状态。索菲娅·博耶尔（Sophia Boyer）是这种生活方式的绝佳阐述者，她是一名教育顾问，在公立和私立学校都有过任教经历。如今40多岁的索菲娅，曾经有五年的时间把拥有的一座房子用于合作抚养，住户们在那里互相照顾各自的孩子。某种程度上，她是和另外八个左右的人（总共三个家庭）一起养大了她的双胞胎，在本书写作时他们已经13岁了。这些父母们的工作时间各不相同，如果有人要在早上工作，其他父母会开车送孩子去看医生。他们都是第一代或第二代移民，索菲娅也不例外，她出生在海地，其他人来自危地马拉和塞内加尔。

他们共享的这座房子位于布罗克顿（Brockton），外墙被漆成了黄色，面积大概有353平方米，足够让"大家都能独自睡觉"，索菲娅说。房子三楼还有一个合规的套间。住户们也很少需要操心为自己孩子做饭的事，虽然没有正式的时间表，但他们会组织安排膳食和相关劳动。首先，他们会为整个大家庭采买和烹饪食物——来自Costco的意大利面、米饭和肉类，季节性的食物拼盘、海地菜、危地马拉菜等,食材必须做到平价健康,那个星期工作最少的人会带头组织做饭。孩子们会在饭前玩耍,然后一起就餐,就好像身处一个有血缘关系的大家族一样。

总体而言,比起自己承担房租房贷和日托费用,或者甚至自己做饭填饱肚子,这些家庭目前的生活成本低了不少。索菲娅说,这正是这些家庭所缺乏的"中上阶层所拥有的支持和地位象征的替代品"。

索菲娅在成长期间曾在海地生活过,这段经历令她觉得合作抚养模式很正常。这在一定程度上也是她和其他来自移民家庭的父母在"儿童养育理念"上能够达成一致的原因。这一"理念"(在合作抚养关系之外)其实相当传统:"孩子做孩子的事,大人做大人的事,"索菲娅说道,"这是第一代移民的观念。"

索菲娅和其他父母的选择同样也受到身为美国中产阶级父母巨大的经济脆弱性的影响。波士顿及其近郊的房价已经贵到让他们中的任何人都难以高攀,尽管他们当时都有学士和硕士学位,从事专业性工作。"我们都是名义上的中产阶级,但没有家庭给予的经济后盾,因为他们来到这个国家的时间不长,没有积累下什么财富。我们的大家庭中没有一个人能拿得出 2.5 万美元给我们。"索菲娅说。

当然,这种情况已经反复在我采访的有色人种中产阶级父母身上发生了,无论他们是不是移民。他们原生家庭的积蓄不像大部分白人中产阶级父母那么丰厚。他们不太可能拥有房产,部分原因在于代际传承的家庭财富要少得多。而那些父母确实拥有房产的，可能也是位于黑人社区的房产，价值不如白人社区的那么高（一项研究将这一差距归因为白人购房者拒绝搬入黑人社区，从而降低了相应房产的需求）。这一切的背后，是美国种族歧视的历史沉疴。

索菲娅说她当时大概一年赚 4.8 万美元，有时甚至更少。在某些时候，她的工资正好相当于她工作的私立学校的学费。这座房子里的其他父母——社会工作者、会计师、研究生——收入同样在 4.5 万美元到 5 万美元不等，其中一位只有 3 万美元。如索菲娅所言，他们倾向于接受"拥有而不占有"的理念。她和当时的丈夫把房间租给其他合作家长，租金"很低或者根本没有"。

由于经济不宽裕，他们会将大孩子的衣服全部按照尺码和性别整理好，往下传递使用，这样各家就不需要买新衣服了。

索菲娅认为，这样的关系几乎如田园诗一般，莫名令人感到轻松。

然而，索菲娅和她的丈夫最终离婚并卖掉了房子。他们和其他合作家长各奔东西。

索菲娅认识的一些人依旧在采用类似的替代性育儿和生存策略。例如，米亚·约翰逊（Mea Johnson）就在波士顿的另一座房子里参与合作抚养。我是在牙买加平原（Jamaica Plain）的一个教堂参加活动时认识米亚的，也是在那里认识的索菲娅。

米亚称自己为"土著"——她是阿帕奇族人[*]——她希望自

---

[*] 阿帕奇族（Apache）是美国西南部的几个文化上有关联的原住民部族的总称。

己的儿子在一个由有色人种家庭组成的社区中长大。因此，她带着孩子在合作抚养的黑人印第安人旅馆（Black Indian Inn），一座土著风格的黑色房屋里生活了五年。米亚现在住在玛格丽特·莫斯利合作社（Margaret Moseley Cooperative）。她告诉我，那里"主要由有色人种组成"：十三个成年人和六个孩子，其中有四个白人。米亚表示，这个想法是为了避免合作家庭"复制已有的体系"，能够共同分享房子的产权，以弥补美国几代因被剥夺选举权而没有房产的人（当然，也有些人的情况是祖先手里的房产被别人窃取了）。像米亚这样的单身母亲和社区组织工作者，如果没有继承遗产，几乎不可能在今天的美国获得经济保障或者房产所有权。合作抚养是她可以采取的为数不多且相对激进的手段之一。

然而，相比联邦政府在日托服务和可获得、可负担的住房等方面的缺位，合作抚养及其他别出心裁的试验只是杯水车薪。这些措施原本可以大大缓解养育子女的经济压力，但在这些措施缺位的情况下，像玛丽这样的家庭就会陷入困境，合作抚养等个性化的解决方案也因此大行其道。

"许多家庭都在传统范围之外参与共享。这种情况越发普遍。"学者凯瑟琳·格尔森表示。她还指出，在贫困家庭中，经常被请来照顾孩子的姨妈、祖母及其他大家庭的成员在必要时也会住在家里。

格尔森是纽约大学的社会学教授，专门研究家庭和新经济。

她告诉我,这种合作解决方案面临的障碍之一,是美国人错误地"坚持核心家庭(nuclear household)的理念。家庭并不只是通过法律或亲属关系联系在一起的,也可以通过互相照顾、共享经济资源而聚集到一起"。因此,合作抚养长期以来都是人们"在艰苦条件下"采用的策略,她说。跟日托服务、本科和研究生教育一样,某些地区的房价过于高昂,已成为令许多家庭不堪重负的关键因素之一。由于住房开支庞大,价格合理的住房稀缺,本书中的许多父母要么只能勉强保住自己的家,要么就已经被赶出了自己长久生活的城市。合作抚养只是他们能够找到的一个小办法。

毕竟在许多城市,人们能租得起或买得起的住房资源稀缺。对于住在旧金山等地的教师和其他专业人士来说,找第二份工作这件事已经十分普遍,就像前文介绍的优步司机。正如普林斯顿大学社会学家和人口统计学家道格拉斯·马西(Douglas Massey)所写的,许多居住在物价高昂的美国城市或其近郊的家庭是通过房地产价格感知到数字经济崛起的效应的。随着这一产业的崛起,高薪的科技工作者搬进城市中心,改变了这一地区的人员构成。公司有时也会迁入,就像亚马逊位于西雅图的总部那样,在本已很时髦的地区形成一个个微型都市。贫穷的劳工阶级和艰难挣扎的中产阶级则不断地往外搬——搬到所在行政区的外围、内郊区,或者荒凉偏远的"睡城去",例如距离旧金山51.5千米(坐车坐到腰疼)的瓦列霍(Vallejo)。如今的繁荣都市已经严重分裂,最能解释这种情况的词是"空间不平等",它揭示了社会阶级的隔离(也包括种族的隔离)而非融合。

在过去十年中,许多中产阶级的奋斗者被迫离开了他们居住的社区和城市,阶级隔离就这样上演了。其中一位正是前面章节介绍过的考特妮·埃德尔哈特。埃德尔哈特现年 50 岁,曾是一名商业记者,专门报道别人的经济困境,直到她自己遇到了同样的问题。

在西北大学获得学位之后,埃德尔哈特做了 25 年的报社记者,然后失业了。她有一段时间住在加州的贝克斯菲尔德(Bakersfield),并在《贝克斯菲尔德加利福尼亚人报》(*Bakersfield Californian*)做记者。在那里,她最初一年挣 4.6 万美元。生活在这个国家物价最高的州之一,这点钱对于一位带两个孩子的单身母亲来说显然不太够。但她坚持了下来,因为她热爱新闻工作。七年后,随着每年工资和福利的削减,她的薪水跌至一年 4 万美元。最后,当结束那里的工作时,她的工资已经降为 3.9 万美元,她的朋友们全都被这家报社解雇了,她知道接下来就是自己。2008 年的金融危机和经济衰退令空前的收入不平等进一步加剧,留下了一个严重分裂、极易受到"另类事实"*影响的国家,并最终导致了唐纳德·特朗普的当选。随之出现的新闻机构大面积裁员并非偶然,尤其是远在华盛顿特区和纽约的媒

---

* 另类事实(alternative facts)是美国总统特朗普的总统顾问凯莉安·康威(Kellyanne Conway)在 2017 年 1 月 22 日接受媒体访问时,为白宫新闻发言人肖恩·斯派塞(Sean Spicer)谎报特朗普就职典礼参加人数进行辩护时所用的词语,即有选择的"事实",实际上的谎言。

体精英圈子之外的农村地区，裁员比例高达 40%，埃德尔哈特也在其中。[1]

到那时，她已经住不起贝克斯菲尔德了。受经济所迫，她搬到了一个更偏远的城镇，但这又增加了通勤成本，包括时间上的和经济上的。一家人搬进了沙漠城市兰卡斯特（Lancaster）的一间公寓，距离洛杉矶以北一小时车程，这里的三居室公寓租金仅为 1085 美元，他们住得刚好离学校也更近了。埃德尔哈特每月付大约 1200 美元租金。在贝克斯菲尔德，他们一家是社区的一员，可以临时找人帮忙照顾孩子，或者在车坏掉时找到人开车接送。如今一家三口更加与世隔绝了。

尽管房价较低，埃德尔哈特一家还是被迫进入了一个相对更常规的合作抚养关系：他们找了一位"兼职"室友，一位 40 多岁的前记者。她同样在附近一所社区学院攻读律师助理的副学位。房客对于埃德尔哈特一家来说是必要的，更不用说还是一个慷慨的同班同学，她交了房租，一周只在需要上学时住三个晚上。埃德尔哈特毕竟是一个资历过高却并未充分就业的学生。即使在终于找到一份律师事务所的工作之后，她在经济上依旧捉襟见肘，还背负着极其沉重的债务，包括信用卡和学生贷款。"我可能要负债终生了。"她说。作为单身母亲，她无法负担 12 岁儿子的多动症药物，所以他只能用医生以前开的旧处方，服用加州医疗保险计划*覆盖到的药物。埃德尔哈特说，这

---

* 加州医疗保险计划（Medi-Cal）是加州政府为低收入家庭、老人、儿童、残障人士等提供的医疗保险项目。

些药物效果差一些，副作用也较大，但她不得不服用，因为她买不起保险范围之外的新药。

大量报纸的倒闭导致了广泛的裁员，同时也让许多人开始了重塑自我的尝试。然而，最引人注目却又常被排除在"新闻业终结"的故事之外的一点是，像埃德尔哈特这样的记者并不仅仅是令自我陶醉的媒体圈哀叹的珍稀个例，他们象征的是正在走向崩溃的中产阶级。她的父母出身劳工阶级，成功获得硕士学位，成为社会工作者。他们的经济条件对于女儿来说已经遥不可及，但无论是在他们的遗嘱中，还是在她回学校上学的时候，他们都没有留下多少财产供她生活。她的父亲那时去世了，母亲搬来他们家一起生活。

他们一家搬到兰卡斯特的弊端不仅在于与世隔绝，埃德尔哈特的孩子们在新社区的活动自由也受到了限制。"我的孩子们都有手机，但他们独自外出我会很担心——我们住在一个糟糕的社区，"她说着，悲伤却又充满希望地补充道，"至少目前是这样。"

埃德尔哈特不由自主地把她的现状看成自己的问题。身为中年非裔美国人，她知道这可能是怀有隐蔽（甚至是明目张胆的）偏见的雇主没有雇用她的部分原因。但她很难做到不把自己的情况个人化，尽管在我看来这明显是社会和政治问题。毕竟，白人求职者获得第一轮面试机会的可能性比黑人求职者高了三分之一。但她还是说："我觉得自己很失败。"说的时候语速飞快。

20世纪下半叶，当埃德尔哈特还在当记者的时候，因为房价下跌，城市里房租或房贷的负担还不是太重。[2] 然而，低迷的价格鼓励了投资者对城市房地产的投机行为，新的写字楼和翻修住房也让城市越来越拥挤，原先的趋势逆转了。到 2000 年，中产阶级家庭在波士顿、费城、旧金山和纽约等以知识生产闻名的城市已经住不下去了。有权力的人们聚集在那里，他们需要餐厅和画廊，而长住居民只能目瞪口呆地看着房价飙升。正如城市学家戴维·"DJ"·马登（David "DJ" Madden）在与彼得·马库塞（Peter Marcuse）共同撰写的一本书中所写的，如今"房地产正在攻击住房""针对住房的逐利行为与其居住功能产生了冲突"。[3] 现在，那些想要住在理想城市或其周边地区的中产阶级可能需要多打一份工，就像优步司机那样。当然，为了维持生计，贫穷的劳工阶级早就在这样做了。

其中一种解决方案是提高房租的稳定性，建立允许中产阶级在物价高昂的城市生活和发展的体制。我就是在这样一间租金受到政府管制、价格远低于市场价的公寓长大的——它位于一栋战前建筑*之中，有一间下沉式的客厅，屋里摆满了书，蟑螂肆虐。在今年之前，我住在一间同样租金稳定、塞满书的公寓，窗外的景观就像垃圾箱画派†的作品，几座水塔跟屋里的银鱼相得益彰。

---

* 战前建筑（prewar architecture）在美国指建于 20 世纪初至第二次世界大战前的建筑物，以其宽敞、硬木地板、细节以及可能存在的壁炉而闻名。
† 垃圾箱画派（Ashcan School）是 20 世纪初在美国兴起的一个艺术流派，以创作纽约日常生活场景的作品而闻名，其中展现的多为城市中的贫困地区。

房租的稳定和调控还需要同对房地产行业整体发展的规范相配合，尤其是在人们心目中的那些理想城市。[4]

当然，这样的措施说起来容易，做起来难。

还有一些涉及面较小的个人化解决方案，例如共同居住（cohousing）：人们可以住在由独户私人住宅组成的跨年龄社区，在公共空间或"公共住房"（common houses）欢聚一堂。跟合作抚养一样，共同居住的出现部分也是为了应对以下问题：核心家庭相对孤立的状态，中产阶级家庭面临的经济滑坡，还有热门城市地区越发高不可攀的房价。[5]我叔叔一家在华盛顿州一个共同居住的社区住了20多年，此类社区如今在全国有160个，还有130个正在组建之中。另一个令人振奋的发展方向是"改装共同居住"（retrofit cohousing）：随着时间的推移，住户集体对社区进行改造，而不是为了共同居住特意建造新住宅。

其他别具一格的生存策略还包括世界上最古老的一种：以物易物。我在纽约州罗切斯特（Rochester）采访了42岁的工会组织者卡莉·福克斯（Carly Fox）。不论是在经济上还是生活上，福克斯都高度依赖通过其他服务来换取日托的育儿亚文化群体，这是一个不涉及金钱交易的DIY系统。女儿扎亚（Zaya）4岁时，福克斯挣得多了一点（一年4.2万美元），失去了获得政府补贴或日托费用减免的资格，只能靠东拼西凑解决日托问题：拜托父母帮忙，付钱给表亲或住在附近的保姆，或者跟其他父母交换时间（互相帮忙照顾孩子）。福克斯拥有康奈尔大学（Cornell University）的硕士学位，但她也一度依靠贫困者医疗补助计划和食品券过活。她之所以负担得起相对便宜的日托服务和住房,部分原因在于她所在的城市经济低迷。罗切斯特是柯达(Kodak)公司的所在地,这家公司在摄影数字化之后便风光不再,这里也变成了鲜有白领工作的"鬼城",卖不出去的豪宅随处可见。

福克斯等人依靠邻居来解决抚养孩子的生活成本问题的做法,某种意义上可以说是承继了多个家庭共担父母责任的悠久传统。如今的小家庭各自居住、独自承担压力的情况是在工业革命之后才出现的。此前,小家庭通常跟大家庭一起住在农场,大家一起劳动,过着一种被诗人和历史学家浪漫化的生活。有人可能会争辩说,随着高脚椅和儿童室的出现,中产阶级和富裕家庭的孩子享有了新的家庭隐私空间。但是,劳工阶级儿童却因为家庭和保育网络的分崩离析而处于不利境地。依赖祖父母等直系亲属帮忙照顾孩子可能是个过得去的方案。但从我身边的同龄人看来,很少有人的亲属住得够近或者愿意帮忙,从而真正解决问题。儿童保育变得越来越私人化,而公共服务的缺乏则被转化成了某种热切的拜物教:上层阶级的父母越发看重由保姆和导师提供的个性化"一对一"完美服务。不过近十年来,许多互联网合作社和营利性企业都在试图满足私人保育网络无法覆盖的需求。例如 CoAbode,这家网站会帮助单身母亲寻找类似情况的父母一起合住。

可以预见,这样的安排会产生一些复杂情况。例如,我在奥克兰采访了三位合作家长中的两位。她们三人一起抚养两个孩子（分属不同的母亲）。其中一位告诉我，如果她们三人不是像这样一起生活，她肯定住不起私人住宅或者定期请保姆。"我们都是凭自觉积极地参与其中，彼此之间没有长期的承诺。"

然而，这种关系变得越发紧张。伴随着一次次采访或采访请求，三位合作家长之间的明显摩擦似乎越来越激化，大部分与她们之间真实存在的或想象中的种族、文化和社会阶级差异有关。我收到其中一位发来的几封邮件，信中尖锐地谈到白人特权和集体生活。她说，因为她挣得少，就被要求承担比别人更多的家务琐事和儿童保育工作。我甚至反思，我的采访是否加速了她们之间的分裂——不到一年，她们中的一位就加入了新的合作家长群体。在与这些曾经的合作家长交流时，我觉得他们中潜藏的问题是许多人都在面对的，是美国家庭为了生存而进行的更大范围的挣扎。为什么联邦或州没有出台政策，将我们从令人筋疲力尽而又往往不可持续的独立中解救出来呢？

在我看来，集体抚养方案的吸引力不仅在于金钱、日托和住房成本。这些安排也能够减轻我所发现的现今养育子女的孤独感。我记得在女儿很小的时候，我的内心备受煎熬、浑身难受、感觉自己就要完蛋了。我怎么才能理解一个婴儿的意思？她什么时候哭是因为难受？什么时候哭是因为这是她的天性？我意识到眼泪就是婴儿的杰作。《豌豆公主》其实是关于婴儿的故事，那个公主绝对是个婴儿。不过，我了解了我的宝宝，也从她身上学到了东西：包括她跟我以及其他我认识的成年人有多么不同。照顾她度过婴儿期可能是我这辈子做过的最艰难的工作。除去我的丈夫以及那些关系松散、距离遥远、为数不多的亲属们，如果能有人跟我一起分担这项工作该多好啊。如果有其他人跟我们住在一起，或者住得很近，这一切会变得多么美好和轻松？如果能够在一个人们普遍进行合作抚养的社区抚养她，会是什么样的情况呢？我被这种不寻常的方案吸引，并非出于经济上的绝望或者像其中一些合作家长那样的不稳定状况。我不会说自己能够对玛丽或索菲娅·博耶尔的处境感同身受。但我渴望体验从她们的亲口讲述中散发出来的那种温暖。她们将生活的模式掌握在自己手中，这同样令我感到钦佩。

毕竟，作为父母，能够完全为我们掌控的东西很少，而经济上的不稳定只会让事情变得更糟——能多掌握哪怕一点东西都会让我们自我感觉更好。第二波女性主义的代表人物艾德丽安·里奇（Adrienne Rich）称，身为母亲是一种"既有力又无力"的状态。[6]是的，当你某一天不知怎么就做到了既追求专业成就，又搞定了一个大声哭叫的孩子，你会感受到力量，或者至少是一点由内而外的光芒。但在独自给孩子准备晚餐时，你也会感到极其无助。然后，你还要刮掉她盘子上没吃完的芝士通心粉，在她边踢边喊的同时用力梳理她打结的头发，你的注意力会被不停地打断，再也连贯不起来。而且，对于母亲的期待将我和其他许多人团团包围，让我们连在接孩子迟到、给孩子买表演服装而不是自己做、买冷冻鸡块加工而不是从头开始做饭时都会感到内疚。

当然,在这些无助和内疚的背后,关于金钱的焦虑依然萦绕不去。

"我们非常孤立无援,感觉就像我们不属于任何群体。"索菲娅在我第一次见她的几个星期后这样跟我说。她说的是在美国养育子女的总体感受,但我觉得她直接说中了我自己的生活。"我们通过买东西来满足自己,但那些东西满足不了我们。"

索菲娅已经结束了合作抚养关系,跟她的女儿们在剑桥相对时髦的哈佛广场(Harvard Square)附近找了一间公寓安顿下来。但她仍然把女儿们继续保持的所谓"好脾气"归功于之前的集体生活:"她们小小年纪就学会了分享。"

说到"分享",我想起了两年前到玛丽和珍妮弗家中拜访的情形。天色渐晚,秋天的凉意弥漫开来。大人们转移到花园里继续聊天,女孩们留在屋内玩耍,父亲在家里的书房时不时留意一下。两位母亲总结了一下瑜伽秋千的风波,她们一致认为这不算什么大事。她们还谈到计划在这所房子以及家里多种些食物。玛丽曾在她母亲家附近的一大片公共园地种过一小块地,在搬来这里时不得不把它丢下了。现在,在新家再开辟一块园地的想法令她兴奋了起来。

合作抚养对孩子来说可能具有挑战性。他们被要求分享玩具和生活空间,包括交通工具、餐厅和浴室。那天,其中一个女儿一直在嘟囔说她需要"独处的时间"。

两位母亲都成长在相对孤立的家庭,邻里之间少有来往。

玛丽的母亲一个人养大了三个女儿,没有丈夫或者社区的支持——说起来,也没有更广泛的系统性援助。

她们把自己家庭的生活方式视为对这一切的纠正。事实上,当我拿起包准备离开时,两个女孩之间持续了一整天的摩擦已经平息了。阿丝特拉一边唱着字母歌,一边往脸上贴银色和金色的星星。她年幼的朋友和室友也和她一样。

第9章

"1%社会顶层"节目的崛起

我花了一个星期了解金融顾问马蒂·伯德（Marty Byrde），他曾迫于墨西哥贩毒集团的死亡威胁，在一个偏远的红州*洗钱数百万美元。然后我又和一位没受过教育、自视甚高的杰出女性相处了几个小时，她的丈夫刚开始还是一个青涩稚嫩的种族主义者，最后成了一个偏执的对冲基金亿万富翁。

这些介绍可能会让人联想到一群流氓，然而它们描述的正是过去五年间最受追捧的电视剧和网剧中的英雄角色。

当然，我和其他数百万美国人一样看了电视里的这些人。我喜欢看这些在我看来很"励志"的节目，或者叫作"1%社会顶层"电视节目（1 percent TV）——关于最顶层的1%（或与

---

* 红州（red state）指在美国倾向于支持共和党的州，与此相对，倾向于支持民主党的称为"蓝州"（blue state）。

之接近的）人群为所欲为的故事。

这类描述顶层生活的电视剧分为两个阵营。第一个阵营以极端残暴却又聪明绝顶的企业家为主。这些反派英雄拥有技术专长，并设法将其转化成了犯罪技能。在网飞的电视剧《黑钱胜地》(Ozark)中，财务管理被用来洗黑钱；在《绝命毒师》(Breaking Bad)中，高中化学老师变成了制毒专家。当然，这些主角也经历了一些观众们同样在面临的挑战：他们的生计岌岌可危，或是遭到同事的背叛。这些节目暗示，他们的主角是为了保住其中上阶层的地位，迫于无奈才走上犯罪道路的。他们得自力更生，没有富有的祖父母或父母能够帮助他们脱离困境。当然，这些连续剧远非真实，但它们确实扎根于美国收入不平等的现实——关于宇宙最强对冲基金大师（像是《亿万》[Billions]中的阿克斯[Axe]，甚至《黑钱胜地》中的马蒂·伯德）与其他"小人物"之间的巨大鸿沟。

还有另一类顶层电视剧，其中的富人与上面那些没有道德准则、一心向上、手段残暴的野心家相比更为超凡脱俗。与过去那些兢兢业业的实业家和大亨不同，这些节目中的主角之所以富有，是因为他们是时尚大师、品牌专家、投资人，或者莫名其妙就有个好出身。他们显然反映了这样一个事实：身处美国顶层1%最顶端的人获得了最大的利益，但通常并不是通过劳动，而是通过投资和一个对他们有利的政治体制和税收制度。

我决定去探索前面提到的这些剧目，部分原因是在我怀着女儿、想要逃避自己经济不稳定的状况时也曾经选择过它们。

我现在仍旧把它们当作生活的"止痛药"。这些梦幻的故事为许多和我一样的观众创造了另一个世界：在我们中的许多人面临职业危机，不知道明天会发生什么的时候，为我们提供了一种持续的稳定感。我想要逃入这些节目之中，一面评判这些角色如何道德沦丧，一面代入到他们的生活中去。我是从2010年开始这样做的，当时我那不堪重负的工作和家庭生活与屏幕上豪爽的虚拟世界相去甚远。当时最流行的是描述社会顶层生活的历史剧《唐顿庄园》(Downton Abbey)，该剧的主要人物是20世纪初的英国贵族克劳利(Crawley)一家。演员们身着长外衣和天鹅绒烧花连衣裙梦幻登场，让我忘却了身体上的不适和对未来的迷茫。经济贫困的刺痛让我沉迷于这些真切反映20世纪初英国贵族生活的华丽景象。我几乎可以闻到他们的丰盛菜肴散发的香气，而在这些父母欢宴之时，未来的继承人们正在育婴室里受着家庭教师的照顾（我不是一个人，《唐顿庄园》的大结局吸引了960万美国观众）。在《唐顿庄园》中，"楼下的"仆人阶级是不守规矩的，而且经常从头到脚都是邪恶的。我在怀孕时观看了第一季，看到一个男仆和一个贴身女仆合伙谋害他们的仆人同僚，这个贴身女仆还设计让她的女主人踩到一块肥皂上滑倒而流产。与此相反，贵族们都是善良的。《唐顿庄园》反转了前一年的PBS热门剧《楼上楼下》(Upstairs, Downstairs)中精心设置的格局。[1]《楼上楼下》从英国引进，曾在70年代播出，相比今天的电视节目，此剧更青睐住在"楼下"的人——坦诚友好的女仆和厨子。

躲进黄金遍地的屏幕世界不只是我一个人的渴望。其他人和我一样想要在屏幕上观看这些节目，观看其中的暴力、枝形吊灯、私人直升机旅行，看仆人擦亮主人的银质茶壶、穿着一身皮衣的平民百万富翁举办私人说唱秀。美国劳工统计局 2016 年的年度调查发现，看电视是美国最普遍的休闲活动。我们每天在看电视上花费大约 2 小时 44 分钟，占据我们闲暇时光的一半以上。[2]

我采访过的一些工作不稳定的人表达了他们对关于游手好闲的顶层 1% 人群节目的热爱。"躲在网飞之类的东西后面要轻松得多，"一位不堪重负的家长说，"电视节目很轻松，能够短暂地解决长期存在的问题。我是为了里面的华服和豪宅才看的，然后我会想：**为什么我不能拥有这些？**"在网上，《亿万》和《嘻哈帝国》(*Empire*) 等电视剧的粉丝会攻击任何一个反对者。"那些吹毛求疵的人可能是在仇富"，一位网友在亚马逊的《亿万》页面上这样评论那些可能非议这部剧或其核心角色（一个偏执的亿万富翁）的人。"超级棒！就好像能够真切地看到一个超级聪明（虽然在道德上不完美）、超级有钱的对冲基金投资人。"另一位网友写道。正如一位名字起得恰如其分的网友"workingmom29609"*对《唐顿庄园》的评论："能够逃到拥有土地的富人生活中去真是太棒了。"

我喜欢看描绘顶层生活的电视剧，是因为我想看特权阶级

---

* 英文意为"工作中的母亲"。——编者注

的人为所欲为，但我也非常希望看到这些超级富豪受到应有的报应。

那样的报应永远不会到来。

尽管如此，我也没有关掉正在播放的《黑钱胜地》或者《亿万》。我并不是全心期待他们的垮台，他们的粉丝也一样。

这类关于游手好闲的顶层 1% 人群的电视节目真正火起来，是从 2004 年唐纳德·特朗普的真人秀《飞黄腾达》（*The Apprentice*）开始的。这个节目经历多次迭代，一共播了十几年。在节目中，特朗普把他在电视上的员工当成狂热的支持者。（正如特朗普当时所言："我的飞机将会出现在每一集。"）这一切让我怀疑，是不是我们真实的工作和生活越是沉闷和不稳定，我们就越会依赖这些表现特权阶级多彩而又阴暗堕落生活的节目。

顶层真人秀则让我们看到了极其奢华的婚礼、育儿管家和儿童生日派对策划人、出奇宽敞的豪宅、熠熠生辉的洛杉矶现代主义住宅、私人音乐会、精致的衣橱以及高级发型设计师。这一类顶层电视节目包括卡戴珊（Kardashian）家族的真人秀和《比弗利娇妻》（*Real Housewives*），还有 2011 年的《穿高跟鞋的准妈妈》（*Pregnant in Heels*）——一位超有钱的"育儿管家"罗茜·波普（Rosie Pope）曾在节目中坦陈自己没有生育能力："我发现自己是双角子宫，而且在手术后就停止排卵了。"这位电视明星在一次访谈中说。她做试管婴儿的惊人价格却被轻轻带过了。

顶层电视节目在某种程度上说明了我们在政治上的地位，

也部分解释了像我和本书中这些父母一样的人为什么会觉得自己很糟糕，会为陷入困境而自责，却不去指责体制的失败。

正如詹姆斯·沃尔科特（James Wolcott）在《名利场》（*Vanity Fair*）中就当今这些关于最富有人群（且看不到他们劳动）的节目写道："如今，电影和电视节目中描绘的巨额财富已经与制造业和那群看不见的辛勤劳动者脱离了关系，它与类似工作的一切都不再相关。它无牵无挂，充满爱意，生生不息。"[3]

近十年来，精彩电视台（Bravo）似乎源源不断地播放着顶层电视节目。节目围绕所谓的家庭主妇和房产经纪人展开，他们多年来一直是"真人秀电视节目"中的励志角色。这些人物的身体都经过健身房的雕琢，并精心除去体毛。精明的助理安排好了他们的每一个动作，这些人走到哪里都有粉丝以及价值数百万美元的房产。十年前，在《纽约时报》的一篇文章中，"主妇"系列真人秀被解读为电视剧《绝望主妇》（*Desperate Housewives*）的一种"真实"衍生。[4] 在这篇文章中，学者佩珀·施瓦茨（Pepper Schwartz）首次使用"励志电视节目"（aspirational TV）这个词来描述我们在看的这类节目：穿一身桃粉色、脚踩细高跟的女性努力跻身"社交名媛"之列。报纸的房地产版面和时尚杂志充分地展示着富豪和名人的生活方式。甚至一些当代艺术摄影师也参与其中，他们拍摄的顶层1%人群的照片接近我所称的"金光闪闪的色情片"（bling porn）——被过分美化的世界变成了被过分美化的艺术，除非艺术家们是在借由对奢侈生活和奢侈品表面上的批判来制造另一种奢侈。

2016年的大选结果以及特朗普相关电视节目的收视率，表明励志电视节目已经扩展到了民选政治和新闻报道之中。事实上，特朗普总统也是顶层电视节目的一部分。他竞选总统时采用的媒体策略为他吸引了数百万观众，包括那些鄙视他的人。根据mediaQuant*的分析，2016年3月至9月期间，特朗普获得了价值相当于20亿美元左右的免费媒体曝光量。[5]虽然其中大部分是负面的，但在电视上的高曝光率还是帮助他登上了总统之位。大部分曝光都涉及他的巨额财富和荒诞行为：从波音757喷气式飞机、他居住的金碧辉煌的大厦、他对于高额净资产的拙劣吹嘘，到染着完美而昂贵的头发、咔嗒咔嗒走上台站在他身后的妻子、女儿和儿媳。他相当于给选民和观众发了一张后台通行证，让他们得以进入一个对绝大多数人来说遥不可及的阶级。我们的总统和第一夫人喜欢定期发照片炫富，财政部部长史蒂芬·姆努钦（Steven Mnuchin）和他贪婪的妻子也是如此，他们最著名的事就是"晒钞票"[†]。

这是特朗普媒体策略的成功之处——选举被当作一种进入亿万富翁及其模特妻子生活的方式。正如特朗普当选后威尔·威尔金森（Will Wilkinson）在《纽约时报》上所写的，他表现出来的"王者风范"让人觉得选他当总统似乎合情合理。这些王者般的表现都上了电视，并且受到其支持者的追捧。[6]

---

* MediaQuant是美国一家从事媒体数据调查和分析的公司。
† 指2017年史蒂芬及其妻子在社交网络上晒出了两人在参观美国印钞局时手持整张未裁开美元纸币拍摄的合影。——编者注

社会学者蕾切尔·舍曼（Rachel Sherman）写了一本关于富有人群的书，叫作《不安的街道》（*Uneasy Street*）。她告诉我，电视和社交媒体上展现的所有"不知从何而来的炫目财富"都会带来负面的影响，不只对于努力或挣扎着留在中产阶级的人，那些非常富有的人也不能幸免。"卡戴珊姐妹，富二代——富人就是这个样子的。"谢尔曼谈起社交媒体现象"Instagram*中的富二代"时这样说道，能与之相提并论的只有腐败堕落的"私立学校的Snapchat"。

这些低俗的节目使其他同样受益于美国的不平等、却更为持重得体的超级富豪觉得"自己很不错，也不算太富有"。谢尔曼指出："如果你没那么物质，没有到处炫富，可能会觉得自己是更好的富人。你努力工作，没有住豪宅，对孩子也有所约束。但问题不在于如果一个富人不像卡戴珊家族那样，是否就配得上自己的财富，而在于究竟有没有**任何人**理应享有这么多财富。"谢尔曼说，现在已经不时兴讨论一个人人可以舒适生活的社会意味着什么，或者讨论在我们之中产生不平等的原因，例如工会的衰落。她接受了我关于"社会顶层电视节目"的看法，并提出了进一步的意见："情况确实如此。还有就是，一些电视上的人被认为是中产阶级，但他们实际上也很富有。"

美国人现在接触的媒体越来越丰富，他们的信息来源不再

---

* Instagram和后文提到的Snapchat都是美国开发的、风靡全球的图片社交平台，其中后者采用的是"阅后即焚"模式。

仅限于好莱坞的编剧工作室或者暴躁的政治演说家。他们很可能也在消费和他们自己一样的人创造的媒体产品——像是网友们在 YouTube、Twitter、Facebook 或者 Instagram 上发布的反映个人生活方式的视频。虽然我们可能希望这些内容跟属于 1% 的顶层节目相比会是更为合理的 99%，但通常事与愿违。我们在观看了别人的顶层电视节目之后，更倾向于产出自己的顶层社交媒体信息。

我采访过的许多中等危险阶级父母都提到，自己每天登录社交媒体时会感到头晕目眩。尽管这本可以成为一种积极的体验：像是一个孤独的从事专业工作的母亲在网上找到了组织。但是许多社交媒体信息中那种"快来给我点赞"的语气，可能反而会加剧你的孤独感和对自己社会地位的羞耻感。"谁要看那些存心让你觉得自己又穷又老又不酷的 Instagram？"一位女士对我说。"Facebook 就是魔鬼。"另一位母亲告诉我。她在 Instagram 遭遇了一连串阳光灿烂的家庭度假照片的打击，正在试图维护自己的尊严。那些大晒优越地位的人可能会让周围无法享有这一切的人产生羞耻感。（曾为美国国立精神卫生研究院［National Institute of Mental Health］进行过一项中产阶级研究的作家迈克尔·勒纳［Michael Lerner］在《纽约时报》中写道："我发现劳动者的压力往往会因为羞耻感而加剧。按照他们所受的教导，美国经济是由精英主导的，他们为自己无法在其中'获得成功'而感到羞耻。"[7]）

根据纽约市立大学研究生中心的传媒学者列夫·马诺维奇

（Lev Manovich）的说法，觉得别人的社交媒体信息令人惊奇，而且经常比现实更为光鲜，并不是一种错觉。我们在网上展示自我时，确实是在创造一个关于自己的励志故事。马诺维奇跟一位经济学家一起，研究了从纽约、曼谷、圣保罗和伦敦等地分享的数以百万计的社交媒体图像，并把其结果称为"不平等的Instagram"（Inequaligram）。在五个月的时间里，通过对分享自曼哈顿的7,442,454张Instagram公开照片进行分析，他与合作者发现，不管当地拍摄者自身的社会阶级地位如何、家庭住址在哪，他们发布的Instagram照片大部分都集中在当地相对富裕的区域。[8]

如今，很多美国人每天都在Twitter、Facebook和Instagram上向他们的一小群受众展示自己的时间线（timeline）。他们发布的信息往往具有顶层1%的审美特征——在海边或者山里度过的家庭假期、昂贵的青铜耳环，或者家庭手作苹果方块酥。浏览这些图像当然会让我们感到嫉妒，降低我们的价值感。我们深陷于经济条件远比我们优裕的人（或者希望看上去如此）的土地上，为了逃避现实又躲进所谓的朋友们在海滩上把酒言欢的照片里，但又怨恨自己无法获得这些。其他国家并不会这样，马诺维奇告诉我。

"在莫斯科这样的地方，整个城市的分布更为平等。为什么在纽约的人们不去展现自己真实居住的地方呢？"马诺维奇问道。经过进一步研究，他指出在Instagram等平台上，人们更喜欢极简主义的视觉风格，这种审美观念是由iPhone等事物助长的：极简主义曾经是特权的标志。"这些人都不是有钱人，也没上过哈佛。"马诺维奇说，但他们却知道怎样拍出透露着"经济和社会特权"气息的照片。如他所言，这是"被大众占用的精致美学"。

事实上，包括我采访过的人、我的朋友，还有我自己在内，任何访问社交媒体平台的人都无法忽略那些看上去可能比他们实际更加富有的人（在滤镜之下，你看不出一条连衣裙是化纤的还是丝绸的）。人们还会晒出他们阶级地位的象征：美貌的伴侣和外出探险的假期。这些呈现着繁荣景象的照片："富拍"（wealthies）而不是"自拍"，正是我在《品牌阴霾》（*Branded*）一书中所称的"自我包装"的延伸。这里所展示的往往是充满想象力、志得意满、品位不凡的个人形象，或者是过着"最好的生活"的家庭形象。杜克大学的心理学和神经科学教授马克·利里（Mark Leary）表示，我们的社交媒体信息往往会提升和夸大我们的社会地位。"通过发布自拍，"他写道，"通过里面的服饰、表情、物理场景和照片风格，人们可以让别人记住自己，以此树立自己特定的公众形象，而这想必是他们认为能为自己带来社交优势的公众形象。"[9][10]

如果我们被 Facebook 上的幸福笑容和关于社会顶层的电视节目包围，又怎么能够真正意识到自己的处境和地位呢？

你可能会争辩，人们总是会向身边的人展示最好的一面。或者你可能在想，过去的电视节目中富人是什么样的呢？[11] 例如，20世纪80年代的电视剧《鹰冠庄园》(*Falcon Crest*)就描述了反面人物的罪恶行为，这些人物当然是奢侈又卑鄙的。我是在他们富丽堂皇的豪宅和位于得克萨斯州的办公大楼里长大的——他们是我在80年代的"阴极射线[*]奶嘴"（这是歌手吉尔·斯科特-赫伦[†]对电视的称呼）。再往前追溯，我们可以看看往日的大师赞美新贵的画作。但是这些占据整面墙的强盗贵族[‡]肖像，以及我小时候看的豪华肥皂剧所展现的富人形象，跟我们如今这个电视的黄金时代[§]，或者叫作"巅峰电视"（Peak TV）时代中的大不相同。巅峰电视节目包括《火线》(*The Wire*)、《黑道家族》(*The Sopranos*)和《广告狂人》(*Mad Men*)等。付费有线电视宽松的内容限制和精良的节目制作，催生了布兰迪斯大学（Brandeis University）学者托马斯·多尔蒂（Thomas Doherty）所称的"长线电视节目"（Arc TV）或者"成年向连续剧"，其故事情节是"在整部系列剧的生命周期里"逐渐展开的。[12]

根据明德学院（Middlebury College）电影和媒体文化与美国研究教授贾森·米特尔（Jason Mittell）所言，从历史上看，

---

[*] 阴极射线管是用于显示系统的物理仪器，曾广泛用作电视显像管。
[†] 吉尔·斯科特-赫伦（Gil Scott-Heron, 1949—2011）是美国灵魂爵士诗人、音乐家、作家。
[‡] 强盗贵族，或强盗男爵（robber baron）是19世纪下半叶对一些美国商人的蔑称，暗指他们为了致富不择手段。
[§] 美国电视的黄金时代指2000年前后至今。在这段时间里，美国制作了众多高质量的、风靡全球的电视节目。

电视节目一直热衷于表现社会阶级的向上流动。电视节目一向青睐广告商想要向观众推销的东西——带你找到理想情人的口红，确保你同样具有职业魅力的完美薄荷糖或止汗剂。米特尔告诉我，当制片人偶尔想要在屏幕上给劳工阶级一点声音时，广告商总是踌躇不前，除了"这里或那里的零星例外"（20世纪90年代以劳工阶级为背景的《罗斯安家庭生活》[Roseanne] 中对于"法兰绒衬衫"*的情怀就是个营销点）。

但与我童年时相比，如今网络上流传的特权形象更为刺眼，并且充斥着社会阶级焦虑。过去节目中邪恶的富人形象与现在那些富有的反派英雄截然不同，过去电视上的家庭如同代代相传的王朝，从来没想过会遭遇经济危机。

尽管剧情是从遭受墨西哥贩毒集团的威胁之后开始的，《黑钱胜地》中的伯德开始为犯罪集团工作的动机是为了在妻子回家带孩子、后来又无法重返职场的情况下，继续维持家庭的优渥生活。这个情节看上去有点牵强，直到我们再一次想起来中产阶级生活比20年前要贵得多了。毕竟，如今顶层1%家庭的平均收入是底层90%家庭平均收入的40倍。据皮尤研究中心披露，2014年的全国平均家庭收入比1999年低了8%。[13] 但是绝大部分电视剧永远不会告诉你这些。它们一周又一周地转移着我们的注意力，让我们看不到自己正在走向衰落。

---

* 法兰绒衬衫在17世纪由威尔士农民发明，随后成为其标志性着装。19世纪末20世纪初传入美国并被广泛接纳，成为劳工阶级男性粗犷阳刚形象的象征。

"《黑钱胜地》中的人物没有一分钟不为金钱担忧,"该剧的执行编剧马丁·齐默尔曼(Martín Zimmerman)告诉我,"原因在于美国没有社会安全网,一旦你在这个国家获得了任何经济上的稳定,就会永远活在失去它的恐惧之中。在这部剧中,伯德一家永远无法摆脱一无所有、白手起家的梦魇。"

该剧中乡村下层阶级的朗莫尔(Langmore)一家与已经离开家乡、身处上层的伯德一家常有互动。齐默尔曼表示,他们之间跨越阶级的相会对这部剧的主题非常重要。此外,他和其他人一起塑造了马蒂的妻子温迪·伯德(Wendy Byrde),由劳拉·琳尼(Laura Linney)饰演,这一角色来自"北卡罗来纳州,是纯粹劳工阶级出身"。

在这部剧中,我们不可能像我们的父母曾经过得那么好,这一事实显然易见。剧中的核心家庭有着相当不错的起点,但现在还是要"努力摆脱不稳定的感觉:他们正在逃离恐惧",齐默尔曼说。他补充道:"他们能够拼凑出 800 万美元的资产还给贩毒集团,同时还开着一辆十年车龄、布面座椅的凯美瑞。"对于并不富有的观众来说,这本身就很励志:即使是在逃避贩毒集团的追杀,伯德的生活在某种程度上依然令人向往。

克里斯蒂娜·韦恩(Christina Wayne)是《绝命毒师》时期 AMC 电视台的节目总监,她认为这部剧的热播跟 2008 年的经济衰退大有关系。这部剧于 2008 年开始播放,但走红是在 2009 年经济衰退到达低谷的时候。"那时人们看到了金融界对美国的所作所为,看到华尔街的人越来越富有,"韦恩说,"人们想要看到他们的英雄让这些人付出代价。"

在此过程中，这些人物可能确实超越了善恶：他们抢劫和欺诈暴徒恶棍，然后开始设法惩罚那些甚至比他们更富有的人——例如毒贩和跟他们竞争的对冲基金经理。韦恩表示，《黑钱胜地》和《绝命毒师》等电视节目也是对复仇的幻想。这些反派英雄可能很富有，但他们依然对超级富豪实施了复仇行动。这样看来，他们依旧属于失去稳定、心怀愤懑的中产阶级一分子——就和他们的观众一样。

本书中提到的许多家庭也在定期收看这些节目。正如一位中年求职者告诉我的："这些电视节目中的每一个人都精心装扮、美丽动人。然而，这不是我的生活！我欠着女儿的学校学费，而且房租也不便宜。"

那些观看《亿万》的人——2016年播放的第一季吸引了630万人每周观看，用《娱乐周刊》（Entertainment Weekly）的话说，带来了"真实的资本收益"。人们看着一个一头红发、有点邪恶的长岛对冲基金大亨，不禁对他又嫉妒又钦佩，尽管他明显是在犯罪。如果收看《嘻哈帝国》，他们便会拥戴一个富比王侯的嘻哈巨星，而这个人同时百分百是个杀人犯（《嘻哈帝国》的收视率非常耀人：2016年季中首播的平均收视总量达到1220万人）。

目前播出的两季《亿万》塑造了男主角博比·阿克斯罗德（Bobby Axelrod），昵称"阿克斯"。他外表英俊，长着一头红发，对妻子忠诚，对朋友也很照顾。他可以让大牌乐队金属乐队（Metallica）为他私下表演，却拒绝了一个乐迷的肉体诱惑。阿克斯的另一个加分项是：他靠自己打下江山，不像保罗·吉亚玛提（Paul Giamatti）饰演的查克·罗兹（Chuck Rhoades）出身富贵世家。这一正面设定之所以如此吸引人，是因为阿克斯在道德上受到了深刻挑战。"9·11"事件发生时，他没有在位于世贸中心的公司办公室上班，而是去会见律师了——他因为从事灰色交易即将被公司解雇。在许多同事丧生后，阿克斯接管了公司。此外，他谎称自己参与了救援行动，事实上他通过立刻抛售航空公司股票等手段发了一笔灾难财。还有一件令人不齿的事，阿克斯阻挠一位垂死的员工获得治疗癌症的实验性药物，因为各种复杂的原因，这个人继续活着可能会给他带来法律上的灾难。总而言之，阿克斯和他的工作人员利用内幕消息和精心策划的诡计进行交易，游走在法律的边缘。

《亿万》等电视节目的吸引力部分在于它们提供了一个机会，让观众得以躲进顶层人士的生活之中，而这些顶层人士掌握着生杀予夺之权，不受规则的约束。

今天这些顶层反派英雄的走红有着各种原因，但与美国残酷的社会现状只有微弱的联系。这些热播剧中冷酷无情的野心家的出现，也受到电视节目制作潮流的影响。

如迈克尔·纽曼（Michael Newman）和伊兰娜·莱文（Elana Levine）所称，电视最初被认为是"女性"媒介，充斥着家政产品广告和家庭剧情节。他们在《电视合法化》（*Legitimating Television*）一书中写道，这一媒介提升其文化正当性的手段是向"男性化"转变,突出一季又一季地与其他男人战斗的不甚完美的反派英雄。[14]但是,编剧的文学理想并不能成为《亿万》和《嘻哈帝国》大受欢迎,以及《黑钱胜地》迅速推出第二季的全部原因。在一定程度上,这些节目也受益于电影和戏剧等其他媒介的人才流失,这些人才对于"高声望电视节目"(prestige TV)的发展功不可没。

随着20世纪90年代末高端电视节目的出现,电视节目制片人试图抹去这一媒介中的下层阶级元素。他们通常将自己的节目形容成一系列短电影,或者具有"小说性"。电视史学者米特尔告诉我,这种相对主义是"复杂电视"(complex TV)的必要组成部分。"复杂电视"的叙事风格希望观众持续不断地对角色的身份和动机感到迷惑,甚至迷惑于时间和空间。因此,尽管《嘻哈帝国》的卢舍斯·莱昂(Lucious Lyon)以唱片公司的名义犯下了谋杀罪行,《亿万》中的阿克斯从事内幕交易,但这些主角仍然是英雄。在《嘻哈帝国》中,里昂一家谋杀算计、住大豪宅、喝香槟像喝水一样,其他节目中也随处可见直升机、毒品贩子,以及鼻子高挺的美丽妻眷们在游泳池里做爱、穿着奢侈品牌当季的俗气衣服走来走去。

这些节目的魅力还在于它们对真实世界的模仿做到了全面立体、令人信服,能够让观众投入其中。这类节目之所以变得更令人身临其境,多亏了更为精细的电影摄影和舞台布景,还有我们用以观看节目的大屏电视。看看AMC复古风格的"高质量电视节目"《广告狂人》吧,剧中精致地体现了唐·德雷珀

(Don Draper)60年代的摩登办公室和几间豪宅等特权阶级环境：从服装到布景再到汽车，以至于艺术设计本身也成了此剧魅力的重要所在——远比在《豪门恩怨》(*Dynasty*)等80年代时期的顶层电视节目中重要得多。

我们怎样才能开始创造和消费反映我们真实情况的文化：负债累累、在各种不稳定的工作之间跳来跳去？而这种冷峻的写实主义又会对我们的心态产生什么影响呢？

其实，有一种电视节目类型对贫富差距进行了批判——主题不那么光鲜（例如债务、失败）的电视喜剧。这种节目比顶层电视节目要小众得多，我们称之为"不平等娱乐节目"（inequality entertainment）。

根据我们的经验，不平等娱乐节目听起来不太可能成为解决不平等问题的方案，但我将它视作其中一味药方。为什么这样说？不平等娱乐节目用我们的自我意识或欠的债来娱乐大众，否则令我们沉迷的屏幕上将全是关于顶层阶级的谄媚故事。不平等娱乐节目挑战了潜藏在一些华丽形象背后的东西。正是成千上万发布在社交媒体和YouTube上关于学生债务的个人故事，撕下了Facebook上幸福形象的面纱。电视上的不平等娱乐节目包括《黑客军团》(*Mr. Robot*)和《硅谷》(*Silicon Valley*)等。关于收入不平等的故事不再仅仅通过约翰·塞尔斯（John Sayles）善意而严肃的独立电影和《罗丝安娜》中的一句笑料来传达。《黑客军团》的主创萨姆·伊斯梅尔（Sam Esmail）借鉴了自己因为教育而欠债的经历，他曾经提到自己直到毕业多年以后的 2015 年才还清贷款。《黑客军团》塑造了一个名叫埃利奥特·奥尔德森（Elliot Alderson）的角色来表现"占领华尔街"事件之后的贫富差距。这个家伙身材瘦弱、睁着一双泛红的大眼睛，在某一季中黑进了朋友安杰拉（Angela）的学生贷款账户，以期减轻其经济负担。白天，他在网络安全公司 Allsafe 工作；到了晚上，他的任务是和一个类似匿名黑客游击队的无政府主义团体一起打倒这些公司——他们的目标是抹去所有债务。

在《黑客军团》中，奥尔德森有许多冷静而饱含愤怒的旁白。"从什么时候开始，广告感染了我们的家庭相册？"奥尔德森说，"从什么时候开始，1% 变得比 99% 更伟大？"由 HBO 播出的《硅谷》也是如此。这部电视剧审视了吃拉面、睡沙发的低端科技工人与 1% 的科技专家和霸主之间的巨大鸿沟——此剧的戏剧性和笑点主要来源于此。从风险投资的长袍派对*到摇滚小子†的私人演唱会，《硅谷》中科技巨头的荒唐放纵与下层梯队的生活形成了鲜明对比。在那里，一个绝望的追梦者只能在他打工的酒铺里向顾客推销他的 APP。剧中，我们主人公的大买卖一次又一次落空，把他们不断推回一贫如洗、到处睡沙发、在憋闷的房间里昼夜无休地敲代码的荒诞而残酷的世界。

---

* 长袍派对（toga party）是以古希腊或古罗马服饰为主题的化装派对，通常与酗酒联系在一起。
† 摇滚小子（Kid Rock）原名罗伯特·里奇（Robert Ritchie，1971—），是美国摇滚、嘻哈音乐家。

然而，顶层电视节目相比不平等娱乐节目有着压倒性的优势。如果我们把这些1%社会顶层电视节目和我们总统在电视上的滑稽表现当作指南，那么终极的奢侈不仅意味着可以看到滔天的财富，而且还能看到那些巨富为所欲为，不用考虑后果、不受社会规范的约束，就像众神一样。

第10章
机器人的威胁

在匹兹堡一家面积覆盖三个街区的巨型医院,在长长的大楼里穿梭的正是你可以想到的那些人:护士、医生、药剂师、保洁等工作人员。但是,跟他们在一起的还有一群非常特殊的工作人员——26个机器人,其中8个在药房工作,18个在大堂工作。如医院里的人所言,这些机器人负责"运送药物",通常一天能运四五十趟。它们也运送布草,有干净的也有脏的,还有医疗废物。它们用轮子滑行,看上去像是拉长了的微波炉。

这些机器人并不是匹兹堡大学医学中心长老会谢迪赛德医院(University of Pittsburgh Medical Center Presbyterian Shadyside,以下简称长老会医院)这家极具未来感的医院独有的新奇事物。它们在其他医院的应用也相当普遍,目前已有近140家医院"雇用"了总共500个机器人。它们被称为"拖船"(TUG),医院的病理部门和血库也有它们工作的身影。这些药物配送机器人经过程序设定,只需对人类进行生物识别和密码验证,就能完成配送。虽然它们会和路过的人说话,但通常只是只言片语。"它们没有任何攻击性——它们只是说'请让开',"拖船制造商的发言人告诉我,"就像门垫一样!"

但这些机器人并不能帮医院省钱,至少现在还不能。事实上,它们的昂贵程度是指数级的。然而长老会医院及其他类似医院正在欣然接纳这些冷冰冰的新员工,因为他们相信机器人最终能够节省成本。他们告诉我,药房机器人据说可以节省技术人员的时间,它们在医院大楼里来回穿梭好几千米,自己离开药房又自己回来。然而,这些令人欢欣鼓舞的言论掩盖了拖船被用来帮助医院限制雇用人数的现实。事实上,长此以往,它们可能会给中等危险阶级带来更大的危机。

"这些机器人可以帮助我们节省额外的人力,或者说 FTE。"长老会医院药房的行政总监阿尔·拉尔特里利(Al L'Altrelli)告诉我。"什么叫 FTE?"我小心翼翼地问。"全职人力工时(full-time equivalent)。"他回答道。

对我们来说,那是一个全职**人类**员工。在长老会医院,药房机器人让医院可以不必雇用药剂师和药房技术人员——换句话说,有了它们,医院就可以**不雇用**那些受过良好训练、除掉福利还要发 8 万至 11 万美元年薪的人类。他还补充说,药房工作人员是没有加入工会的。

人们对机器人崛起的担忧已经广为传播,其中包括埃隆·马斯克(Elon Musk)和比尔·盖茨(Bill Gates)等著名科技积极论者发表的热门文章和令人焦心的言论（例如，盖茨认为政府可以向使用机器人的公司征税，从而为被取代的劳动者筹集替代性资金，并支付进入不会被取代的岗位所需的培训费用）。不过，机器人对我来说不只是 TED Talk 演讲中的抽象概念，更是我在《夹缝生存》中遇到的一些中产阶级人士真正的职业竞争对手。他们的工作岗位可能将会被自动化取代，或者已经被取代了。到目前为止，这些失去的工作岗位大多集中在汽车工业的工厂车间。现在，自动化开始向护理和货运行业扩张。长老会医院的拖船只是机器人大军中的一小支队伍。机器人们在加州大学旧金山分校（University of California，San Francisco）米申湾（Mission Bay）的医院走廊上穿行着，准时准点、毕恭毕敬，将餐食和药物迅速送到患者手中。它的一只机械臂负责寻找和分拣药物；制造拖船的 Aethon 公司向我保证，这只机械手的准确度很高，永远不会出错。而且，拖船们不需要在早上喝咖啡，甚至不会想跟别人说话，它们只需要在停放区域充电。

然而，护士和药剂师只是个开始。在汽车运输、新闻和法律等其他曾经安稳的"中产阶级"职业领域，机器人也在逐步走向成功。例如，戴姆勒（Daimler）无人驾驶卡车现在已经进入了为期十年的试用阶段，给人类劳动者造成了威胁。卡车运输工作的末日很可能给真实的家庭带来痛苦。美国卡车运输协会表示，美国有 350 万名职业货运司机，其中包括一部分驾驶其他运输车辆的司机。他们的收入通常超出全国平均水平：算上加班费，他们一年可能挣到 7 万美元，此外还有医疗保险，可以说是一份拿着白领薪水的蓝领工作。[1]

拖船机器人和无人驾驶卡车不仅危及人类劳动者的生计，也损害了患者和客户的人性化体验。但它们不过是被时不时称为"未来工作"的大潮之中的几朵浪花。2016年的世界经济论坛（World Economic Forum，WEF）预计，到2020年，消失的工作岗位总数将达到710万，其中三分之二出现在医疗、广告、公关、广播电视、法律和金融服务等行业领域的办公和行政工作。[2]（我们的机器人朋友每获得一份工作，女性的工作岗位就可能减少五个以上。）美国国家科学基金会投入将近100万美元用于研究能够抱起患者、给他们分配药物的未来护士机器人，而把活人护士"留在决策圈"。[3] 2013年麦肯锡全球研究所（Mckinsey Global Institute）一份关于科技带来的破坏的报告指出，随着"知识工作的自动化"不断扩大，高技能的劳动者可能也将任人宰割。[4] 埃文斯数据公司（Evans Data Corporation）2016年一项针对550名软件开发人员的调查发现，29%的受访者最担心的事情是被人工智能取代。[5] 最后，鲍尔州立大学（Ball State University）2015年的一项研究显示，尽管美国制造业工作岗位的流失有13%归于国际贸易，但机器人和各类新技术却是剩下将近88%的岗位流失背后往往不为人所见的窃贼。[6] 一些研究就业趋势的高端经济学家相信，"非常规的认知任务"（nonroutine cognitive task）终将因计算机化而消失；事实上，"开放技术策略"*

---

* 开放技术策略（Open Tech Strategies）是美国一家技术导向的咨询公司。

的合伙人卡尔·福格尔（Karl Fogel）等人已经开始使用"过剩的人类"这种骇人听闻的词了。

银行工作人员正在被网上银行取代，电影院引导员也正在变成计算机化的机器人。一家市场研究公司近期发布的报告称，到2021年，目前美国人从事的所有工作中，6%将被机器人淘汰，而且相当一部分是中产阶级工作，例如药剂师和某一类型的律师。[7] 软件已经取代了从法律到税务申报等领域的工作人员，其中几乎可以肯定税务申报将来会是高度自动化的。美国最大的税务申报服务商之一H&R Block正在使用IBM的人工智能平台沃森（Watson），而不是30年前蹩脚电视广告中出现的那种认真又亲切的人类注册会计师。尽管自动化的报税服务将来可能会让你缴的税少一些，但它依然是让美国中产阶级走向消亡的程序里的一行代码。

我想起了雷·布雷德伯里（Ray Bradbury）的短篇小说《细雨即将来临》("There Will Come Soft Rains")。这篇小说讲的是一栋由电脑控制的房子的故事。2026年的一个早晨，经过一场未明的灾难，也许是一个核冬天，这栋华丽而空旷的房子里已经没有活着的人了，但程序设置好的烤面包机和机器清洁工依然在为一个已经不存在的家庭打理日常杂务（这篇小说曾给十几岁的我留下深刻的印象）。

然而，这种让一部分中产阶级走向消亡的可能性似乎并未给所有人造成困扰。"我们将机器人视为自动化的工具，"拖船制造商Aethon的市场部元老安东尼·梅兰森（Anthony

Melanson）告诉我,"这些都是机器工人。"

我向梅兰森询问这些机器人的学习能力。它们"不是沃森",他指的是IBM著名的天才计算机。"拖船们只会完成工作。"他补充道。

"劳工阶级的机器人?"我开了个玩笑。

"每个记者都有自己的角度。"他尖刻地答道。

我不禁想知道,在护理等通常能够向上流动的专业技术领域,逐步取代人类劳动者是不是一个明智的选择。我对拖船们的思考越深入,就越怀疑我们是否应该对自动化爱好者的狂热畸恋发出质疑。毕竟,我们已经进过自动化的斗牛场了(但这一次,公牛的背后有着人工智能的操纵)。

我们永远应该首先捍卫的,难道不是人类以及人类的劳动吗?

作为一名科技悲观主义者,我一点都不新潮,我对于机器人的忧虑毫无疑问属于(表面上是人类的)"意见领袖"、工会组织者等人对于自动化的四大主流观念之一。第一种观念认为机器人即将来临,这是一场恐怖电影,而我们现在看的还只是预告片。第二种观念同样认为机器人将要到来,但将它们的到来视为一场积极的科技革命!第三种观念声称机器人的到来既是无法避免的,也是被过分夸大的。这种观念认为自动化的问题可能需要解决,但并非迫在眉睫。第四种观念确信机器人是气势汹汹地冲着我们的工作来的,但是它们导致的破坏是有解决方案的。这一解决方案的书生气和过度理想化通常招来人们的白眼，那就是：全民基本收入（Universal Basic Income）*。

我认可的是第一种观念，它突出了机器人可能造成的后果。这一阵营所表达出来的一些担忧声音微弱，一些则如雷贯耳。

我遇到的那些即将因机器人崛起而受到影响的中等危险阶级人士，与回忆录《长途跋涉》（*The Long Haul*）的作者、卡车司机芬恩·墨菲（Finn Murphy）情况类似。墨菲向我解释，如果笼罩着未来十年的威胁成为现实，长途运输实现了自动化，他的司机朋友们很可能还不起贷款、失去抵押的卡车。他们的受教育程度有限，已经进入中年后期，到沃尔玛超市之类的地方工作已经是最好的选择。这一改变已经发生了：第一个由无人驾驶卡车完成的商业运输订单出现在 2016 年 10 月，优步旗下的汽车公司 Otto 的一辆卡车在科罗拉多州境内运送了 2000 箱啤酒，全程 321 千米。[8] 读到关于这些卡车的报道时，我想起了史蒂文·斯皮尔伯格（Steven Spielberg）的早期电影《横冲直撞大逃亡》（*The Sugarland Express*）。经过程序设定却突然失控的车辆在高速公路上横冲直撞，它们的格栅看上去就像令人毛骨悚然的笑脸。但我所担心的并不是这种情况。如果容纳数百万劳动者的卡车运输工作消失了，我们很可能会看到更多的人失业，尝试开启第二人生，并且通常不会成功；更多的家

---

* 指在不审查任何条件与资格下，由政府定期定额发给全体人民金钱，不论其收入、工作或财产的有无。——编者注

庭费尽艰辛才能支付房租或日托费用,是的,可能还会有更多愤怒的选民为煽动焦虑、蛊惑人心的候选人投出选票。

一些社会活动人士非常关注卡车运输自动化和无人驾驶车辆,他们已经开始组织相关行动。例如,非营利组织纽约变革共同体(New York Communities for Change,NYCC)一直在反对卡车运输和驾驶的自动化,并发起了一项针对美国交通部的运动。交通部已拨款数十亿美元用于支持自动驾驶车辆的开发和普及。

"许多卡车司机感到非常害怕。"该机构的工人组织高级主管扎卡里·勒纳(Zachary Lerner)说道。他一直致力于组织司机们抵制自动驾驶车辆。"开卡车不是最好的工作,但在许多乡村社区是收入最高的工作。卡车司机们担心的是:他们还能养得起家吗?以及,所有这些围绕卡车经济建立起来的小城镇会发生什么呢?"无人驾驶的优步可能会实实在在地威胁到我们之前遇到的那些零工经济中的自由职业者——为了支付账单而开车接送乘客的中小学教师。(讽刺的是,正如作家道格拉斯·拉什科夫[Douglas Rushkoff]所指出的,今天的司机本身已经成为未来无人驾驶的研究和开发活动的一部分。他们用自己的劳动撑起了一家公司,却要做好某一天公司再也不需要他们的准备。[9])

"我们的诉求是冻结所有对自动驾驶车辆研究的资助,直到有方案能够解决即将失业的劳动者的问题。"勒纳说。作为行动的一部分,NYCC 定期召集数十名出租车、优步和 Lyft 司机进行电话会议，讨论他们是如何为买车开优步而背上大笔贷款的，以及当机器人（优步承诺会在十年内推出机器人汽车）要夺走他们的工作时，他们准备怎么偿还这些贷款。

惧怕机器人的中等危险阶级中也有一部分是法律专业人士。机器人现在对高端工作也构成了威胁，包括那些一般通过人工处理信息来实现的工作。我第一次发现律师焦虑的原因是在 2015 年，当时我在纽约的希尔顿酒店参加 LegalTech。这是一场法律与科技研讨会，数千名与会者在那里了解各类与法律相关的项目，其中最引人注目的是法律文件审查软件。那里必不可少地有着塑料制小法槌，以及用乐高积木拼出大幅梵高画作《星空》的前企业事务律师。此外，还有许多摊位在宣传他们的软件，基本上都是用于帮助律师事务所削减雇员，包括律师。这样的科技很快就会让这个贸易展区的一部分律师消失。事实上，贸易展区里一家软件公司的代表告诉我，他们的产品最大的优点就是几乎不需要任何工作人员就能运行。正如本书前面两个章节所介绍的，律师不充分就业或失业的情况越来越普遍，部分原因就在于法律工作的机器化。

科技对法律工作的影响是一个大问题。法律诉讼通常涉及成千上万的文件，律师和律师助理按小时收费，对其进行审查。文件审查一直是所有法律案件中最枯燥乏味的基础性工作，法律工蚁要仔细审查每一份证据，看其是否适用。尽管工作内容通常麻烦而琐碎，但现在一份文件审查的工作可能就是法学院毕业生唯一的选择了。

即使能找到这样的工作，法律科技的急速发展也会挤压法律工作者的生存空间，令他们的薪酬水平下降。一家文件审查工厂的前律师职员愤愤地将那里的雇员称为"文件猿"（doc monkey），她向我描述他们被大巴运送到俄亥俄州或宾夕法尼亚州腹地，就像狄更斯笔下的场景。她认为"机器人"软件服务导致文件审查工作的工资下降，而剩下的工作都位于不稳定又低薪的地方。

"文件猿"现在的时薪通常只有17到20美元，同时却要背负最高可达20万美元的学生债务。他们一般都有法律学位。以这类工作的招聘广告为例，一家名为商业智能协会（Business Intelligence Associates）的公司给近期的法学院毕业生和持证律师开出了20美元的时薪。这份临时性工作的内容包括文件审查、诉讼准备和援助类工作。这则广告还声称这份工作的额外好处之一是能保持"工作与生活间的良好平衡"。

尽管不如人意，但这可能是近期法学院毕业生唯一的选项。一旦电子化搜寻系统（e-discovery，像在法律科技展会上展出的那些）变得更为精细，甚至连这些工作也会消失，它们还有几年苟延残喘的时间，但在此期间律师的收入会越来越低。

有时候护士的生存空间也遭受了机器人的挤压，例如邦尼·卡斯蒂略（Bonnie Castillo），加州护士协会的执行副总监。卡斯蒂略从事护士工作多年，其中有一段时间在重症监护室工作。"我们多年来一直很担心机器人。"她说。当她第一次听说周围的医院开始引进机器人时，立刻感觉自己的工作受到了侮辱,用她的话说,被"物化"了。她说,护士们正处在"由医疗行业控制的流水线上"。在全国各地——例如圣保罗的医院——护士们已经在抗议使用算法管理他们的医院。护士工会认为使用算法是非常不明智的:为什么要在与患者和人事相关的决策上放弃人类的判断?毕竟这些决策会对家庭和个人心理产生影响,而这是机器人无法处理的。

在工作中,卡斯蒂略和其他护士发现,有些涉及患者的事情是机器人无法觉察到的。用她的话说,那是因为患者需要人类的接触。她所说的就是字面意思上的接触。她说,作为护士,她往往会去感觉患者的皮肤状况,例如,判断他们是在出冷汗还是正常出汗。一个正在执行医嘱的机器人能够通过这种细微的迹象注意到患者的病情正在恶化吗?还是说它送完药物就直接走了,错过了与患者接触并挽救或延长其生命的机会?卡斯蒂略说:"护理人员与患者之间的关系对于护理工作至关重要。"这种关系必须在几分钟之内建立起来,这样患者才能获得所需的帮助。"人们将生命交给我们照顾,机器人有这样的同理心吗?"卡斯蒂略反对将护理等"女性主导的职业"机器人化,尤其是在金融危机之后。

卡斯蒂略对她的机器人同事不满意,加州大学旧金山分校医学中心新生儿重症监护室的护士马尔迪·汤普森(Mardi Thompson)也深有同感。她在美国国际公共广播电台(Public Radio International,PRI)的节目《市场》(*Marketplace*)中说,她为自己的职业感到担忧。人们"需要工作",她说,"然而我们却让机器人去做"。[10]

正如卡斯蒂略所说,护士"是一家之主,而且经常需要撑起整个大家庭"。护理机器人同样威胁到了一个真正鼓励流动性、并且正在发展的行业。美国劳工统计局预测,随着老年人在美国人口中所占比例的增长,从 2014 年到 2024 年,对护士的需求将会增长 16%。[11] 这是许多人跨入资产阶级的典型道路,尤其是对于女性和移民而言。

当然,我不需要特意寻找就能遇见可能会被取代的中等危险阶级记者,他们通常是我所在的非营利组织"经济困境报道计划"的资助对象。他们站出来反对 Tronc 的新动向(其前身是大名鼎鼎的论坛出版公司*),后者在可笑的宣传视频中不经意地颂扬了人工智能,而不是图片编辑、记者,并用优化和"内容漏斗"†之类的东西取代了这些人。Tronc 的代表将"机器学习""人工智能"等术语挂在嘴边,并声称能够将图片搜索之类的工作自动化,而这原本是图片编辑或图片助理的工作。这些服务使生产过程自动化,从而降低了新闻的成本,也让新闻变得更糟。在唐纳德·特朗普当选总统并开始惩罚记者之后,我对此感到愈发恐惧。软件是否能够站出来对抗他或任何一位横

---

* 论坛出版公司(Tribune Publishing Company)是一家报纸和网络媒体公司,是美国第三大报纸出版商。它于 2016 年改名为 Tronc,2018 年又改回原名。

† 内容漏斗(content funnel)是一种内容营销模型,它描述的是用户从看到发布内容到最终产生购买行为的过程。每一个阶段都会产生用户的流失,也都需要采取特定的营销手段去减少这一流失。

行霸道的金融家，尤其是那些否认事实的人？

还有像"自动化洞察"（Automated Insight）这样的网站，这个名字就起得很矛盾。它通过算法生成报道，并发布在《福布斯》（Forbes）等出版物上，每30秒就能生成一篇报道。这一流程可能会取代像我这样为《福布斯》等出版物写作的自由撰稿人。美联社会定期发布关于企业季度业绩的报道，比如这篇："苹果公司第一季度业绩超出华尔街预期"，没有署名。因为它不是由有血有肉的记者写就的，而是通过一个储存了《美联社写作风格手册》（AP Stylebook）的计算机系统生成的。（每个季度，美联社都会通过"自动化洞察"发布3000篇"机器人"写的报道，而这家网站碰巧有一个毫不避讳、令人胆寒的首字母缩写：AI。[12]）美联社的动机不仅在于节省人力成本，也是为了比任何人都更迅速地写出商业新闻报道——是的，比任何人类都要迅速——而且不会出现拼写错误。但不出所料的是，软件只能讲出平淡无趣的故事。机器人的"语言风格"是公式化且无个人特色的。机器人不会去参加爱荷华州作家工作坊（这里开个刻薄的玩笑），它无法进行分析，在正确引用信息源方面甚至比不上一个从最差的新闻学院出来的学生（更有甚者，人们还会怀疑信息源会不会是其他机器人）。它们的写作缺乏细节，甚至连平庸记者能达到的精确程度都做不到。机器人无法辨认有关人物或事件的关键细节，也无法以引人入胜的方式组织信息。在我看来，"自动化洞察"的报道无论放在哪一所新闻学院都是最差的报道。作为新闻学院的学生，有时也作为教授，我害怕使用或者教授"金字塔结构"——这是报纸采用的一种新闻报道写作大纲,就像自动演奏钢琴"创作"音乐一样,现在只有传统新闻机构还在抱残守缺地坚持使用它。然而这种软件吸收的正是我所在的专业中这些生硬死板的部分。问题是,这些自动化内容的读者究竟是否在意报道中个人语言风格和特色的缺失?他们究竟有没有发现这些东西不是人类写的呢?

像我这样对机器人抱有怀疑的人还有另外一个担忧:如果机器人这门生意对人类来说不划算怎么办呢?考虑到在近十年的时间里,"支付"给机器人的成本和支付给人类员工的相比可能差别并不大,甚至可能更昂贵。再加上现在中产阶级的工作不好找,岗位数量越来越少,我们为什么还要让它们去占据这些仅剩的岗位呢?因无须雇用人类而节省出来的成本按理说要足以支撑购买机器人的支出,但情况并非总是如此。一个机器人药剂师的价格可以高达1500万美元,医院真的省钱了吗?以年薪10万美元计,一名人类药剂师必须工作150年才能赚到他的机器接班人所需的费用。有人声称,从长期看这些机器人是能够节省成本的,可是这里所依赖的"长期"也长得太荒谬了。理论家泽伊内普·蒂费克奇(Zeynep Tufekci)认同第二种观念,他写道,机器人护理员具有"经济破坏性",接受它们是基于"接受当前的经济政策和现实情况,且假设这些永远不变"。[13]

我在想,机器人的批评者,比如我采访过的试图让卡车司机抵制无人驾驶卡车的工会组织者,是否能够向机器人爱好者和科技积极分子阐明自己的立场?或者我们可以减缓机器入侵者的速度，发起"慢技术"行动，以呼应现在"慢餐"和"慢时尚"的流行趋势？或者至少，我们能不能开始重新思考谁应该成为自动驾驶卡车之类的交通工具的所有者？如果卡车司机能够拥有自己的自动驾驶车辆的所有权，而不是全由一家公司来控制，机器人化的效果将会大不相同。机器人总被视为未来的象征，但在我看来它们也是过去的一部分，如同卢德主义者*眼中的纺织机。但如果卢德主义者成了合作社的成员，在取代他们的自动纺织机中占有股份，情况又会如何呢？

如果说我对机器人爱好者的热情漠不关心，那是由于相比起效率，我更偏爱人。"机器人追求者"往往无视人类工作被机器同事取代所造成的影响。他们把注意力放在医院机器人的工作效率上：它们的自主程度多么高，不需要多少系统内的交互就能运转。如果一个拖船机器人遇到一个无法自行解决的问题——也许它被安排去挪一张床，而那张床碰巧不在平常在的地方——它会连接"云指挥中心"，那里的"人"大多数时候都能解决这个问题。对机器人的热爱体现在对日本医疗机器人的欢快描述中：它们长得像重达 300 磅的机器狗熊，会小心翼翼地抱着患者来回走动。[14] 也体现在 2014 年一位老年病学专家

---

* 卢德主义者（Luddite），指 19 世纪英国民间对抗工业革命、反对纺织工业化的社会活动人士。

在《纽约时报》发表的生机勃勃的社论对页版文章＊中。作者坚称是时候采用机器人护理员了，因为如今护理人员短缺，我们需要这些机器人帮忙照顾大量的老年患者。[15]这种热爱还体现在Aethon等机器人制造商的话语中，他们赞扬自己创造的东西拥有"24/7优化的生产力"（人类劳动者无奈背负的"永不停歇的时钟"的机械变种）。"拖船全天候待命，"Aethon的网站用愉快的文字表示，"它可以替代医院里运送货物、材料和临床用品所需的劳动力。"

机器人的粉丝可能会赞扬它们的自我独立性和非人的纪律性。在最近的媒体报道中，我们经常能够看到"高效""礼貌""毫无怨言"和"可爱"等字眼。"可爱"这个词似乎意味深长，仿佛人类在试图接纳、弱化这些小生物，尝试与它们和平共处，而它们到最后却很可能要取代人类。正如理论家倪迢雁（Sianne Ngai）所言，可爱是一种"对小巧事物的情感态度……[这种事物]形式简单或至少不复杂，并且与婴儿、女性等不具备威胁性的特质密切相关"。[16]在各类文章中，人们常常称赞机器人无论工作多长时间也不知疲倦、不需要休息。在巴尔的摩的西奈医院（Sinai Hospital），它们拥有可爱的名字：里格比（Rigby）、爱的拖船赫比（Herbie the Love TUG）、杰克（Jake）和埃尔伍德（Elwood）。在长老会医院，它们也有昵称：R2D2、C3PO。

＊ 社论对页版文章（opposite the editorial page，op-ed）是欧美新闻出版用语，指报刊或杂志发表的、由外部人士撰写的评论性文章。

在那家医院的联欢会上,机器人会和医院工作人员说话、给他们发糖果,并装扮成海盗和海盗船。在听说这个联欢会时,我想:**这些是披着机器人外衣的工贼!**我还听说机器人药剂师犯的错误比它们的人类同事要少。在麻省理工学院,机器人 Nao 被设计用来帮助护士进行劳动力分配,告诉医生要把患者挪到哪里,应该安排哪个护士去帮忙做剖腹产手术。麻省理工学院的朱莉·沙阿(Julie Shah)及其合作者在一篇关于 Nao 的论文中说它确实减轻了工作人员的负担。[17] 同样,按照拉尔特里利的说法,长老会医院里的拖船也是医院"改革重组"的结果。

支持机器人的阵营有时也声称,机器人是将劳动者从无聊甚至无奈的工作任务中解放出来的关键。这些令人麻木和异化的工作会(自相矛盾地)剥夺劳动者的人性。我们是不是可以不去做这样的工作呢?他们的论点是:对于长期从事这些繁重而死板工作的护士和清洁工来说,运送干净的布草或者带走托盘算不上"有意义的"工作(我不一定同意这个论点,因为至少这些工作中有一部分属于关爱工作,而我认为这是最重要的工作)。还有,开卡车不是也经常令人痛苦吗?过度劳累、超速、事故风险、数千千米长途驾驶的极度乏味、远离家庭、住汽车旅馆,还有吃快餐导致的肥胖。对于人类而言,在工作以及生活中找到意义难道不是很重要的吗?

第三种观念既看到了机器人的优点,也看到了缺点,但是对整个问题抱持更为开放的态度,可能是最好的一种观念。2015 年出版的《机器人时代》(*Rise of the Robots*)一书的作者马丁·福特（Martin Ford）所持的基本就是这种看法。他认为自动化是一个问题，但这个问题是不可避免的。在一次采访中，他爽朗地告诉我，他是一个未来主义者。第三阵营认为机器人不是什么大问题，但我们也应该对它们的入侵有所行动。正如福特对我说的，我们必须学会如何解决因机器竞争者而导致的就业不充分问题。[18]

然后还有我之前提到过的第四阵营——他们肯定是对机器人大军心怀恐惧的，但他们也认为，如果我们能够推行全民基本收入制度（简称为UBI，或者用更好听的BIG，也就是基本收入保障［basic income guarantee］制度），那一切可能都不是问题。第四阵营的人包括UBI"大使"斯科特·桑滕斯（Scott Santens）这样的人。他是一名作家，也是一名活动倡议人士，经常通过写作声援这些活动。桑滕斯以一种介于狂热分子和兴奋的当事人的热情告诉我，UBI必要的原因之一，在于它能保护我们在劳动力市场机器人化这一不可逆转的趋势中免受伤害。作为一个真正的极客，他说自己对机器人护理员这一想法感到兴奋，希望自己老了以后也能有一个（他现在只有40岁）。

桑滕斯工作的灵感来源于他的亲身经历。他一生都是自由职业者，负责设计网站等等。"我从未有过安全网。我从来没交过医疗保险或退休福利计划*或别的什么保险。它们对我来说都

---

* 退休福利计划，即401(k)计划，是美国的一种适用于私人营利性企业、由雇主和雇员共同缴费建立的完全基金式养老保险计划。401(k)账户享受税收优惠，员工可在账户内进行各类金融产品投资，并在退休时将账户内资金取出使用。

不存在。"他住在新奥尔良,通过众筹的方式获得收入,他认为这是一种原始的 UBI——他每个月能获得 250 个人的支持。当我问他如何看待自己时,他表示马丁·路德·金也是基本收入保障的支持者。按照桑滕斯的说法,UBI 即由政府分配给每个公民的固定数额年度津贴,无论他们是否工作。在美国,其额度很有可能设定在贫困线上:例如,个人将获得 12,486 美元,因为这是个人的贫困线标准,而一个三口之家可以获得 19,318 美元。

尽管这个想法已经存在一段时间了,但它现在在广大人群中展现了全新的吸引力。从左翼人士到科技"大使",再到保守派人士——他们的理由各不相同,却殊途同归。

"目前正在进行的所有无偿关爱工作估值可达每年 7000 亿美元。"桑滕斯告诉我。2012 年这个数字就已达到了 6910 亿美元,约占美国国内生产总值的 4.3%。[19] 这个数字包括了儿童日托服务,也包括了成年子女对父母的照顾,以及老年夫妻之间的互相照顾。桑滕斯畅想 UBI 能够帮助实现新生儿妈妈的带薪产假,也可以取代许多福利。和他一样的支持者认为,UBI 可以让众多中产阶级和劳工阶级工作的自动化真正变得合理。它可以保护那些因为自动化而失去工作的劳动者,减轻他们的自责情绪,或者那些更糟糕的情绪,指责移民以及生活在贫困线以下人群的冲动。

至于我们怎么支付 UBI,倡议者坚称它不像看上去那么昂贵。我们可以通过单一税率制度(flat tax)筹集资金。UBI 可以部分或完全取代现有的贫困者医疗补助计划、社保金等各类社会保障项目。此外，它有助于消除某些导致贫困的隐形成本——比如医疗支出，不管有没有保险覆盖。

尽管目前还没有一个国家全面实行 UBI，但它并不仅仅是一个幻想。2017 年夏天，加拿大安大略省推出了一个包含 4000 名参与者的 UBI 试点项目。该项目提供了一个最低基准金额，再根据这一金额之外的所有收入计算得出参与者实际获得的金额。同时，参与者还继续享受福利。《渥太华公民报》（*Ottawa Citizen*）自豪地宣称这个项目是他们的国家在世界其他地方分崩离析之时能够团结奋进的又一例证："全民基本收入的优点是很广泛的。它为人们提供了经济上的缓冲以应对突发事件，例如失业"，或高危妊娠。[20] 芬兰人也在一个确实很小的样本小组内实行了 UBI，印度和纳米比亚等地也开展了试点。

UBI 在美国有着复杂的历史。理查德·尼克松曾在 1969 年为其辩护。在 20 世纪 70 年代的一项实验中，它被称为"收入维持"（income maintenance），印第安纳州的加里（Gary）和华盛顿州的西雅图等城市的公民曾因此获得了一定金额的收入；这项实验于 1982 年结束。同年起，阿拉斯加州开始向居民发放类似 UBI 的州级分红，平均每年为男性、女性和儿童提供一小部分额外收入，通常是每人 1000 至 1500 美元。

今天，UBI 的支持者来自各行各业：风险投资人、民主党人，还有来自右翼的查尔斯·默里（Charles Murray）。女性主义理论家凯蒂·威克斯（Kathi Weeks）认为，基本收入制度并不是一个激进或冲动的方案。相反，鉴于我们国家对家务和儿童保育等家庭女性劳动未能提供经济支持，甚至都没有注意到这一点，基本收入制度可谓一个极好的回应。[21] 正如罗格斯大学（Rutgers University）历史学家詹姆斯·利文斯顿（James Livingston）在他那本机智而尖锐的书《不再工作》（*No More Work*）中所言，自动化已经发展得如此极端，以至于工作"不再是社会的必需，也就是说挣不到钱。劳动力市场已经被打破了，而且再也无法修复，或者说在这个位于资本主义晚期边缘的时代，它已经被完美化了"。[22] 用资本取代人类劳动力——用机器替代"真实的、活生生的人"——已经变得越来越容易，以至于资本和劳动力似乎开始可以画等号。利文斯顿反对工作，或者说至少反对那些在他看来近似于付薪奴隶制的传统工作。毕竟，正如他对我说的，薪水已经赶不上生活成本和教育支出，而我们已经在竞争中输给了机器。他写道，如果社会对工作的需求已经消失，那么剩下来的就只有人们对于工作所带来的收入的需求。那么劳动将不再是我们应该用来定义自己的方式，它将不会成为体面生活的来源，也不再是用来衡量我们的力量或美德的方法。

在与 UBI 的倡导者交谈并了解了他们的各种观点之后，我开始想象，如果能得到 UBI 的保障，我的育儿经历会是什么样的呢？我想象了另一种生活（或发生在平行世界里的生活），人们可以选择自己的生命奇遇，而结果与在现实中遇到的不尽相同。如果 UBI 存在的话，也许我就不需要经常从女儿身边走开，去查看电子邮箱里有没有收到工作信息。我还需要在查看不断缩水的银行账户时，一边帮她拧紧浅黄色的塑料奶瓶盖子，一边在大脑中进行重要的运算吗？我是不是可以不必计算自己这几个月失去了多少收入，反而能在基本收入的保障下，因照顾女儿而获得收入呢？

毕竟，按拥护者的说法，UBI 将为包括抚养孩子的父母、照顾配偶的妻子和照顾老年人的成年子女在内的所有无偿关怀人员提供适度的经济支持。那么，中产阶级的消亡以及关怀工作的贬值（部分甚至绝大部分因被视为女性的工作，而被戴上性别歧视的有色眼镜看待）这两个问题是否能通过 UBI 得到解决呢？

UBI 对于照顾孩子的母亲和照顾老年父母的子女具有特殊的价值，因为他们从事这些艰辛劳动完全是免费的。正如记者朱迪丝·舒莱菲茨（Judith Shulevitz）在《纽约时报》上写的："UBI 制度也会驱使我们走向一个性别更加平等的世界。额外的经济支持会让一个希望成为育儿主力的爸爸更容易做出选择，而一个职场妈妈在保住自己收入的同时，也能够支付得起儿童保育费用。"[23] 换句话说，UBI 可能会给那些照顾亲人的人一个免费的经济和社会缓冲，支持他们的养育选择。这将彻底重建我们对于关怀工作的观念。如果 UBI 能够全面推广，爱将不再仅是一种情感，也会成为一种道德实践，一种可以接受的工作形式。我们通过付出爱而获得收入可以变得合理合法。如桑滕斯等人所论证的，UBI 将使人们能够专心照顾孩子，而不再像现在这样分身乏术。

过去，我的女儿想要喝母乳的时候，要么像一个绝望的瘾君子，要么就像一只（非常可爱的）拱食小猪。那时我全心全意去了解她的基本需求：她喜欢关掉灯听淋浴的声音，喜欢爸爸柔和的像收音机里传出来的嗓音，喜欢大黄蜂的图片，喜欢别人用橄榄油、羊毛脂和棉球为她清洁，喜欢"世界"这个词，还有"小美女"这个短语。她还喜欢骑在别人肩膀上俯瞰整间公寓，因为公寓对她来说就是整个世界。这样去了解一个还不会说话的小家伙是一件费时费力的事情，照顾她绝对可以算是一份全职工作。但我还需要**真正的**工作。讽刺的是，我甚至还需要寻求（较低程度的）自动化的帮助，以便在我的女儿放松时可以做点编辑工作——她的费雪牌机械摇篮会来回摇晃她，速度比我快好几倍，持续的时间也比我长得多（另外，它蓬松又可爱，样子就像一只绵羊）。还是婴儿的时候，她经常就这样在一只晃动的机器绵羊的机械怀抱中陷入梦乡。我知道我本该用印有鸭子图案的白色棉布毯子包裹她，在我的橙色摇椅上摇晃她，满足她对这种重复运动的渴望，但是自动摇篮似乎比我做得更好。幸运的是，我还和她待在一个房间里，虽然我的注意力在我的笔记本电脑上，而她直到今天仍将它看作争夺母爱的对手。

如果那时能够得到UBI的帮助，我是不是就不需要做临时编辑工作了？更重要的是，它能不能帮助所有照顾孩子的母亲，让她们从比我远为困难的境地中解脱出来？

美国似乎对关怀工作毫不在意，而且剥夺了关怀工作者应得的金钱和尊重。这一观点在《夹缝生存》中出现了一次又一次。它有助于解释为什么中产阶级父母无法负担美国的生活,而它也为机器人不受限制地崛起奠定了基础。任何不在意关怀工作的人都无法认识到其内在价值,像是术后患者与医护人员之间的互动,哪怕医护人员只是来取换洗衣物或者收走草莓果冻的杯子。这样的人类交流非常必要。我想起了以前住院时来看我的那些护士,那时我刚生完孩子,因为并发症在医院多住了几天。我当时穿着蓝绿色的病号服,拖着因硬膜外麻醉而严重肿胀的双腿,去完成抱着女儿照相的规定动作;而她的表情凝固着新生的惊奇,眉毛像默片明星一样纤细,美丽动人。我的身体藏在黑色的丝绸长袍之下,完全不在状态,但与护士们的那些简短互动让我感觉自己更像个人了。我记得那些在我疼得神志不清时,还有蹒跚走下大厅时看到的脸。我记得他们安慰的话语。这样的时刻将来可能不复存在了。

几乎没有患者会反对快速准确的服务,但无论作为一个女儿还是一个母亲,我在想到医院机器人时都会感到厌恶。这些年我年迈的母亲做了几次重大手术——包括置换了两个膝关节——所以当我问她对拖船有什么看法时,她很容易想象出自己躺在医院病床上,寡言少语的机器人为她做着哪怕微不足道的事情,例如带走她的布草。如她所言,想到是机器人在"自己最脆弱的时候"照顾自己,就感觉非常不妥。她的想法跟我刚生完孩子和护士们相处后的感受是一致的。"你需要感到自己身边真的有人在。"我的母亲说。

事实上，我们没有奖赏那些在为患者送午餐的同时也给予了些微人性气息的医院工作人员，相反，我们忽视、贬低他们的劳动，没有给予足够的补偿。如果自动化终将迫使我们把收入与工作解绑，认识到机器人真正取代了人类，而我们需要给不工作的人付钱，我们将不得不停止对于工作价值的道德争论，无论是从左翼还是右翼的角度。我们需要采取不同的思维方式，需要学会珍视那些我们现在并不尊崇的与工作无关的行为。在工作变得过时之后，爱会变成什么样呢？与爱最为相似的关怀工作会变成什么样呢？难道没有哪怕一种工作，比如关怀工作，是不该被机械化的吗？我们看待护士工作的方式反映出我们有多么轻视关怀。如果我们重视关怀，可能就会反对用机器人取代在痛苦的患者和分娩的产妇床前劳作的人类。

但更广泛地说，与其给予机器人人格地位（正如本书撰写期间人们在讨论的），我们更应该集中力量保护人类劳动者以及他们的家庭。

即使是那些可能因机器人而失去工作的人，往往也无法憎恨他们未来的机器对手。卡车司机作家芬恩·墨菲认命地对我说："我不会采用卢德主义者的观点——无人驾驶车辆肯定会实现的。他们可以阻挠纺织机的工作，但是这些卡车总会出现。"他似乎只是想看上去现实一点。他当然不希望被人当作一个受骗的理想主义者，徒劳无功地对抗进步的车轮。

这样的人不止墨菲一个。我经常听到这样的感叹，我不禁在其中觉察到了一种无奈，在我看来，它很具有代表性。

首先,为什么我们不该成为卢德主义者?如果不做卢德主义者,那为什么我们和卡车司机不去争取以合作社的方式拥有自动驾驶卡车,让数百万司机不会流落街头?我们可能会说,如果机器人占了上风,**绝大多数职业都会真正成为西格蒙德·弗洛伊德(Sigmund Freud)所称的"不可能的职业"(impossible professions)**[24]——不仅因为它们会给劳动者带来"不满意的结果",还因为它们对人类来说根本不存在了,除非是**拥有机器人这一职业本身**。

其他许多类型的工作,从护士和律师助理到电影院引导员和收银员,可能很快就会成为不可能的职业。我们难道不该立法帮助那些将被我们的机器朋友取代的各个阶级的劳动者吗?我们当然应该在关于自动化的讨论中重新认识关怀工作,将其视为不应由机器人染指的最重要的工作,因为处于最脆弱时期的人类需要与其他人类进行互动。我们可以更直接地支持人性的价值,至少可以追问为什么那些让数百万人失去工作的事情被认为是"进步"。

未来,也许我们这些不拥有机器人的人都不得不依靠剩下的不知什么工作勉强糊口。[25]几个世纪以前,德国浪漫主义作家 E. T. A. 霍夫曼(E. T. A. Hoffmann)在他的短篇小说《奥托玛塔》("The Automata")中写道:"然而,最冷静、最无情的执行者将永远令最完美的机器望尘莫及。"至少,人类的温度和感情应该得到尊重。如果我们不去尝试建立一个更加公平的未来,那么我们中的大多数人将来只能苟且偷生。

结论

不平等的秘密生活

我开始写这本书是因为自己的些许苦恼。在经济大衰退之后，我和周围人的生活便脆弱得不堪一击。我的朋友中有长期的兼职教授，也有无法靠码字养活孩子的记者。在我更大的社交圈里，还有图片编辑、行政人员和木匠，他们都失业了。

在我到一家致力于报道不平等现象的非营利新闻机构从事主管和编辑工作之后，这些朋友和熟人便来向我寻求建议。我当时正在撰写关于经济危机造成的困难和恐慌的文章和论文。我给一些人分配了任务并给予资助，其中有一位前中产阶级记者，他带着三个孩子，家里没有暖气，在手机上写出了他的故事；有一位靠卖血维持生活的作者；还有一位坚强的单身妈妈，她做过保姆，领过食品券，却从来没有停止写作。我亲眼见证了经济大衰退造成了什么样的长期影响，它持续的时间比大家想象中的还要长。

对于所有向我提问的人，我的第一条建议都是：不要责怪自己。自责似乎无处不在，噬咬着人们的心灵。在我女儿睡着之后，它从我朋友们的声音中流出来，流进我的手机耳机里；它像一阵低沉的鼓点，潜藏于父母们在公园和游乐场的交谈背后。我会告诉因为孩子上学的事情而苛责自己的妈妈，**你已经为女儿尽了最大的努力**。转学需要一个家庭在另外的社区租一套公寓，而且这一策略在政治上也显得可疑：他们搬去那里只是为了上一所有钱人上的公立学校，而那些有钱人只为自己的学校筹集资金。我想说，**你只是能力有限**。为什么你的工作不稳定，**而你父母的工作却不是**，这后面有更大的原因。你从公寓中被赶出去，为豪宅让路，你也没有办法。**这是体制的失灵，是在个人层面之上的**。有时，我的建议听上去开始像一段内心独白，我尽可能反复吟诵，既是在帮助周围的人，也是在平静我自己的思绪。**你所住地区的公立学校很糟糕，你无法与邻居共同建立价格合理的共享式日托服务，你最终只能争取一所私立学校的奖学金，彻底离开公益体系，这些都是你的不得已**。

提供这些妙方时，我站在都市的阳光下，把吸管插进手中的冰咖啡里。我的睡梦中也充满了建议，似乎是我那忧虑不安的潜意识在对我自己说话：我做过关于住房短缺和孩子择校的噩梦。

一开始，我为家人感到担心，有段时间我和丈夫除了自由撰稿之外都没有别的工作，尽管我们的状况最终好转。我通过数据以及第一手信息了解到，职场女性面临的形势更差。一直都更差。我认识的或通过非营利组织资助的母亲往往比她们周围的男性挣得少。对于更有特权的人来说，不过是他们眼睛里闪烁的乐观主义绿光黯淡了下去；而对于那些历史上长期被排斥、被压迫的群体：从单身母亲到有色人种父母来说，这些经济压力有时会成为套在脖子上的绳索。

"向前一步"和"工作与生活的平衡"很快就变得像是一派胡言。尽管她们受过良好的教育和培训，但其中一些女性只是在努力养家糊口。正如劳工阶级的女性主义偶像多莉·帕顿（Dolly Parton）在被问起谢丽尔·桑德伯格关于企业女性主义的书《向前一步》时所说的："我只知道'向前倾'，直到'扑街'，不知道什么叫'向前一步'"*。"当我在自己编辑的作家萨拉·斯马施（Sarah Smarsh）的一篇文章中读到帕顿的评论时，我想起了那些领食品券的兼职教授妈妈，因为上学时的债务而濒临崩溃、愤愤不平的律师，以及遭遇怀孕歧视的劳动者——他们都"扑街"了。共同结成24小时日托联盟的保育人员和父母们在"向前倾"；还有不得不开优步的中小学教师和前记者，以及我采访过的为了额外的钱让孩子们自愿参加令人不安的医疗实验（包括给他们的大脑做核磁共振）的母亲。我还想起了约翰·库普曼，他是一名父亲，曾经也是一名拿速记本和钢笔的战地记者。遭遇裁员之后，他管理着一家脱衣舞俱乐部，在那里给吸毒后打架的人劝架，扛着喝得不省人事的舞者而不是采访录制设备。

---

* 此句加单引号的几处，原文依次是 lean forward、lean over 和 lean in。

结论　不平等的秘密生活　｜　273

一位妈妈笑着说,他们家的经济策略就是只生一个孩子。"孩子比较少,我们没有再次怀孕。"她说。这并不只是一句俏皮话。正如劳伦·桑德勒(Lauren Sandler)在《独一无二》(One and Only)一书中写的,职业女性,包括我自己在内,为了维持生计只能少生孩子。

在我看来,这些家长和劳动者的未来很可能会更加黯淡。尽管一些经济学家通过他们的智库呼吁轻松看待机器人的崛起,认为自动化革命是夸大其词。但在经过阅读和足够多的采访之后,我觉得除非我们做好准备,否则在前方等着我们这些劳动者的将是机器人地狱("机器人地狱"这个词让我突然想起了电影《太空英雌芭芭丽娜》[Barbarella]中机器娃娃军团的进攻)。机器人预计将给劳工阶级和中产阶级职业带来巨大影响:从屠夫到药剂师,从报税员到出租车司机,这些工作都有可能被取代。诚如斯坦福大学教授杰里·卡普兰(Jerry Kaplan)所写,"你衣领的颜色"对于这些机械生物来说无关紧要。[1]2015年麦肯锡的一项研究发现,如今美国60%的职业中约30%的工作任务很快就会由机器人接手。[2]

我那些刚够中产阶级的朋友,以及经济上更不堪一击的作者和采访对象,他们怎么才能得到解脱?这是一场为了生存的斗争,但也是对羞愧感的斗争。穿上牛仔裤,拿上一盒果汁,我们正在努力从这个国家看待父母的观念迷宫中找到一条出路。

出路在何方?

我开始为这些父母的困境寻找解决方案。较有前景的答案包括小规模的债务合并,合作抚养关系,学生债务豁免和为怀孕劳动者提供充足的劳动保护(本书已经介绍了其中的大部分内容,以及其他许多方案)。

我再次了解到,更好、更便宜、更易获得的日托服务能够让女性更容易受雇,家庭更加稳定。我再次发现,我们的大部分高级政客和贪婪的企业高管都对这些问题视而不见。他们假装养育子女、照顾家庭是私人事务,完全是我们个人的责任。

全民儿童补贴计划是一种解决方案,所有美国人只要抚养子女就能获得额外的补贴。我们的税收制度通过儿童税收抵扣(Child Tax Credit,CTC)为一些有孩子的家庭提供了支持,每个孩子可以获得最高 1000 美元的税收抵扣,此外还有儿童税收减免。关于如何让这一制度的内容更加充实的讨论也越来越多。通过补贴,每一个抚养子女的家庭都能获得现金资助。从国际上看,这样的补贴已是常态:例如在瑞典,对儿童的补贴考虑了房租、食物或额外的婴儿家具。而我们的国家是多么的野蛮落后,以致对我们中的许多人在养育子女方面支持甚少。

在给予家庭全民补贴之外,还有一个关键的解决方案,即高质量、全覆盖、补贴更充分的日托服务。单亲家庭和双职工家庭对于日托服务**系统**的需求显而易见,这一系统在理念和影响力上与处境艰难的奥巴马医保(Obamacare)相似:给予我们这片土地上的儿童充分的照顾。这种像样的儿童保育服务目前成为社会特权的标志，简直令人发指。全覆盖、易获得、补贴更充分的日托服务也会让日托服务人员（比如《夹缝生存》中介绍的那些）的生活更有保障：在儿童保育行业讨生活的女性通常都处于贫困状态。从上述劳动者身上，我们可以看到阶级、性别和种族如何将父母和保育服务人员推入了令人忧虑的经济共生关系之中，就像俄罗斯套娃一样。正如埃莉斯·古尔德（Elise Gould）2015年在扩大免疫规划*的一份报告中指出的，95.6%的儿童保育工作人员是女性。在这群规模预计达到120万人的劳动者中，移民和有色人种的数量高得不成比例，而且七分之一的人生活在贫困线以下。

但是，一个能够改变现有状况，经过精心设计的、人性化的昂贵日托服务系统怎么才能在这个国家落地实施呢？作为解决方案之一，若干非营利组织和一家公司联合成立了"谁来关怀联盟"（Who Cares Coalition）；联盟开创了一种家庭和关怀工作者相结合的"社会变革运动"，建立了交易平台Care.com，并成立了一家喜用新潮词汇的智库，他们称自己支持的劳动者为"关怀力"（careforce）。当然，在人人都生存在夹缝之中的美国，他们想要引领的革命会很难实现，但这些倡导者也取得了一些进展，比如成立了越来越多的保姆和家政工作人员合作社。

---

* 扩大免疫规划（Expanded Programme on Immunization，EPI）是世界卫生组织从20世纪70年代起开展的一项行动，旨在扩大免疫接种的覆盖面和种类，预防各类传染病。

更有可能实现的、至少在我女儿童年时期有望享受到的改善，在于扩大我们已经讨论过的一些项目的受益范围，例如全民公立学前班。我第一次了解到这个项目是在我所在的城市纽约。为了进一步了解全民学前班，并探讨能否将其推广至全国，我采访了理查德·比尔里，他是纽约前市长白思豪推出的全民学前班的项目官员。白思豪政府是怎么推出这一项目的，这样的项目如何才能更快地、在更大的范围内普及呢？

全民公立学前班的普及速度惊人，2014 年 1 月的 20,000 个学前班席位在同年 9 月增加到了 51,500 个，到 2015 年 9 月已经有 68,000 个（尽管他们本来计划达到 73,000 个）。比尔里说，推动普惠性公立学前班发展的秘诀，除了 5 年 15 亿美元的州政府拨款支持之外，还有遍布全市的办事机构协同工作：超过 20 个办事机构参与了这一工作。"这是它独有的小型军事行动。"比尔里说，这是他当时最主要的工作。将纽约的全民公立学前班向全国推广的第一条经验：在联邦和地方的层面跨机构协同工作，速度越快越好。

比尔里表示，项目在纽约得以顺利运转的经验还包括充分利用现有的基础设施（例如天主教或犹太教学校）作为额外的学前班教室。事实上，纽约已经找到了数千个办学空间，招募了数千名教师。

第二条经验：忽略一些先例引发的虚构障碍（例如，"哦，我们不能将政府项目放在宗教学校"——当然可以，而且就应该这样）并破除官僚作风、简化流程、提高效率。当比尔里说到这些可以且必须在全国各地实施时，我在想，如果普惠性学前班项目可以在纽约这样一个庞大且极其多元化的城市开展，它当然也能够在更小的地方实施。要做到这一点，最重要的原则是不要太吹毛求疵。对于在其他城市推广普惠性学前班，比尔里的建议是，在公共和政治意愿以及协同工作之外，还要利用已有的学校资源，无论情况多么令人悲观或不同寻常。"每个社区都有自己的优势——每个地方都要在现有的基础上开始。"

第三条经验：建立一个充满活力的反馈机制，将服务人群囊括进来。通过建立焦点小组讨论机制，收集家长的反馈意见，纽约的议员们了解到了新的情况——例如，比尔里提到受访者表示公立学前班帮助他们每年平均节省了 1 万至 1.5 万美元。否则，这笔急需的现金就都得付给私立幼儿园、日托中心或保姆；或是需要父母牺牲更多的工作时间和薪水，因为他们不得不留在家里照顾孩子。比尔里说这一项目缓解的不仅是经济负担，更多似乎是心理负担，不仅包括贫困家庭，还包括中产阶级家庭。"在纽约，你就算挣 10 万美元，也仍然可能难以维持生计。"比尔里补充道。

该市正在筹划另一项也许可供复制的项目，名为 3 岁班（3-K for All）。3 岁班从布朗斯维尔（Brownsville）和南布朗克斯（South Bronx）两个低收入学区开始，逐步向这座城市的所有 3 岁儿童开放。

第三种可能的解决方案（可以说是一个大手笔的方案），是上一章讨论过的全民基本收入制度。2017 年，加拿大安大略省开始实施一个为期三年的基本收入保障试点项目。在省内的三个地方，安大略省按月向个人发放一笔固定数额的津贴，每人每年最高可达 2.4 万美元。为了给人们发放生活津贴，预计每年将支出 5000 万美元，收入低于 33,978 美元的单身人士和收入低于 48,054 美元的夫妇均可领取。

当我采访加拿大的 BIG 倡导者罗德里克·本斯（Roderick Benns）时，他将其形容成社会缓冲垫，不仅能够让父母照顾自己的孩子，而且挑战了"人类的意义完全由其付出的劳动所定义这一观念"。本斯的话充满诗意，甚至发人深省："毕竟，照顾我们的孩子也是一种工作，就像管理一个人的生活一样。"

UBI 和 BIG 听上去有点可笑，跟硅谷滑稽的职位名称"首席传播官"（chief evangelist）一样充满时尚的科技感。但美国的一些州正在认真考虑这个想法：夏威夷州正在研究 UBI 制度，以帮助劳工阶级家庭应对这个岛屿天堂的疯狂物价。

当然，UBI 这样的伟大想法需要的不仅仅是一群在 TED 大会上侃侃而谈的科技破坏者。建立 UBI 或 BIG 项目需要政治意愿和负责任的领导力。为了实现这一点，我们需要一个由州市两级政府组成的新领导集团，他们将争取带薪休假、进步的税收制度以及像 UBI 这样的政策。我们需要全力支持进步的政治边缘人物，而这就是更加雄心勃勃的人需要去考虑的问题了。

第四个重大的转变是由企业来满足员工的日托需求。这会令许多美国人受益。这些公司可曾体谅过员工中的父母或照护者？非常少。一些公司确实在工作地点开设了"带孩子上班"项目；工作场所育儿研究所（Parenting in the Workplace Institute）找到了大约200个此类项目，但在全美范围内可以说是凤毛麟角。婴儿服装公司Zutano是其中之一（我听说之后立刻为女儿订购了一条Zutano的红色自行车短裤）。Zutano实施这一项目已经十多年了，其创始人表示，参与其中的父母成了公司最长久和最"忠诚"的员工。对于希望降低员工流动性的大公司来说，这值得参考。

其他小的改进包括对"企业文化合规性"（corporate culture compliance）的评级。这些评级表扬在对待为人父母的员工方面做得最好的公司，也令做得最差的公司汗颜。那些不想当恶人的公司已经将家庭需求纳入其商业模式之中。工作生活法律中心发布的一份报告列举了50家这样的机构，都是法律行业的。这些公司采用了各不相同的手段，其中包括虚拟律师事务所和"灵活全职"（full-time flex）政策，允许劳动者至少部分时间在家工作。

然而，所有这些解决方案才刚刚起步。它们只是草案，只是小小的蓝图。

在等待的时候——可能要等的时间比我们养育孩子的时间还要久得多——我们还能为改善目前的社会结构做些什么呢？

我们还能做些什么？

我们可以尝试改变对自身悲惨处境的感受和看法。我非常不愿意提出改变必须来自我们内部这种建议,就好像我是一名瑜伽老师,正在强迫学员摆出更放松的体式。但是除此之外,我们还能怎么应对领导者们的严重疏忽呢?

合作抚养和其他 DIY 的日托协作方案都需要我们与他人分享,为了更大的利益而牺牲自己的个人安排。这些时髦的解决方案对于自我控制的要求有时比佛教还要高。我不推荐将它们作为全面的解决方案,来改变这种世界都在和自己作对的心理感受。毕竟,一些自我解决方案是基于寂静主义(quietism)观念,即从一个可怕的世界退回到自我,迷你关系网络,以及细微的、原始的活动和乐趣之中。我喜欢将这种内部转变行为视为我们共同创建的某种"阴影状态"(shadow state),无论是与一小群志同道合的人聚在一起还是"自力更生",都是为了在目前政府失职的情况下渡过难关。

第一个内部转变是:**停止责备**。面对问题,我们的父母们要么责备自己,要么责备他人。我们需要改变这两种反应。

首先,那些自责的人认为如果他们买不起医疗保险,那完全是他们自己的失败,而不是体制的失败。而那些指责别人的人,用社会学家阿莉·霍克希尔德的话说,则认为他们正被"插队"。威斯康星大学政治学家凯茜·克拉默(Kathy Cramer)研究了自己在该州的邻居们,发现他们认为自己才是身处劣势的一方。他们认为自己的"乡村价值观"还有品位和信仰都受到了忽视和抛弃,而别人——城市精英、移民插了他们的队。

然而,自责与责怪他人是同一个问题的两面。如果自责的人能够站在更远的距离上审慎看待，他们可能会开始将自己的问题视为社会混乱局面的一部分。他们可能会意识到自己没有那么不堪，而且与朋友和邻居之间的共同点比想象的要更多。

其次，我们需要**重塑关怀理念**。当然，我们需要首先承认，在关怀工作方面我们面临着严峻的社会现实。正如我在前面提到的，关怀工作者的价值被低估，薪酬也过低，而企业没有提供多少时间和空间满足员工在照顾子女或孕产方面的需求，经济上的付出则更是稀少。本书中提到的许多人都在从事关怀工作：保姆、日托经营者、教师、教授和护士，这绝非巧合。我认为这些工作的薪酬特别低的原因是**关怀工作的价值遭到了贬抑——甚至是蔑视**。所有与关怀相关的工作都受到了污名化。拿中小学教师来说，美国人和他们选出的代表对于教师口惠而实不至，不断将他们的薪酬压到低得离谱的程度，现在连教师工会都开始受到抨击了。

但就我们自己而言，我们**可以**开始以不同的方式看待关怀工作。例如，我们可以支持关怀工作者在现实生活中或者网络上建立的合作社和工会（例如本书介绍过的那些）。我们在雇人时可以选择所有权属于劳动者的合作社，比如纽约的清洁服务机构 Brightly Cleaning，而不是 Handy 那样的家政服务集团。重塑关怀理念也包括尊重家政服务人员，正如多年来组织家政和关怀工作者维权活动的蒲艾真（Ai-jen Poo）所言，是他们让众多家庭的生活得以正常运转。我们也可以多思考一些理念问题，挑战先入为主的观念。为什么我们认为关怀他人是一种弱点？

当别人声称他们认为比起其他的劳动，包括生育在内的各种关怀劳动本质上没有那么重要，也不需要那么高的智识，我们为何不回击？为什么我们不去想：为何这么多人都认为关怀他人的工作意味着无聊、软弱、顺从，没有跟上我们这个艰难时代的标准和步伐？为什么我们往往倾向与关怀相反的选择？

为了在我自己的头脑里重塑关怀理念，我不得不先面对自己的质疑，即关怀和养育是否不太需要智慧或批判性思维。这项工作似乎不符合我身为严肃思考者的自我定位，可能会让我因陷入繁重的体力劳动而对自己感到失望。我甚至担心有了自己的孩子之后，可能会在某种程度上丧失自我。

但我发现现实恰恰相反。一开始，我发现照顾孩子花费的脑力比体力更多，而且这样感觉不错。我和女儿之间感情始于对尘封的20世纪60年代图画书的热爱。在童年和家人一起住在英国时，我就已经听过这些故事，它们当时就已经很古老了。我和女儿会花几个小时阅读这些故事，在语言和图画的海洋中一起漂流。

我还通过阅读关怀伦理学来重塑自己的养育理念。玛莎·C. 努斯鲍姆和莉萨·巴雷策（Lisa Baraitser）的作品阐述了这一哲学理念。根据这一派哲学家的主张，女性主义关怀伦理学不再把某些个人或群体简单看作"独立自主"的（例如商业精英），或者是"脆弱的"（例如女性、关怀工作者和儿童），而是看到其中的复杂性，揭示隐藏在这些分类后面的因素，以及它们之间相互依存的关系。

巴雷策所研究的母性伦理学（maternal ethics）正符合我的需要。她在写作中体现了一个母亲的独特视角，和她所持有的"相互依存、灵活、关联、接纳……永不变质的爱"的价值观，她认为这些都是我们应该珍视的品质。[3]巴雷策的分析沿袭自萨拉·鲁迪克（Sara Ruddick）的类似概念"母性思维"（maternal thinking）。鲁迪克是一名哲学家，也是一位母亲。她于1989年辩称母性中包含着一种独特且非常可取的思维方式。育儿是一门学科，和孩子们构建关系需要灵活的思维。鲁迪克将儿童的大脑称为"开放式结构"，一个人有能力管理和引导跟成年人大不相同的头脑，若这点在具有个人和家庭价值之外同样具有职业价值呢？毕竟在全球化市场中，我们需要面对丰富多样的思维和个性。（"一个人成为母亲的经历中有一些非常有价值的东西，"小说家托妮·莫里森［Toni Morrison］这样描写这一优势，"因为孩子不是一般的'别人'。孩子们对我提出的要求是从来没有人向我提过的。要做一个好的管理者，需要有幽默感。"[4]）

从我们孩子身上学到的控制和应对他人思维的能力，在工作中不正是明显的优势吗？萨拉·布拉费尔·赫尔迪（Sarah Blaffer Hrdy）等人类学家也以灵长类动物母亲为例，从生物学视角证明了母性的优势。赫尔迪研究的动物母亲在养育子女时也同样雄心不减，为自己和孩子的生存而战，管理它们自己的欲望、矛盾，以及它们对后代的热情。不管是从生物学还是关怀伦理学的视角，养育子女都不只是一件烦琐或掉价的事情，它需要智力上的提升。

也许一个关于为人父母和关怀的新概念可以帮助所有父母获得抵抗和价值认同的个人空间。母亲、父亲、关怀工作者和监护人对何为聆听、推理、领导和时间安排早已有了深刻的了解。通过安排接送孩子，我们学到了如何组织复杂工作。通过理解孩子们五花八门，甚至颠三倒四的想法和行为，我们对其他人的思维有了清晰的认识。

如果我们将关怀视为一种知识形式，可能就会像本书第一章的达妮埃拉·讷讷乌一样认识到，为人父母并不像传统工作眼中那样充满负面色彩，反而让我们更能适应和胜任工作。养育子女让我们获得了关键的技能，为我们提供了超越生育本身的经验。如果我们欣然接纳了这些"能力"，可能就不再仅仅把母亲看作可怜的"奶牛"，而把父亲看作逗孩子玩的人。

第三，我们可以重新思考家庭关系中顽固的传统性别角色。学者迈克尔·基梅尔指出，尽管现在父亲们比过去承担了更多照顾孩子的工作，但他们并没有像母亲们一样洗洗刷刷、整理玩具。正如基梅尔所说："父亲们更多的是带女儿出去打球，而孩子的母亲则留在家里做饭和打扫卫生。"[5] 换句话说，女性在养育子女方面的巨大贡献中包含了大部分的家务劳动，这是失衡的，而且依然不为人所见。提高对这些劳动的重视程度，让男性在家务劳动中多承担一点责任，这是我们在家庭层面可以实现的转变。

最后，父母们可以公开地谈一谈社会阶级问题。这个建议听起来既平淡无奇，又令人费解——这是什么意思呢？我的意思是：让我们直面社会阶级带给我们的感受。我们可以和朋友、家人，以及孩子讨论这个话题。既然我们的政治和企业文化促使家庭之间彼此对抗，那么我们至少还可以通过坦率讨论我们的处境和感受来进行抵抗。

一些组织正在帮助人们学会如何进行这样的交流，位于波士顿牙买加平原社区的"阶级行动"（Class Action）就是其中之一。这家非营利教育组织帮助教师和家长就社会阶级问题进行交流和思考。该组织的执行理事安妮·菲利普斯（Anne Phillips）将他们的工作坊和培训描述为对"阶级文化"，或者社会阶级和收入的公开讨论。"阶级行动"的最终目标是菲利普斯所说的"阶级分享"：在研讨会上"与那些能够承认自己的阶级背景，并认识到各自所拥有的优点和局限的人们一起"，开诚布公地讨论："何人能够从中获得何种收益，为何会这样"。

你可能会觉得，这样的活动只是一个噱头，无非是让顶层阶级的人"确认一下他们的特权"。但菲利普斯坚称，虽然这些活动主要在私立学校开展，他们的确接触到了不同阶级背景的人。

一些学校已经在着手解决校园内的不平等或者贫富差距。例如，纽约曼哈顿乡村学校（Manhattan Country School）学前班的孩子们参加了一个项目，开始讨论阶级（以及民族和种族）的界限和差异。他们通过参访各自的家庭和社区，来了解大家的家里都有些什么，吃什么样的食物。在马萨诸塞州剑桥的谢迪山学校（Shady Hill School），老师们提出了一些问题来指导类似的工作:"我们应该如何帮助学生认识这些差异,尤其是身处这样一个将价值与财富绑定的社会?"学生家长也表达了他们的担忧,例如学校的募捐和聚餐活动总是在最富有的学生家里举行。

如果我们能够支持更广泛的关于社会阶级的课程,就可以在校园生活经验的范围内跟孩子们讨论财富的复杂性问题。在这些课程之外,我们可以更多地谈论社会价值观——以及它是否给予正确的事物相应的回报。毕竟,父母的工作可能不一定高薪,但仍然反映了他们接受的训练或技能。我们中一些人的成就并不体现在(或至少不完全体现在)赚了多少钱,而是体现在拥有能够胜任工作的技能。对于一些家庭来说,地位与名望有关。而对于另一些家庭,它却关乎爱好或手艺。

这些交流也是我们作为父母可以主导的。在写作本书期间,我开始跟我六岁的女儿谈论阶级与金钱。她问了很多问题,让我应接不暇——我不住地想打电话给"阶级行动",问问下一句该怎么说。我知道这些谈话是很自然的,而且孩子本来就有强烈的好奇心。但说实话,这样的谈话也很艰难。

一开始,女儿问我为什么我们家附近有这么多无家可归的人——尤其是那个肩膀上站着一只宠物麻雀的流浪女人。接着她又希望我们把她当天所有的零食:奶酪兔子和柠檬汽水都送出去。为什么我们有家,他们没有?她问我。我解释说,无家可归的人以前可能有家,但是他们失去了原有的生活。

然后,她大声问我为什么我们的公寓没有阳台,而她的一些朋友家里却有。他们很有钱吗？为什么我们没有阳台？我的回答比上一个问题更加迂回婉转。我告诉她，有的人挣钱多，有的人挣钱少，但有的时候人们挣钱少是因为他们选择靠双手去劳动，或者去教书。

金钱以及作为其标志物之一的社会阶级对孩子来说既神秘又令人着迷。如果我们今天不去克服谈论家庭阶级地位的羞愧感，它将扭曲下一代的校园生活经验，而这样的扭曲是我们无法承受的。

我们期望我们的政治领导人、我们的法院，以及我们的企业帮助我们摆脱在夹缝中生存的命运。在等待之时，我们当然也可以进行一些内部的转变。可是改变并非一定要先从内部发生，然后才在某一天上升到社会的层面。这样的发展顺序让人看不到光明，但这就是我们的现实。

致 谢

伟大的文学应该是"来自生活本身的声音,有我童年时听到的,还有我现在听到的,在街上、在家里、在咖啡馆、在公交车里回响的声音",至少我近期最喜欢的作家,俄罗斯的斯韦特兰娜·阿列克西耶维奇(Svetlana Alexievich)是这样说的。

同样,我写下这本书最要感谢的就是"生活本身的声音"。我非常感激与我分享经历的众多美国家庭,是他们成就了《夹缝生存》。

在向我祖露心声的人们之后,我必须感谢我杰出的经纪人吉尔·格林贝格(Jill Grinberg),以及她体贴细致的同事丹妮丝·圣皮埃尔(Denise St. Pierre)。吉尔在许多方面已经超越了经纪人的角色。她的洞察力无与伦比,她的审慎智慧如同指路明灯。

我要赞扬我优秀的编辑丹妮丝·奥斯瓦尔德(Denise

Oswald)。丹妮丝不可多得地具备了卓越的判断力和价值观。她在不同阶段对本书的付出令我获益匪浅，我也很享受这些年来与她的多次交流。同样感谢她在哈珀柯林斯（Harper Collins）的团队，包括艾玛·亚纳斯基（Emma Janaskie），以及宣传团队的阿什莉·加兰（Ashley Garland）、梅根·迪恩斯（Meghan Deans）和米丽娅姆·帕克（Miriam Parker）。

我还要称赞一下本书无与伦比的事实核查员奎茵·阿塞姆-奥马利（Queen Arsem-O'Malley）。她做了出色的研究工作，本书在她的努力之下完善了很多。

对于《夹缝生存》中的人们来说，朋友是他们重要的生命线，而对于包括我在内的大多数记者，社会关系网是我们维持生活的依靠。如果没有他们，这本书永远不会存在。首先要提到的是马娅·绍洛维茨（Maia Szalavitz），她是一位很好的合作者，就像是另外一个我。她几乎通读了此书的所有草稿，如果没有她的敏锐思维、慷慨性格和超乎想象的友爱，这本书不会成为现实。我的其他知己也对本书的创作助益良多。他们自己本身也是才华横溢的作家，包括天赋出众的安·诺伊曼（Ann Neumann）和艾比·埃琳（Abby Ellin），她们勇敢而又有趣，并且愿意拿起彩色笔帮我细心修订草稿。还有我必须赞扬的约翰·廷潘（John Timpane），他有着优秀的编辑思维，极具洞察的眼光。

我还要对尊敬的芭芭拉·艾伦瑞克致以敬意。她在四年前接纳了我，带我进入她的"经济困境报道计划"，逐步改变了我的生活。跟她一起从事编辑工作，一起管理这家出色的新闻机构，对我来说是一个值得铭记的殊荣。我真心爱戴她，作为一位朋友、同事，作为记者，作为改变历史的力量。

我还要感谢我在不同出版机构的编辑们，首先是我在《卫报》（Guardian）的专栏编辑，才华出众的杰茜卡·里德（Jessica Reed）。同样需要感谢的是莉齐·拉特纳（Lizzy Ratner）、苏珊·莱曼（Susan Lehman）、玛丽亚·施特雷申斯基（Maria Streshinsky）、特丽什·霍尔（Trish Hall）和伊丽莎白·韦尔（Elizabeth Weil）等编辑，我在他们负责的刊物上发展出了关于这本书的早期想法。我也很感激新闻网站 Capital & Main 的丹尼·范戈尔德（Danny Feingold）和史蒂文·米库兰（Steven Mikulan）在编辑方面提供的帮助。我在经济困境报道计划的热心同事们身上也得到了很多帮助，在我休假写书时，他们勇挑重担，为工作付出了更大的努力。特别是戴维·瓦利斯（David Wallis），他的出色技巧和丰富常识是不可多得的——还有超级高效的亚历克西丝·加西亚（Alexis Garcia）和现在的坦维尔·阿里（Tanveer Ali）。

我也要向众多贴心好友表达我的赞美，他们在本书写作期间与我交流，给我依靠。我大学以来最好的朋友，学者埃利娜·基姆（Eleana Kim）阅读了我的手稿，并表示自己从中了解了很多东西。后来的一些朋友，学者埃莱娜·克鲁莫娃（Elena Krumova）和德沃拉·鲍姆（Devorah Baum）为我提供了理论思考。薇姬·德格拉齐亚（Vicky de Grazia）以一种令人乐于接受的批判性眼光浏览了引言部分。理查德·凯（Richard Kaye）给出了阅读建议。珍妮弗·德沃金（Jennifer Dworkin）提供了一些哲学方面的指导。还有一些忠实而热心的朋友也给出了重要的反馈：凯瑟琳·斯图尔特（Katherine Stewart）、赫雷恩·奥伦（Helaine Olen）、蕾切尔·乌尔科维茨（Rachel Urkowitz）、萨拉·赛费尔（Sarah Safer）、戴尔·马哈里奇（Dale Maharidge）、德波拉·西格尔（Deborah Siegel）、凯瑟琳·塔利斯（Catherine Talese）、劳伦·桑德勒（Lauren Sandler）、贝姬·罗伊弗（Becky Roiphe）、朱迪丝·马特洛夫（Judith Matloff）、安妮·科恩豪泽（Anne Kornhauser）、伊丽莎白·费利切拉（Elizabeth Felicella）、阿丝特拉·泰勒（Astra Taylor）和贾里德·霍尔特（Jared Hohlt）。另外还有彼得·门德尔森德（Peter Mendelsund）就封面提出的精彩建议，以及戴维·奥普代克（David Opdyke）的贡献。此外，我还要向我最喜欢的妈妈们致意，包括萨曼莎·舍恩菲尔德（Samantha Schonfeld）、梅洛拉·索切特（Melorra Sochet）和凯特·瓦格纳-戈德斯坦（Kate Wagner-Goldstein），她们组成了关于本书封面的 Instagram 焦点小组。还有，谢谢你，乔恩·西格尔（Jon Segal），你让这本书得以从其众所周知最好的部分开始。

此外，鉴于本书的主题和立场，我必须要感谢为我们家工作过的那些优秀的关怀工作者，他们让我得以完成确实相当紧凑的工作安排。首先是悉妮·维尔斯（Sydney Viles），还有比利（Billy）、约拉（Yoela）和凯莉（Kylie），以及其他许多出色的年轻人。

同样非常感谢我的母亲芭芭拉·夸特（Barbara Quart），她多年的编辑工作经验使本书更为完善，她自己的写作、女性主义奖学金，以及早年兼顾工作、创作和养育子女的艰辛奋斗，给我带来了灵感和启发。

我还要由衷地感谢我的丈夫彼得·马斯（Peter Maass）和我的女儿克莉奥·夸特·马斯（Cleo Quart Maass）。我讲述其他家庭的故事——以及一小部分我们自己的故事——的一大动力来源就是对你们的爱。

注 释

引言

1. "America's Shrinking Middle Class: A Close Look at Changes within Metropolitan Areas," Pew Research Center, Washington, D.C., May 11, 2016, http://www.pewsocialtrends.org/2016/05/11/americas-shrinking-middle-class-a-close-look-at-changes-within-metropolitan-areas/.
2. 为了计算中产生活的成本，美国广播节目《市场》(Marketplace)既考虑了中产阶级常有的物质享受型支出，例如度假和买房，也计算了满足生活基本需要的支出，如食品、日用品、汽油、医疗健康支出等。Tommy Andres, "Does the Middle Class Life Cost More Than It Used To?" Marketplace, Minnesota Public Radio, June 9, 2016, https://www.marketplace.org/2016/06/09/economy/does-middle-class-life-cost-more-it-used.
3. 读一个公立大学的四年制本科学位所需花费："Fast Facts: Tuition Costs of Colleges and Universities," National Center for Education Statistics, Washington, D.C., 2016, https://nces.ed.gov/fastfacts/display.asp?id=76.
4. 盖伊·斯坦丁在他 2011 年出版的书《新兴的危险阶级》中使用了这一术语。Guy Standing, *The Precariat: The New Dangerous Class* (London: Bloomsbury Academic, 2014).
5. *Global Wealth Report 2015*, Credit Suisse Research Institute, October 2015, https://www.credit-suisse.com/media/assets/corporate/docs/about-us/research/publications/global-wealth-report-2015.pdf
6. Raj Chetty et al., "The Fading American Dream: Trends in Absolute Income Mobility

since 1940," *Science* 356, no. 6336: 398-406 (2017); David Leonhardt, "The American Dream, Quantified at Last," *New York Times,* December 8, 2016, https://www.nytimes.com/2016/12/08/opinion/the-american-dream-quantified-at-last.html.

7. Rakesh Kochhar and Rich Morin, "Despite Recovery, Fewer Americans Identify as Middle Class," Pew Research Center, Washington, D.C., January 27, 2014, http://www.pewresearch.org/fact-tank/2014/01/27/despite-recovery-fewer-americans-identify-as-middle-class/.

8. 同上。

9. Fabian T. Pfeffer, Sheldon Danziger, and Robert F. Schoeni, "Wealth Levels, Wealth Inequality, and the Great Recession," Russell Sage Foundation, New York, June 2014, http://web.stanford.edu/group/scspi/_media/working_papers/pfeffer-danziger-schoeni_wealth-levels.pdf.

第1章 难以置信：怀孕与职场压迫

1. Cynthia Thomas Calvert, "Caregivers in the Workplace: Family Responsibilities Discrimination Litigation Update 2016," Center for WorkLife Law, University of California, Hastings College of the Law, San Francisco, May 2016, http://worklifelaw.org/publications/Caregivers-in-the-Workplace-FRD-update-2016.pdf, 4.

2. Vickie Elmer, "Workplace Pregnancy Discrimination Cases on the Rise," *Washington Post,* April 8, 2012, https://www.washingtonpost.com/business/capitalbusiness/workplace-pregnancy-discrimination-cases-on-the-rise/2012/04/06/gIQALWId4S_story.html?utm _term=.497c611809f3.

3. Scott Coltrane, "The Risky Business of Paternity Leave," *The Atlantic,* December 29, 2013, https://www.theatlantic.com/business/archive/2013/12/the-risky-business-of-paternity-leave/282688/.

4. "Parental Leave Survey," Deloitte, June 15, 2016.

5. Jennifer L. Berdahl and Sue H. Moon, "Workplace Mistreatment of Middle Class Workers Based on Sex, Parenthood, and Caregiving," *Journal of Social Issues* 69, no. 2 (2013): 341–66.

6. Shelley J. Correll, Stephen Benard, and In Paik, "Getting a Job: Is There a Motherhood Penalty?" *American Journal of Sociology* 112, no. 5 (March 2007): 1297-339, https://gap.hks.harvard.edu/getting-job-there-motherhood-penalty.

7. Claire Cain Miller, "The Motherhood Penalty vs. the Fatherhood Bonus," *New York Times,* September 6, 2014, https://www.nytimes.com/2014/09/07/upshot/a-child-helps-your-career-if-youre-a-man.html.

8. Michelle J. Budig and Paula England, "The Wage Penalty for Motherhood," *American*

Sociological Review 66, no.2 (2001): 204.

9. "ACLU Files Discrimination Charges against Frontier Airlines on Behalf of Breast-Feeding Pilots," ACLU, New York, May 10, 2016, https://www.aclu.org/news/aclu-files-discrimination-charges-against-frontier-airlines-behalf-breast-feeding-pilots.

10. Rachel Cusk, *A Life's Work: On Becoming a Mother* (London: Picador, 2003), 5.

11. Tara Haelle, "Your Biggest C-Section Risk May Be Your Hospital," *Consumer Reports*, May 16, 2017.

12. "Paid Leave," National Partnership for Women & Families, Washington, D.C.

13. Mariko Oi, "How Much Do Women around the World Pay to Give Birth?" BBC News, February 13, 2015, http://www.bbc.com/news/business-31052665.

14. "Québec Parental Insurance Plan," Gouvernement du Québec, http://www4.gouv.qc.ca/EN/Portail/Citoyens/Evenements/DevenirParent/Pages/regm_quebc_assur_parnt.aspx.

15. Nancy Rasmussen, "Working in Denmark: Taking Parental Leave," The Local, May 6, 2015, https://www.thelocal.dk/20150506/working-in-denmark-maternity-and-parental-leave.

16. Dwyer Gunn, "How Should Parental Leave Be Structured? Ask Iceland," *Slate*, April 3, 2013, https://slate.com/human-interest/2013/04/paternity-leave-in-iceland-helps-mom-succeed-at-work-and-dad-succeed-at-home.html.

17. Pamela Druckerman, "The Perpetual Panic of American Parenthood," *New York Times*, October 13, 2016, https://www.nytimes.com/2016/10/14/opinion/the-perpetual-panic-of-american-parenthood.html.

18. Drew Desilver, "Access to Paid Family Leave Varies Widely across Employers, Industries," Pew Research Center, Washington, D.C., March 23, 2017, http://www.pewresearch.org/fact-tank/2017/03/23/access-to-paid-family-leave-varies-widely-across-employers-industries/.

19. "OECD Family Database," Organization for Economic Cooperation and Development, Paris, http://www.oecd.org/els/family/database.htm.

20. 可以肯定的是，美国的一些州效仿蒙特利尔或哥本哈根，出台了更为可行的家庭休假政策。2002年，加利福尼亚州开始向符合条件的劳工提供带薪家庭假，作为残障保险计划（disability insurance program）的一部分。跟社保金类似，绝大部分劳工只需拿出不到1%的收入用于家庭假。劳工将钱投入州残障保险（State Disability Insurance，工资单上的"SDI"项目），之后就有权提取六周的福利金，金额为每周50美元到1173美元不等。当他们抚养新生儿需要经济支持时，就可以从中取出一些钱。不过他们只有六周的休假时间，而且SDI提供的额度只占工资的55%，不像瑞典的政策那么有帮助。罗得岛、纽约州和新泽西州都采用了类似的计划，这也对推行联邦层面的家庭休假计划带来了压力。

21. 戈夫曼以"掩饰"这一术语描述一个人用于对付污名的行为或策略。Erving Goffman, *Stigma: Notes on the Management of Spoiled Identity* (New York: Touchstone, 1986).
22. Deborah L. Brake and Joanna L. Grossman, "Unprotected Sex: The Pregnancy Discrimination Act at 35," *Duke Journal of Gender Law and Policy* 21 (2013): 67.
23. Joan C. Williams, "The Glass Ceiling and the Maternal Wall in Academia," *New Directions for Higher Education* 130 (2005): 91.

第2章 高学历的穷人

1. "Medicaid and CHIP Eligibility Levels," Medicaid, April 2016, https://www.medicaid.gov/medicaid/program-information/medicaid-and-chip-eligibility-levels/index.html.
2. 此数据由城市研究所（Urban Institute）的一名高级研究员计算得出。
3. Hope Yen, "Which Group Now Receives the Most Food Stamps in U.S.?" Associated Press, January 27, 2014, https://www.onlineathens.com/article/20140127/NEWS/301279953.
4. Bettina Chang, "Survey: The State of Adjunct Professors," *Pacific Standard,* March 19, 2015, https://psmag.com/economics/2015-survey-state-of-adjunct-professors.
5. Josh Mitchell, "Grad-School Loan Binge Fans Debt Worries," *Wall Street Journal,* August 18, 2015, https://www.wsj.com/articles/loan-binge-by-graduate-students-fans-debt-worries-1439951900.
6. Lauren Berlant, *Cruel Optimism* (Durham, NC: Duke University Press, 2011), 1.
7. Miya Tokumitsu, *Do What You Love: And Other Lies about Success and Happiness* (New York: Regan Arts, 2015).
8. Keith Hoeller, "The Wal-Mart-ization of Higher Education: How Young Professors Are Getting Screwed," *Salon,* February 16, 2014, http://www.salon.com/2014/02/16/the_wal_mart_ization_of_higher_education_how_young_professors_are_getting_screwed/.
9. Dean Spears, "Economic Decision-Making in Poverty Depletes Behavioral Control" (working paper, Princeton University, 2010), 12.
10. Linda Tirado, *Hand to Mouth: Living in Bootstrap America* (New York: G.P. Putnam's Sons, 2015), 25.
11. 2016年大选让我们看到，美国的某些地区盛行一种反精英，特别是反智的氛围。学者德沃拉·鲍姆（Devorah Baum）认为这是一种新的对我们政治生活中的傲慢的反制。尽管这一倾向可以被称为"特朗普主义"，我却认为更惊人的是它代表了"低教育阶层"身份的崛起。特朗普鼓吹"低教育水平"是选民可以引以为傲的品质，正如特朗普自己在几次预选胜利之后所说的："我喜欢低教育阶层。"这个群体的胜利与美国人数十年的观念背道而驰。主流政治家一直重视领导人和公民的基础读写和专业知识水平，鼓励人们去追求高等教育，那是几个世纪以来传统智慧的结晶。

12. Alissa Quart, "Adventures in Neurohumanities," *The Nation,* May 8, 2013, https://www.thenation.com/article/adventures-neurohumanities/.
13. "Earnings in the Past 12 Months (in 2015 Inflation-Adjusted Dollars)": 2015 American Community Survey One-Year Estimates, U.S. Census Bureau, Washington, D.C., https://www.census.gov/data/developers/data-sets/acs-1year.2015.html.
14. Jordan Weissmann, "The Ever-Shrinking Role of Tenured College Professors (in 1 Chart)," *The Atlantic,* April 10, 2013, https://www.theatlantic.com/business/archive/2013/04/the-ever-shrinking-role-of-tenured-college-professors-in-1-chart/274849/.
15. "A Portrait of Part-Time Faculty Members," Coalition on the Academic Workforce, June 2012, http://www.academicworkforce.org/CAW_portrait_2012.pdf.
16. Colleen Flaherty, "15K per Course?" Inside Higher Ed, February 9, 2015, https://www.insidehighered.com/news/2015/02/09/union-sets-aspirational-goal-adjunct-pay.
17. Alissa Quart, "The Professor Charity Case," *Pacific Standard,* March 19, 2015, https://psmag.com/social-justice/professor-charity-case-adjuncts-precaricorps.
18. "On National Adjunct Walkout Day, Professors Call Out Poverty-Level Wages and Poor Working Conditions," *Democracy Now!* February 25, 2015, https://www.democracynow.org/2015/2/25/on_national_adjunct_walkout_day_professors.
19. Paul F. Campos, "The Real Reason College Tuition Costs So Much," *New York Times,* April 4, 2015, https://www.nytimes.com/2015/04/05/opinion/sunday/the-real-reason-college-tuition-costs-so-much.html.
20. John Hechinger, "The Troubling Dean-to-Professor Ratio," Bloomberg News, November 21, 2012, https://www.bloomberg.com/news/articles/2012-11-21/the-troubling-dean-to-professor-ratio.
21. Suzanne Hudson, "SB15-094 Defeated in Committee," American Association of University Professors Colorado Conference, January 29, 2015, https://aaupcolorado.wordpress.com/2015/01/29/sb15-094-defeated-in-committee/.
22. Max Weber, *The Protestant Ethic and the Spirit of Capitalism,* trans. Talcott Parsons (New York: Dover, 2003).

第3章 极限日托：工作的代价

1. G. William Domhoff, "The Rise and Fall of Labor Unions in the U.S.," Who Rules America? University of California, Santa Cruz, February 2013, http://www2.ucsc.edu/whorulesamerica/power/history_of_labor_unions.html; Megan Dunn and James Walker, "Union Membership in the United States," U.S. Bureau of Labor Statistics, Washington, D.C., September 2016, https://www.bls.gov/spotlight/2016/union-membership-in-the-united-states/pdf/union-membership-in-the-united-states.pdf.
2. Harriet B. Presser, "The Economy That Never Sleeps," *Contexts* 3, no. 2 (2004): 42.
3. Lydia Saad, "The '40-Hour' Workweek Is Actually Longer—by Seven Hours," Gallup News, August 29, 2014, http://news.gallup.com/poll/175286/hour-workweek-actually-longer-seven-hours.aspx.
4. Ben Casselman, "Yes, Some Companies Are Cutting Hours in Response to 'Obamacare,'" *FiveThirtyEight*, January 13, 2015, https://fivethirtyeight.com/features/yes-some-companies-are-cutting-hours-in-response-to-obamacare/.
5. "Employment Projections," U.S. Bureau of Labor Statistics, Washington, D.C., https://data.bls.gov/projections/occupationProj.
6. Kid Care Concierge, http://kidcareconcierge.com/.
7. Rachel Cusk, *A Life's Work: On Becoming a Mother* (New York: St. Martin's Press/Picador, 2001), 145.
8. "At Least 17 Percent of Workers Have Unstable Schedules," Economic Policy Institute, Washington, D.C., Septemper, 2015, https://nwlc.org/wp-content/uploads/2015/08/recently_introduced_and_enacted_state_local_9.14.15.pdf.
9. "Recently Introduced and Enacted State and Local Fair Scheduling Legislation," National Women's Law Center, Washington, D.C., May 2015, https://www.nwlc.org/sites/default/files/pdfs/recently_introduced_and_enacted_state_and_local_fair_scheduling_legislation_apr_2015.pdf.
10. Saad, "The '40-Hour' Workweek."
11. 学者葆拉·英格兰（Paula England）和南希·福尔布尔（Nancy Folbre）写到过，保育和护理工作者会与他们的客户——儿童等弱势人群——产生情感联系，感到要求更高的工资会对客户造成伤害。与此同时，医院、日托中心及学校的所有者和管理者则根本不接触那些需要照顾的人，也就可以无情地削减开支、重新安排工作时间。事实上，要求更好的工作条件和更高的工资确实可能让父母们"很受伤"，尽管他们自己也处在重重压力之下。
12. "PF3.1: Public Spending on Childcare and Early Education," Organization for Economic Cooperation and Development, Social Policy Division, Directorate of Employment, Labour, and Social Affairs, November 22, 2011, https://www.oecd.

org/els/soc/PF3_1_Public_spending_on _childcare_and_early_education.pdf, 2.

13. Elise Gould and Tanyell Cooke, Issue Brief 404: "High Quality Child Care Out of Reach for Working Families," Economic Policy Institute, Washington, D.C., October 6, 2015, https://www.childcaresolutionscny.org/sites/default/files/child-care-is-out-of-reach.pdf, 2.

14. Jeremy Rifkin, *The Age of Access: The New Culture of Hypercapitalism Where All of Life Is a Paid-For Experience* (New York: TarcherPerigee, 2001), 112.

15. Viviana A. Zelizer, *The Purchase of Intimacy* (Princeton, NJ: Princeton University Press, 2007), 22.

16. Claudio Sanchez, "What the U.S. Can Learn from Finland, Where School Starts at Age 7," *Weekend Edition,* NPR, March 8, 2014, http://www.npr.org/2014/03/08/287255411/what-the-u-s-can-learn-from-finland-where-school-starts-at-age-7.

17. "Quebec Daycare Fees to Climb to $20 per Day for Highest-Earning Families," CBC News, November 20, 2014, http://www.cbc.ca/news/canada/montreal/quebec-daycare-fees-to-climb-to-20-per-day-for-highest-earning-families-1.2841994.

18. "2014 Signature Report: An Analysis of Colorado's Licensed Child Care System," Qualistar, September 2014, https://issuu.com/qualistarcolorado/docs/2014_qualistar_colroado_signature_r; Megan Verlee, "Report: Colorado Faces Statewide Daycare Shortage," Colorado Public Radio, September 25, 2014.

19. Kirsti Marohn, "Shortage of Affordable Child Care Hampers Families," *Saint Cloud Times,* April 2, 2016, http://www.sctimes.com/story/news/local/2016/04/02/shortage-affordable-child-care-hampers-families/82262546/.

20. Dana Goldstein, "Bill de Blasio's Pre-K Crusade," *The Atlantic,* September 7, 2016, https://www.theatlantic.com/education/archive/2016/09/bill-de-blasios-prek-crusade/498830/.

21. W. Steven Barnett et al. "The State of Preschool 2016," National Institute for Early Education Research, Rutgers Graduate School of Education, New Brunswick, NJ, 2017, http://nieer.org/wp-content/uploads/2017/05/YB2016_StateofPreschool2.pdf.

22. "Single Parenthood in the United States—A Snapshot (2014 Edition)," Women's Legal Defense and Education Fund, New York, https://www.legalmomentum.org/sites/default/files/reports/SingleParentSnapshot2014.pdf, 1.

第4章　阶级下跌：身处顶层的底层人

1. Christopher J. Boyce, Gordon D. A. Brown, and Simon C. Moore, "Money and Happiness: Rank of Income, Not Income, Affects Life Satisfaction," *Psychological Science* 21, no. 4 (2010): 471.
2. Glenn Firebaugh and Matthew B. Schroeder, "Does Your Neighbor's Income Affect Your Happiness?" *American Journal of Sociology* 115, no. 3 (2009): 805.
3. danah boyd, "Failing to See, Fueling Hatred," *Wired,* March 3, 2017, https://www.wired.com/2017/03/dont-hate-silicon-valley-techies-who-complain-about-money/.
4. Michael Daly, Christopher Boyce, and Alex Wood, "A Social Rank Explanation of How Money Influences Health," *Health Psychology* 34, no. 3 (2015): 222.
5. Edith Wharton, *The Age of Innocence* (New York: D. Appleton & Company, 1920; reprint, CreateSpace, 2015), 32.
6. Neal Gabler, "The Secret Shame of Middle-Class Americans," *The Atlantic,* May 2016, https://www.theatlantic.com/magazine/archive/2016/05/my-secret-shame/476415/.
7. Helaine Olen, "All the Sad, Broke, Literary Men," *Slate,* April 21, 2016, https://slate.com/business/2016/04/neal-gablers-atlantic-essay-is-part-of-an-old-aggravating-genre-the-sad-broke-literary-male.html.
8. M. G. Marmot et al. "Health Inequalities among British Civil Servants: The Whitehall II Study," *The Lancet* 337, no. 8754 (June 8, 1991): 1387–93, http://www.thelancet.com/journals/lancet/article/PII0140-6736(91)93068-K/abstract.
9. Justin Weidner, Greg Kaplan, and Giovanni Violante, "The Wealthy Hand-to-Mouth," *Brookings Papers on Economic Activity* (Spring 2014): 77–153, https://www.brookings.edu/wp-content/uploads/2016/07/2014a_Kaplan.pdf.
10. Adair Morse and Marianne Bertrand, "Trickle-Down Consumption," *Review of Economics and Statistics* 98, no. 5 (2016): 863.
11. Elise Gould, Tanyell Cooke, and Will Kimball, "What Families Need to Get By: EPI's 2015 Family Budget Calculator," Economic Policy Institute, Washington, D.C., August 26, 2015, http://www.epi.org/publication/what-families-need-to-get-by-epis-2015-family-budget-calculator/.
12. Emmanuel Saez, "U.S. Top One Percent of Income Earners Hit New High in 2015 amid Strong Economic Growth," Washington Center for Equitable Growth, July 1, 2016, http://equitablegrowth.org/research-analysis/u-s-top-one-percent-of-income-earners-hit-new-high-in-2015-amid-strong-economic-growth/.
13. Raj Chetty et al., "The Fading American Dream: Trends in Absolute Income Mobility

since 1940," *Science* 356, no. 6336 (2017): 398–406.

14. Debra Cassens Weiss, "At Least Half of the Lawyers in These Nine States and Jurisdictions Aren't Working as Lawyers," ABA Journal, June 1, 2017, http://www.abajournal.com/news/article/at_least_half_of_the_lawyers_in_these_nine_states_and_jurisdictions_arent_w.
15. Steven J. Harper, "Too Many Law Students, Too Few Legal Jobs," *New York Times*, August 25, 2015, https://www.nytimes.com/2015/08/25/opinion/too-many-law-students-too-few-legal-jobs.html?mcubz=1.
16. Zack Friedman, "Student Loan Debt in 2017: A $1.3 Trillion Crisis," *Forbes*, February 21, 2017, https://www.forbes.com/sites/zackfriedman/2017/02/21/student-loan-debt-statistics-2017/#3e097bfc5dab.
17. Didier Eribon, *Returning to Reims*, trans. Michael Lucey (Los Angeles: Semiotexte, 2013).
18. Paul Campos, "The Law-School Scam," *The Atlantic*, September 2014, https://www.theatlantic.com/magazine/archive/2014/09/the-law-school-scam/375069/.
19. Ilana Kowarski, "U.S. News Data: Law School Costs, Salary Prospects," *U.S. News & World Report*, March 15, 2017, https://www.yahoo.com/news/u-news-data-law-school-costs-salary-prospects-130000280.html.
20. Deborah Jones Merritt and Kyle McEntee, "The Leaky Pipeline for Women Entering the Legal Profession," November 2016, https://www.lstradio.com/women/documents/MerrittAndMcEnteeResearchSummary_Nov-2016.pdf.
21. Tim Noah, "The United States of Inequality," *Slate*, September 14, 2010, https://slate.com/news-and-politics/2010/09/trying-to-understand-income-inequality-the-most-profound-change-in-american-society-in-your-lifetime.html.

第5章　保姆的挣扎

1. 阿莉·霍赫希尔德从2000年起在她的文章中使用这一术语。
2. "Poverty-Stricken Past and Present in the Mississippi Delta," *PBS NewsHour*, July 22, 2016, http://www.pbs.org/newshour/bb/poverty-stricken-past-present-mississippi-delta/.
3. Michael Harrington, *The Other America: Poverty in the United States* (New York: Touchstone, 1962), 14.
4. "Who's Minding the Kids? Child Care Arrangements: 2011—Detailed Tables," U.S. Census Bureau, Washington, D.C., April 13, 2013, https://www.census.gov/data/tables/2008/demo/2011-tables.html.

5. "Home Economics: The Invisible and Unregulated World of Domestic Work," National Domestic Workers Alliance, 2012, https://domesticworkers.org/sites/default/files/HomeEconomicsReport.pdf.

6. 作为罗斯福新政（New Deal）的一部分，于 1935 年颁布的《国家劳动关系法案》（National Labor Relations Act）赋予了私营部门的雇员建立工会的权利。几乎可以肯定的是出于种族主义，家政工作者被排除在外。南方的立法者还坚持，农场雇工和家政工作者（大部分是黑人）应该被排除在罗斯福总统于 1938 年颁布的《公平劳动标准法案》（Fair Labor Standards Act）之外。非正式劳工也无权享有社会福利，例如最低工资和失业补偿。80 年之后，在州的层面上，情况开始有所好转。例如，2010 年纽约州颁布的《家政工作者权利法案》（Domestic Workers' Bill of Rights）确立了八小时工作制及其它保护措施。

7. 蒲艾真（Ai-jen Poo）一直在努力推动保育工作的重塑，正如她在一次采访中说的，令其"从被忽视、被低估的低薪工作，转变为有事业发展机会的专业性工作"。蒲艾真指出，保育工作岗位的增长比其它常见岗位快了五倍。保姆工作是支撑美国经济生产率的脊梁，但在过去的一个世纪，非正式劳工无法像制造业工作者那样获得发展的机会。

8. "Number of Form I-130, Petition for Alien Relative, by Category, Case Status, and USCIS Field Office or Service Center Location," U.S. Citizenship and Immigration Services, January 1–March 31, 2017, https://www.uscis.gov/sites/default/files/USCIS/Resources/Reports%20and%20Studies/Immigration%20Forms%20Data/Family-Based/I130_performancedata_fy2017_qtr2.pdf.

9. England, "Emerging Theories of Care Work," 381.

10. Jonathan Woetzel et al., "The Power of Parity: How Advancing Women's Equality Can Add $12 Trillion to Global Growth," McKinsey Global Institute, September 2015, https://www.mckinsey.com/global-themes/employment-and-growth/how-advancing-womens-equality-can-add-12-trillion-to-global-growth.

11. Alexandra Sifferlin, "Women Are Still Doing Most of the Housework," *Time,* June 18, 2014, http://time.com/2895235/men-housework-women/.

12. Kim Parker and Eileen Patten, "The Sandwich Generation: Rising Financial Burdens for Middle-Aged Americans," Pew Research Center, Washington, D.C., January 30, 2013, http://www.pewsocialtrends.org/2013/01/30/the-sandwich-generation/.

13. "Table A-1. Time Spent in Detailed Primary Activities and Percent of the Civilian Population Engaging in Each Activity, Averages per Day by Sex, 2016 Annual Averages," U.S. Bureau of Labor Statistics, Washington, D.C., 2016, https://www.bls.gov/tus/a1_2016.pdf.

14. Mierle Laderman Ukeles, "Manifesto for Maintenance Art, 1969," https://queensmuseum.org/wp-content/uploads/2016/04/Ukeles-Manifesto-for-Maintenance-Art-1969.pdf.

15. John Kucsera, with Gary Orfield, *New York State's Extreme School Segregation: Inequality, Inaction and a Damaged Future,* Civil Rights Project/Proyecto Derechos Civiles, March 2014, https://files.eric.ed.gov/fulltext/ED558739.pdf.
16. Sam Roberts, "Gap between Manhattan's Rich and Poor Is Greatest in U.S., Census Finds," *New York Times,* September 17, 2014, https://www.nytimes.com/2014/09/18/nyregion/gap-between-manhattans-rich-and-poor-is-greatest-in-us-census-finds.html.
17. "Inequality," *The State of Working America,* Economic Policy Institute, Washington, D.C., http://www.stateofworkingamerica.org/fact-sheets/inequality-facts/.
18. Lawrence Summers, "It Can Be Morning Again for the World's Middle Class," *Financial Times,* January 18, 2015, https://www.ft.com/content/826202e2-9d85-11e4-8946-00144feabdc0.
19. "DP02: Selected Social Characteristics in the United States: 2015 American Community Survey 1-Year Estimates: New York City and Boroughs," U.S. Census Bureau, Washington, D.C., 2015, http://www1.nyc.gov/assets/planning/download/pdf/data-maps/nyc-population/acs/soc_2015acs1yr_nyc.pdf.
20. Carola Suárez-Orozco and Marcelo M. Suárez-Orozco, *Children of Immigration* (Cambridge, MA: Harvard University Press, 2001).

第6章 开优步的爸爸：零工经济中的劳动者

1. "Support Portland Metro Area Schools This Summer," *Uber Blog,* June 20, 2016, https://www.uber.com/blog/portland/support-portland-metro-area-public-schools-this-summer/.
2. Joseph A. Vandello and Jennifer K. Bosson, "Hard Won and Easily Lost: A Review and Synthesis of Theory and Research on Precarious Manhood," *Psychology of Men and Masculinity* 14, no. 2 (2013): 101.
3. Michael Kimmel, *Angry White Men: American Masculinity at the End of an Era* (New York: Nation Books, 2013).
4. Heather Knight and Joaquin Palomino, "Teachers Priced Out: SF Educators Struggle to Stay amid Costly Housing, Stagnant Salaries," *San Francisco Chronicle,* May 13, 2016, http://projects.sfchronicle.com/2016/teacher-pay/.
5. Emmanuel Levinas, *On Escape,* trans. Bettina Bergo (Stanford, CA: Stanford University Press, 1935), 63.
6. Hill, Steven. *Raw Deal: How the "Uber Economy" and Runaway Capitalism Are Screwing American Workers.* (New York: St. Martin's Press, 2015).

7. "High Turnover Plagues Schools," September 2002, *USA Today*, August 14, 2002, retrieved from http://repository.upenn.edu/gse_pubs/130.
8. Susan Adams, "More Than a Third of U.S. Workers Are Freelancers Now, but Is That Good for Them?" *Forbes*, September 5, 2014, https://www.forbes.com/sites/susanadams/2014/09/05/more-than-a-third-of-u-s-workers-are-freelancers-now-but-is-that-good-for-them/#54754dd921c3.
9. Davey Alba, "Judge Rejects Uber's $100 Million Settlement with Drivers," *Wired*, August 18, 2016, https://www.wired.com/2016/08/uber-settlement-rejected/.

第7章 第二人生产业与从头再来的中年迷思

1. 小说家埃马纽埃尔·卡雷尔（Emmanuel Carrère）将这种特定情节称为关于裁员的恐怖电影："他整日四处游荡，避免出现在家附近。他不跟任何人讲话，每一张脸都让他害怕，因为那说不定会是一张旧日同事的脸。" Emmanuel Carrère, *The Adversary*, (Picador, 2001).
2. "2016 Student Loan Data Update," Center for Microeconomic Data, Federal Reserve Bank of New York, New York, https://www.newyorkfed.org/microeconomics/databank.html.
3. Same Levin "Millionaire Tells Millennials: If You Want a House, Stop Buying Avocado Toast," *Guardian*, May 15, 2017, https://www.theguardian.com/lifeandstyle/2017/may/15/australian-millionaire-millennials-avocado-toast-house.
4. "Household Debt and Credit: 2017 Q2 Report," Center for Microeconomic Data, Federal Reserve Bank of New York, New York, https://www.newyorkfed.org/microeconomics/hhdc/background.html.
5. Patricia Cohen, "Over 50, Female and Jobless Even as Others Return to Work," *New York Times*, January 1, 2016, https://www.nytimes.com/2016/01/02/business/economy/over-50-female-and-jobless-even-as-others-return-to-work.html.
6. "Charge Statistics (Charges Filed with EEOC) FY 1997 through FY 2016," U.S. Equal Employment Opportunity Commission, https://www.eeoc.gov/eeoc/statistics/enforcement/charges.cfm.
7. Karen Kosanovich and Eleni Theodossiou Sherman, "Trends in Long-Term Unemployment," U.S. Bureau of Labor Statistics, Washington, D.C., March 2015, https://www.bls.gov/spotlight/2015/long-term-unemployment/pdf/long-term-unemployment.pdf.
8. Shahien Nasiripour, "ITT Technical Institute Shuts Down, Leaving a Hefty Bill," Bloomberg News, September 6, 2016, https://www.bloomberg.com/news/articles/2016-09-06/itt-technical-institutes-shuts-down-leaving-a-hefty-bill.

9. Camila Domonoske, "Judge Approves $25 Million Settlement of Trump University Lawsuit," NPR, March 31, 2017, http://www.npr.org/sections/thetwo-way/2017/03/31/522199535/judge-approves-25-million-settlement-of-trump-university-lawsuit.
10. Patrick Danner, "San Antonio House-Flipper Montelongo Sued by 164 Ex-Students," *San Antonio Express-News*, March 2, 2016, http://www.expressnews.com/real-estate/article/San-Antonio-house-flipper-Montelongo-sued-by-164-6866991.php.
11. Scott Sandage, *Born Losers: A History of Failure in America* (Cambridge, MA: Harvard University Press, 2006), 256.
12. F. Scott Fitzgerald, "My Lost City," in *My Lost City: Personal Essays, 1920-1940*, ed. James L. W. West III (Cambridge: Cambridge University Press, 2005), 114.
13. Saul Bellow, *The Adventures of Augie March* (New York: Viking Press, 1953), 1.
14. Theodore Dreiser, *The Financier* (New York: Harper & Brothers, 1912; reprint, New York: Penguin, 2008), 20.
15. 或者用剧中角色比夫·洛曼的话说："说起来，我高中毕业后已经奋斗了六七年了。运务员、推销员，什么都干过，生活过得微不足道，夏天早上那么热还要去赶地铁……而且还总得抢在别人前面。" Arthur Miller, *Death of a Salesman* (Harmondsworth, U.K.: Penguin Books, 1996), 22.
16. Barbara Ehrenreich and Deirdre English, *For Her Own Good: Two Centuries of the Experts' Advice to Women* (New York: Random House, 2005), 331.
17. Mark Barenberg, "Widening the Scope of Worker Organizing: Legal Reforms to Facilitate Multi-Employer Organizing, Bargaining, and Striking," Roosevelt Institute, New York, October 7, 2015, https://rooseveltinstitute.org/wp-content/uploads/2015/10/RI-Widening-Scope-Worker-Organizing-201510-2.pdf.
18. Lance Williams, "How Corinthian Colleges, a For-Profit Behemoth, Suddenly Imploded," Reveal, September 20, 2016, https://www.revealnews.org/article/how-corinthian-colleges-a-for-profit-behemoth-suddenly-imploded/.
19. 有一些更传统的方法也能够减轻中年失业父母的负担，例如政府资助举办的有针对性的职业培训，而不是现在许多人在尝试自己开启第二或第三人生时遇到的一锅大杂烩。这是一种不同的职业培训：不强调个人主义、更加实际、专注于满足劳动力市场的需求、反对个人随意参加以营利为中心的教育培训的想法。我们的国家可以在联邦或州的层面资助更多职业培训援助项目，并鼓励更多工会和非营利组织也参与开办更多的学徒项目。目前，美国相比其他发达国家，在职业培训和再培训体系方面的投入要少得多。奥巴马总统在其第二个任期曾试图推动一个德国式的学徒项目，以满足对于机械和机器人专家日益增长的需求。如今一个类似的体系正在实施，名为"美国学徒"（Apprenticeship USA），该项目已获得联邦政府9000万美元的资助，用于支持各州的学徒项目，尤其是针对新兴产业的项目。例如，在得克萨斯州圣安东尼奥及周边地区，"美国学徒"和"阿拉莫劳动力解决方案"（Workforce Solutions Alamo）向人们提供了砖工和汽车技工两个高需求职业的学徒项目，并为人们安排相应工作。也许是为了实现垄断一切的目标，亚马逊（Amazon）也开始举办学徒项目：美国劳工部（U.S. Department of Labors）正在针对退伍军人开展科技职业培训，依托单位正是亚马逊。

第8章 拥挤的房屋

1. Ken Doctor, "Newsonomics: The Halving of America's Daily Newsrooms," Newsonomics, July 28, 2015, http://newsonomics.com/newsonomics-the-halving-of-americas-daily-newsrooms/.

2. Claude S. Fischer, "Reversal of Fortune," *Boston Review*, June 20, 2016, https://bostonreview.net/us/claude-fischer-reversal-fortune-urbanization-gentrification.

3. David Madden and Peter Marcuse, *In Defense of Housing: The Politics of Crisis* (New York: Verso, 2016).

4. 房租的调控始于1969年的纽约，那时战后建筑的租金真正开始飞涨；如今这一政策覆盖了一百万套公寓，从而保护租户免受房租大幅上升的困扰。有些人认为房租稳定政策有助于打造一个更为公平的住房市场，遏制其贵族化趋势。另一些人则反驳称，针对这些住宅的价格上限导致了供应降低，进而导致那些价格稳定或经过调控的地区周边的房租抬高。联邦政府和一些地方政府曾经尝试通过立法来回应对于价格合理的住房的需求，例如对那些为低收入租户建造房屋的开发商采取税收优惠措施。

5. "Cohousing in the United States: An Innovative Model of Sustainable Neighborhoods," Cohousing Association of the United States, Boulder, CO, March 6, 2017, http://oldsite.cohousing.org/sites/default/files/attachments/StateofCohousingintheU.S.%203-6-17.pdf.

6. Adrienne Rich, *Of Woman Born: Motherhood as Experience and Institution* (W. W. Norton & Company, 1995).

第9章 "1%社会顶层"电视节目的崛起

1. 《楼上楼下》中的仆人显然比纯洁的"楼上"部分更有吸引力和说服力；事实上，这部剧的首版带着英国在该时期的新左派意识的痕迹。并非巧合，《楼上楼下》的第一集是由女性主义小说家费伊·韦尔登（Fay Weldon）所写，突出的是女仆的视角。

2. "American Time Survey: Leisure and Sports Activities: Leisure Time on an Average

Day," U.S. Bureau of Labor Statistics, Washington, D.C., last modified December 20, 2016, https://www.bls.gov/TUS/CHARTS/LEISURE.HTM.

3. 例如，网飞投入1.5亿美元制作的电视剧《王冠》（*The Crown*）讲述的是英国女王伊丽莎白二世及皇室家庭的故事。其中的一集提到女王的加冕礼首次通过电视转播，让民众共襄华丽盛大的典礼，以此转移他们对二战后的定量配给和艰难困境的注意力。

4. Felicia R. Lee, "Being a Housewife Where Neither House nor Husband Is Needed," *New York Times*, March 5, 2008, http://www.nytimes.com/2008/03/05/arts/television/05real.html.

5. Nicholas Confessore and Karen Yourish, "$2 Billion Worth of Free Media for Donald Trump," *New York Times*, March 15, 2016, https://www.nytimes.com/2016/03/16/upshot/measuring-donald-trumps-mammoth-advantage-in-free-media.html.

6. Will Wilkinson, "The Majesty of Trump," *New York Times*, November 2016, https://www.nytimes.com/interactive/projects/cp/opinion/election-night-2016/the-majesty-of-trump.

7. Michael Lerner, "Stop Shaming Trump Supporters," *New York Times*, November 9, 2016, https://www.nytimes.com/interactive/projects/cp/opinion/election-night-2016/stop-shaming-trump-supporters.

8. Lev Manovich and Alise Tifentale, "Our Main Findings," Selfiecity, http://www.selfiecity.net/#findings.

9. Mark R. Leary, "Scholarly reflections on the 'Selfie,'" OUPblog, November 19, 2013, https://blog.oup.com/2013/11/scholarly-reflections-on-the-selfie-woty-2013/. 利里和其他几位学者一起受邀在这篇文章中发表了简短的意见，文章本身并不是他写的。

10. 阿尔文·托夫勒（Alvin Toffler）首次使用"产消合一"（prosumption）这一概念，将生产行为和消费行为结合到一起。我们在社交媒体上将经过美化与净化的自我展现给我们的朋友，这一行为之中隐含着一种希望，即这样的形象会在总体上提升我们的社会资本，以此掩盖诸如衰落的新闻或法律行业等所带来的不堪。

11. 如果我们再向后追溯，在电视出现之前，在我们历史上经济最糟糕的时期之一——大萧条时期，当时的电影以其富贵景象而闻名。贫穷的美国人成群结队去看屏幕上穿着荷叶边裙子的妩媚女郎和欢快的音乐表演。对不平等问题的反映往往是通过像《我的戈弗雷》（*My Man Godfrey*）这样的电影——其主角是一个流浪汉，他在一个任性的有钱女人的带领之下迅速从街头进入了那个时代顶层的1%的人群；或者是《公民凯恩》（*Citizen Kane*）——其中出身富有的查尔斯·福斯特·凯恩（Charles Foster Kane）经营着一家报业集团。

12. Thomas Doherty, "Storied TV: Cable Is the New Novel," *Chronicle of Higher*

Education, September 17, 2012, http://www.chronicle.com/article/Cable-Is-the-New-Novel/134420.

13. "America's Shrinking Middle Class: A Close Look at Changes within Metropolitan Areas," Pew Research Center, Washington, D.C., May 11, 2016, http://www.pewsocialtrends.org/2016/05/11/americas-shrinking-middle-class-a-close-look-at-changes-within-metropolitan-areas/.

14. Michael Z. Newman and Elana Levine, *Legitimating Television: Media Convergence and Cultural Status* (New York: Routledge, 2012).

第10章 机器人的威胁

1. American Trucker Associations, "Economics and Industry Data," https://www.trucking.org/economics-and-industry-data.
2. World Economic Forum, "The Future of Jobs: Employment, Skills and Workforce Strategy for the Fourth Industrial Revolution," January 2016, p.13.
3. Joelle Renstrom, "Robot Nurses Will Make Shortages Obsolete," Daily Beast, September 24, 2016.
4. James Manyika et al., "Disruptive Technologies: Advances That Will Transform Life, Business, and the Global Economy," McKinsey Global Institute, May 2013, https://www.mckinsey.com/business-functions/digital-mckinsey/our-insights/disruptive-technologies.
5. Evans Data Corporation, "Software Developers Worry They Will Be Replaced By AI," March 2016.
6. Michael J. Hicks and Srikant Devaraj, "The Myth and the Reality of Manufacturing in America," Ball State University, Muncie, IN, June 2015, http://projects.cberdata.org/reports/MfgReality.pdf.
7. Brian Hopkins et al., "The Top Emerging Technologies to Watch: 2017 to 2021," Forrester, September 12, 2016, https://www.forrester.com/report/The+Top+Emerging+Technologies+To+Watch+2017+To+2021/-/E-RES133144.
8. Marco della Cava, "Self-Driving Truck Makes First Trip—A 120-Mile Beer Run," *USA Today,* October 26, 2016, https://www.usatoday.com/story/tech/news/2016/10/25/120-mile-beer-run-made-self-driving-truck/92695580/.
9. "My Problem With Uber All Along." http://www.rushkoff.com/rebooting-work/ Douglas Rushkoff's Website, Also Medium, October 17, 2015 in a review "Getting Over Uber" Susan Crawford.
10. Jenny Gold, "The Orderly Zipping around the Hospital May Be a Robot,"

Marketplace, Minnesota Public Radio, February 23, 2016, https://www.marketplace.org/2016/02/25/health-care/orderly-zipping-around-hospital-may-be-robot.

11. "Occupational Outlook Handbook: Registered Nurses," U.S. Bureau of Labor Statistics, Washington, D.C., last modified October 24, 2017, https://www.bls.gov/ooh/healthcare/registered-nurses.htm.

12. Benjamin Mullin, "Robot-Writing Increased AP's Earnings Stories by Tenfold," Poynter, January 29, 2015, https://www.poynter.org/news/robot-writing-increased-aps-earnings-stories-tenfold.

13. Zeynep Tufekci, "Failing the Third Machine Age: When Robots Come for Grandma," *Medium*, July 22, 2014, https://medium.com/message/failing-the-third-machine-age-1883e647ba74.

14. James Griffiths, "Singapore Turns to Robots to Get Seniors Moving," CNN, February 29, 2016, http://www.cnn.com/2015/10/20/asia/singapore-aging-robot-coaches-seniors/index.html.

15. Louise Aronson, "The Future of Robot Caregivers," *New York Times*, July 19, 2014, https://www.nytimes.com/2014/07/20/opinion/sunday/the-future-of-robot-caregivers.html.

16. Sianne Ngai, "Theory of the Gimmick," *Critical Inquiry* 43, no. 2 (2017): 467.

17. Adam Conner-Simons, "Robot Helps Nurses Schedule Tasks on Labor Floor," MIT News, July 13, 2016. http://news.mit.edu/2016/robot-helps-nurses-schedule-tasks-on-labor-floor-0713.

18. 科技知识分子雅龙·拉尼耶（Jaron Lanier）将机器人崛起中的获益者称为"海妖服务商"（siren servers）。他将科技统治阶级——那些投资和生产这些机器的人——称为"自恋者"，他们"看不到价值从何而来，包括他们自身价值的核心所在：相互依存的全球网络"（总的来说，从所谓的效率中获益最多的，就是富有的科技分子）。Jaron Lanier, *Who Owns the Future?* (New York: Simon & Schuster, 2013).

19. Deborah Bach, "Study Reveals Surprising Truths about Caregivers," *UWNews*, June 16, 2015, https://www.washington.edu/news/2015/06/16/study-reveals-surprising-truths-about-caregivers/.

20. Madeline Ashby, "Ashby: Let's Talk about Canadian Values (Values Like a Universal Basic Income)," *Ottawa Citizen*, November 15, 2016, http://ottawacitizen.com/opinion/columnists/ashby-lets-talk-about-canadian-values-values-like-a-universal-basic-income.

21. Kathi Weeks, The Problem with Work: Feminism, Marxism, Antiwork Politics, and Postwork Imaginaries (Durham, NC: Duke University Press, 2011).

22. James Livingston, No More Work: Why Full Employment Is a Bad Idea (Chapel Hill:

University of North Carolina Press, 2016).

23. Judith Shulevitz, "It's Payback Time for Women," New York Times, January 10, 2016.

24. Barbara Almond, "The Fourth Impossible Profession," Psychology Today, November 5, 2010, https://www.psychologytoday.com/blog/maternal-ambivalence/201011/the-fourth-impossible-profession.

25. 正如作家休·哈尔彭在《纽约书评》(The New York Review of Books)中所言："所有的经济体都有赢家和输家。不需要什么复杂的算法就能知道，未来十年的赢家将是那些拥有机器人的人，因为他们将用资本战胜劳动。" Sue Halpern, "Our Driverless Future," New York Review of Books, November 24, 2016, http://www.nybooks.com/articles/2016/11/24/driverless-intelligent-cars-road-ahead/.

结论

1. Jerry Kaplan, *Humans Need Not Apply: A Guide to Wealth and Work in the Age of Artificial Intelligence* (New Haven, CT: Yale University Press, 2015).

2. Michael Chui, James Manyika, and Mehdi Miremadi, "Four Fundamentals of Workplace Automation," *McKinsey Quarterly,* November 2015, https://www.mckinsey.com/business-functions/digital-mckinsey/our-insights/four-fundamentals-of-workplace-automation.

3. Lisa Baraitser, *Maternal Encounters: The Ethics of Interruption* (London: Routledge, 2009), 26.

4. Toni Morrison, *Conversations with Toni Morrison,* ed. Danille K. Taylor-Guthrie (Jackson: University Press of Mississippi, 1994), 270.

5. Michael Kimmel, *Angry White Men: American Masculinity at the End of an Era* (New York: Nation Books, 2013).

参考书目

Baraitser, Lisa. *Maternal Encounters: The Ethics of Interruption*. London: Routledge, 2009.

Beck, Richard. *We Believe the Children: A Moral Panic in the 1980s*. New York: PublicAffairs, 2015.

Bellow, Saul. *The Adventures of Augie March*. New York: Viking Press, 1953.

Berlant, Lauren. *Cruel Optimism*. Durham, NC: Duke University Press, 2011.

Bianchi, Suzanne, Nancy Folbre, and Douglas Wolf. "Unpaid Care Work." In *For Love and Money: Care Provision in the United States,* edited by Nancy Folbre, 40–65. New York: Russell Sage Foundation, 2013.

Bourdieu, Pierre. *Distinction: A Social Critique of the Judgement of Taste*. London: Routledge, 1986.

Brodkin, Karen. *Making Democracy Matter: Identity and Activism in Los Angeles*. New Brunswick, NJ: Rutgers University Press, 2007.

Brown, Tamara Mose. *Raising Brooklyn: Nannies, Childcare, and Caribbeans Creating Community*. New York: New York University Press, 2011.

Cusk, Rachel. *A Life's Work: On Becoming a Mother*. London: Picador, 2003.

De Beauvoir, Simone. *The Second Sex*. New York: Vintage, 2011.

Dreiser, Theodore. *The Financier*. New York: Harper & Brothers, 1912; reprint, New York: Penguin, 2008.

Ehrenreich, Barbara. *Fear of Falling: The Inner Life of the Middle Class*. New York:

Pantheon Books, 1989.

Ehrenreich, Barbara, and Deirdre English. *For Her Own Good: Two Centuries of the Experts' Advice to Women.* New York: Random House, 2005.

Eribon, Didier. *Returning to Reims.* Translated by Michael Lucey. Los Angeles: Semiotexte, 2013.

Federici, Silvia. *Wages against Housework.* Bristol, U.K.: Falling Water Press, 1975.

Ford, Martin. *Rise of the Robots: Technology and the Threat of a Jobless Future.* New York: Basic Books, 2016.

Freeman, Joshua. *Behemoth: A History of the Factory and the Making of the Modern World.* New York: W. W. Norton & Company, 2018.

Goffman, Erving. *Stigma: Notes on the Management of Spoiled Identity.* New York: Touchstone, 1986.

Hill, Steven. *Raw Deal: How the "Uber Economy" and Runaway Capitalism Are Screwing American Workers.* New York: St. Martin's Press/Griffin, 2017.

Hirsch, Marianne. "Maternity and Rememory in Toni Morrison's *Beloved*." In *Representations of Motherhood,* edited by Donna Bassin, Margaret Honey, and Meryle Mahrer Kaplan, 92–112. New Haven, CT: Yale University Press, 1996.

Hochschild, Arlie Russell. *The Outsourced Self: Intimate Life in Market Times.* New York: Metropolitan Books, 2012.

Hrdy, Sarah Blaffer. *Mother Nature: Maternal Instincts and How They Shape the Human Species.* New York: Ballantine Books, 2000.

Kessler-Harris, Alice. *Women Have Always Worked: A Historical Overview.* New York: Feminist Press, 1981.

Kimmel, Michael. *Angry White Men: American Masculinity at the End of an Era.* New York: Nation Books, 2013.

Kremer-Sadlik, Tamar, and Elinor Ochs, eds. *Fast-Forward Family: Home, Work, and Relationships in Middle-Class America.* Berkeley: University of California Press, 2013.

Kwak, Nancy H. *A World of Homeowners: American Power and the Politics of Housing Aid.* Chicago: University of Chicago Press, 2015.

Livingston, James. *No More Work: Why Full Employment Is a Bad Idea.* Chapel Hill: University of North Carolina Press, 2016.

Mittell, Jason. *Complex TV: The Poetics of Contemporary Television Storytelling.* New York: New York University Press, 2015.

Murphy, Finn. *The Long Haul: A Trucker's Tales of Life on the Road.* New York: W.

W. Norton & Company, 2017.

Ngai, Sianne. *Ugly Feelings*. Cambridge, MA: Harvard University Press, 2007.

Noah, Timothy. *The Great Divergence: America's Growing Inequality Crisis and What We Can Do about It*. New York: Bloomsbury Press, 2013.

Nussbaum, Martha C. *Creating Capabilities: The Human Development Approach*. Cambridge, MA: Belknap Press of Harvard University Press, 2011.

Peck, Don. *Pinched: How the Great Recession Has Narrowed Our Futures and What We Can Do about It*. New York: Broadway Books, 2012.

Piketty, Thomas. *Capital in the Twenty-First Century*. Translated by Arthur Goldhammer. Cambridge, MA: Belknap Press of Harvard University Press, 2014.

Rich, Adrienne. *Of Woman Born: Motherhood as Experience and Institution*. New York: W. W. Norton & Company, 1995.

Rifkin, Jeremy. *The Age of Access: The New Culture of Hypercapitalism, Where All of Life Is a Paid-For Experience*. New York: TarcherPerigee, 2001.

Robinson, Fiona. *The Ethics of Care: A Feminist Approach to Human Security*. Philadelphia: Temple University Press, 2015.

Ruddick, Sara. *Maternal Thinking: Toward a Politics of Peace*. Boston: Beacon Press, 1995.

Sandage, Scott A. *Born Losers: A History of Failure in America*. Cambridge, MA: Harvard University Press, 2006.

Standing, Guy. *The Precariat: The New Dangerous Class*. London: Bloomsbury Academic, 2014.

Suárez-Orozco, Carola, and Marcelo M. Suárez-Orozco. *Children of Immigration*. Cambridge, MA: Harvard University Press, 2001.

Thomas, Gillian. *Because of Sex: One Law, Ten Cases, and Fifty Years That Changed American Women's Lives at Work*. New York: St. Martin's Press, 2016.

Tirado, Linda. *Hand to Mouth: Living in Bootstrap America*. New York: G. P. Putnam's Sons, 2014.

Walley, Christine J. *Exit Zero: Family and Class in Postindustrial Chicago*. Chicago: University of Chicago Press, 2013.

Zelizer, Viviana A. *The Purchase of Intimacy*. Princeton, NJ: Princeton University Press, 2007.